青海长云暗雪山，孤城遥望玉门关。

黄沙百战穿金甲，不破楼兰终不还。

大漠风尘日色昏，红旗半卷出辕门。

前军夜战洮河北，已报生擒吐谷浑。

（唐）王昌龄《从军行七首》
其四、其五

中国丝绸博物馆
展览系列丛书

赵丰 主编

陆芳芳 副主编

6—8世纪的
丝绸之路青海道

西海长雲

QINGHAI PATH

SILK ROAD IN THE 6TH–8TH CENTURIES

ZHEJIANG UNIVERSITY PRESS
浙江大学出版社
· 杭州 ·

中國絲綢博物館
China National Silk Museum

QINGHAI
PATH

西海長雲

6-8世纪的丝绸之路青海道
The Silk Roads in the 6th-8th Centuries

2022 7.8—8.25

展览地点
中国丝绸博物馆时装馆一楼临展厅、银瀚厅

主办单位
国家文物局
浙江省人民政府
青海省人民政府

Organized by
National Cultural Heritage Administration
Zhejiang Provincial People's Government
Qinghai Provincial People's Government

承办单位
中国丝绸博物馆

Hold by
China National Silk Museum

支持单位
青海省博物馆
青海省文物考古研究所
海西州民族博物馆
都兰县博物馆
青海藏医药文化博物馆
甘肃省文物考古研究所
大同市博物馆
西北大学文化遗产学院
蜀锦织绣博物馆

Supported by
Qinghai Provincial Museum
Qinghai Provincial Institute of Cultural Relics and Archaeology
Haixi Museum
Dulan Museum
Qinghai Tibetan Culture Museum
Gansu Provincial Institute of Cultural Relics and Archaeology
Datong Museum
School of Cultural Heritage, Northwest University
Chengdu Shu Brocade and Embroidery Museum

主　办　中国丝绸博物馆

支　持　青海省博物馆
　　　　青海省文物考古研究所
　　　　海西州民族博物馆
　　　　都兰县博物馆
　　　　青海藏医药文化博物馆
　　　　甘肃省文物考古研究所
　　　　大同市博物馆
　　　　西北大学文化遗产学院
　　　　成都蜀锦织绣博物馆

前　言
重现吐谷浑：一段丝绸之路青海道的往事

　　1982 年 5 月初，青海省文物考古队（青海省文物考古研究所前身）的许新国和同事到都兰调查露斯沟岩画，夜宿牧民家时听说察汗乌苏河对岸有着一座大墓，当地人称为"九层妖楼"。第二天一早，许新国蹚过河滩，看到了这座雄伟的大墓，它坐北朝南，封土犹如覆斗，高 30—35 米，底部基座宽 160 米。事后许新国向我叙述时露出惊讶的神态：比秦始皇陵还要大啊！这就是著名的都兰"热水一号大墓"[1]。

　　自 1982 年 7 月起到 1985 年止，青海省文物考古队对热水一号大墓和 20 余座墓葬进行了初步发掘。到 1986 年，青海省人民政府将热水墓群公布为第四批省级文物保护单位，时代定为唐代（吐蕃）。2018 年，在与其相邻的血渭一号大墓[2]中发掘得到"外甥阿柴王之印"，学界明确这一墓地的年代和民族属性为吐蕃统治下的吐谷浑人，时代在吐谷浑灭国（663）之后的 7—8 世纪[3]。

一、都兰丝绸的初步整理

　　都兰热水墓地考古的消息最先刊登在 1984 年的《中国考古学年鉴》上，这是对 1983 年 6—11 月第一阶段的发掘的简单报道。其中说到，共发掘了墓葬 6 座和陪葬坑 14 座，随葬品中尤其重要的是发现了一批绚丽多彩的丝绸遗物，品种有锦、绢、刺绣等。从用途上看，有的是衣服、裤脚、马鞍上的装饰品，有的是刀鞘、香囊的装饰品。从图案上看，有各种奇花异卉、珍禽走兽、车马人物，除有唐代流行的联珠对马、联珠对鸟纹

1　此墓曾有许多称谓，同名展览及本书中统一称其为"热水一号大墓"。见韩建华：《都兰热水墓群考古发现、研究的回顾与反思》，《西部考古》2020 年第 2 期，第 171—185 页。

2　官方名为"2018 血渭一号墓"。本书中两者皆称。

3　韩建华：《都兰热水墓群考古发现、研究的回顾与反思》，《西部考古》2020 年第 2 期，第 171—185 页。

锦外，还有菩萨出行、西域人骑驼射猎等图像。[1]

读到这一消息，我心情极其激动。因为我在南京大学学习考古时就开始喜欢唐代，也特别想研究唐代丝绸。加上当时我已加入导师朱新予领衔的《中国丝绸史》写作团队，恰好负责唐代部分，所以，我就开始谋划一次西北之行，主要目标就是陕西西安、新疆吐鲁番、甘肃敦煌，还有青海都兰。

1985 年 7 月，我开始了我的西北之行。第一次到西宁没有找到许新国所长；我又追到都兰，许所长却回到了西宁；我再追到西宁，终于见到了许所长。但由于时间不够，我就在从新疆返程途中再次绕道西宁，造访青海省文物考古研究所。

许所长这次在西宁等我。我到了之后，他给我出示了墓中发现的部分丝绸文物，其中最为重要的是大量北朝至唐代的丝织品。几乎所有看过这批文物的专家都认为，在青海都兰吐蕃墓葬出土的文物中，以丝织品最为重要，这是唐代丝绸一次难得的集中发现。许新国所长也告诉我，此墓地与吐谷浑人有着密切关系。于是，我在西宁停留了两三天时间，对其中一部分丝织品做了初步的整理和记录，并答应第二年的夏天再来西宁，用整个暑假的时间来整理这批文物，就匆匆离开了。

从合作开始，一切都进展得十分顺利。1986 年 7 月，我再次来到西宁，对都兰出土丝绸进行了全面的分析鉴定。1987 年 5 月，许新国所长带上了当时出土的全部丝绸来到杭州，和我一起夜以继日地工作了大约一个月。

当时的工作其实就是整理考古出土的文物。当时看的文物主要是在都兰热水墓地里发掘的。其中最为重要的是热水一号大墓（DRM1）以及附近的一批小墓（DRM6、9、10、12、20、21、25、26 等）和夏日哈（DXM1）等地出土的丝绸。文物整理工作的内容包括：一是对丝绸的编目和分析。许所长当时对大墓的编号是 M1P2，因为我单独处理丝绸，就对其中的丝绸进行从头编号，所以在墓号后加上了 S。编号之后就是进行定名、测量、分析组织结构等技术参数，最后制成表格。二是画图，把不同残片上残缺的纹样拼全，把看不清楚的图案画清。三是进行少量的丝绸材料分析检测，主要是做纤维切片横截面观察和氨基酸分析。最后是系统地写作说明，并进行初步的但也是较为综合的研究，特别是对丝绸的品种类别、图案的类型和分期及其相关的问题做了全面的整理和初步探讨。[2]

1　许新国、格桑本：《都兰热水唐代吐蕃墓》，载中国考古学会编：《中国考古学年鉴·1984》，文物出版社，1984 年，171—172 页。

2　许新国、赵丰：《都兰出土丝织品初探》，《中国国家博物馆馆刊》1991 年第 15—16 期合刊，第 63—81 页。感谢袁宣萍、郑巨欣和我一起完成了所有丝绸残片的初步整理、编目、绘图、分析、制表，吴子婴提供了蚕丝蛋白和氨基酸的分析检测。据此，我写成了《都兰出土唐代墓葬考古简报》中的丝绸相关内容，以及《都兰出土丝绸初探》一文中的丝绸文物研究部分。

都兰考古后来的进展较慢，不尽如人意。正式考古报告至今未出，丝绸研究也是断断续续，以致成为都兰热水考古研究中的弱项："以青海吐蕃墓出土丝织品的研究为例，国内仅许新国、赵丰两位先生进行过专门研究，然二位一已退休，一身兼数职，难于集中精力从事研究。"[1] 不过，就在最近，青海省文物考古研究所与瑞士阿贝格基金会合作的《都兰纺织品珍宝》[2] 一书及时面世，终于在一定程度上弥补了这一遗憾。

二、都兰丝绸的相关展示

虽然都兰热水正式考古报告一直没有出来，但这并不影响都兰成为国际考古学和艺术史研究的热点，特别是成为丝绸研究和丝绸之路的热点。1995 年，香港纺织品协会在香港艺术馆召开会议，我在会上做了"隋唐丝绸上的团窠图案"[3] 报告，其中涉及一些都兰发现的丝绸；1999 年，瑞士阿贝格基金会在伯尔尼召开学术会议，邀请了丝绸之路沿线中世纪早期的研究专家到场，其中我牵头组了一个中国代表团，包括许新国、韩金科、武敏、李文瑛等人，他们都在会上做了正式的发言。

但都兰丝绸的第一次正式展出可能是 2002 年在中国丝绸博物馆举办的"纺织品考古新发现"展。这一展览由我策划，集中展示了来自新疆、甘肃、青海、江西、内蒙古等地新出土的丝绸文物，同时也举办了一次国际学术会议，盛况空前。当时有 70 多位外国学者出席展览开幕式和学术会议，参观了都兰出土的 10 余件唐代丝绸，许新国也在会上介绍了都兰丝绸的考古发现。[4]

都兰丝绸第一次走出国门展览很可能是在美国大都会艺术博物馆于 2004 年举办的"走向盛唐"（Dawn of a Golden Age：China 220–750）大展上。这一展览由屈志仁先生担任总策展人，我负责纺织品板块的策展，一共展出 6 件来自都兰热水墓地的丝绸，也是极为难得的。[5]

2008 年，北京举办奥运会，国家文物局决定在奥林匹克公园边上的中国科学技术馆举办"奇迹天工：中国古代发明创造文物展"，其中分为四大板块。第一个板块就是丝绸——作为中国的重大科技创造发明、对人类作出重大贡献的第一特质，由我策展。[6] 也正是在这一次筹展过程中，我以国

1　徐承炎、夏吾卡先：《青海吐蕃墓的考古发现与研究》，《西藏研究》，2019 年第 1 期，第 54—63 页。

2　青海省文物考古研究所编著，许新国：《都兰纺织品珍宝》，文物出版社，2023 年。

3　Zhao Feng, "Silk Roundels from the Sui to the Tang," Hali, vol. 92, 1997, pp. 80-85.

4　赵丰：《纺织品考古新发现》，艺纱堂/服饰出版，2002 年。

5　James C.Y. Watt, etc., *China: Dawn of a Golden Age, 200–750 AD*, New Haven: Yale University Press, 2004.

6　国家文物局、中国科学技术协会主编：《奇迹天工：中国古代发明创造文物展》，文物出版社，2008 年。

家文物局的名义向青海省文物考古研究所借展都兰出土的丝绸。2007 年 8 月 25 日，我在西宁租了一辆桑塔纳 2000，在青海省博物馆同事的陪同下，向青海湖西的都兰出发，终于找到了我已经为之工作 22 年却一直未曾谋面的热水一号大墓。

我最近一次组织有出土丝绸展出的大展是 2015 年的"丝路之绸：起源、传播与交流"，参与这次展览的都兰丝绸共有 15 件之多，体现了这批丝绸在丝绸之路青海道上的重要地位。世界丝绸艺术的变化和技术的提高，正是在东西方文化交流过程中完成的。[1]

三、海西文物的集中出现

2015 年之后，都兰墓地渐趋寂寞，一直到 2018 年的 3·15 大案发生，一座后来被命名为"2018 血渭一号墓"的大墓在距离原先的"热水一号大墓"边上 400 米处被发现，600 多件精美的被盗文物被追回，又一次惊天动地地吸引了从高层领导到广大民众的注意，"九层妖楼"的神秘故事又一次在江湖上迅速传播。

2019 年 1 月 17 日，我在国家博物馆和孙机先生一起参观了一场关于打击盗墓盗掘的展览，其中也有 3·15 大案的内容。我们深深地被这些被盗文物的精美所吸引，特别是光鲜亮丽的金银器，巨大完整的玛瑙十二曲长杯，甚至是几件带有明显希腊或是波斯风格的残器。这一大墓后由社会科学院考古研究所韩建华主持发掘，发现了许多珍贵的文物。

也就是在这一年，吐谷浑国王慕容诺曷钵的儿子喜王慕容智的墓葬在甘肃武威天祝被发现。慕容诺曷钵是吐谷浑灭国前的最后一位国王，后来逃到大唐境内的甘肃武威一带定居。慕容智墓的发现，标志其成为第一个出土了完整成套服饰的唐墓。[2]

这一年，社会科学院考古研究所另一位研究员仝涛在青海乌兰泉沟发掘，整理了一座规模不大，但却带有壁画，还有一个特别暗格的高等级墓葬，暗格上供有一顶珍珠冕旒龙凤狮纹鎏金王冠，冠前有一只金杯，可能曾是盛了美酒对着金冠相守。所以这一墓葬也被称为乌兰王陵。[3]

这一年，敦煌研究院还举办了一个名为"丝绸之路上的文化交流：吐蕃时期艺术珍品"的大展。这是一个关于丝绸之路上吐蕃艺术的大展，展品来自世界各地，都极为精美。虽然这些展品没有言明出自青海，但其风

1　赵丰主编：《丝路之绸：丝路之绸：起源、传播与交流》，浙江大学出版社，2016 年。
2　甘肃省文物考古研究所编著：《王国的背影：吐谷浑慕容智墓出土文物》，文物出版社，2022 年。
3　中国社会科学院考古研究所、海西蒙古族藏族自治州民族博物馆、乌兰县文体旅游广电局：《青海乌兰县泉沟一号墓发掘简报》，《考古》2020 年第 8 期，第 49—57 页。

图1　前期考察都兰热水一号大墓（多杰、才旦、赵丰、仝涛、韩建华、陈架运2021年10月12日）

图2　丝绸之路青海道特展期间在青海省境内的学术考察

格与都兰所出者十分相似。[1]这一展览给我强烈的刺激，使我突然产生了一种冲动，即要把丝绸之路青海道的故事好好讲述，要把青海道上的吐谷浑的面貌好好重现。

　　于是就有了2021年10月我的第三次青海都兰之行（见图1）。在这一次青海之行中，我和我的同事一起在秋色中走遍了省会西宁和青海湖西的海西州，特别是德令哈、乌兰和都兰。我走过了青海省博物馆、青海省文物考古研究所和青海藏医药文化博物馆，走过了海西州民族博物馆、都兰县博物馆，走过了乌兰泉沟墓地，最后在暮色中来到新修的哇沿水库上游的热水墓地，参观了新发掘的血渭一号大墓，在夕阳映照下登上了热水一号大墓墓顶。远望水库湖面泛起粼光，眼前的察汗乌苏河草场却是一片秋景。在青海省、州、县三级政府的大力支持下，在浙江省援青指挥部的大力支持下，举办以吐谷浑为主体的丝绸之路青海道特展（见图2）的时机基本成熟了。

1　敦煌研究院、普利兹克艺术合作基金会：《丝绸之路上的文化交流：吐蕃时期艺术珍品展》，中国藏学出版社，2020年。

四、青海大展的策展过程

就在距 1982 年都兰热水第一次考古启幕的 40 年后，中国丝绸博物馆与青海相关文物考古机构合作举办了"西海长云：6—8 世纪的丝绸之路青海道"展览（见图 3、图 4）。

展览于 2022 丝绸之路周期间开幕。丝绸之路周是国家文物局和浙江省人民政府联合打造的弘扬丝绸之路精神、响应"一带一路"建设的重大活动，于每年 6 月下旬到 7 月上旬举行。2022 丝绸之路周一方面邀请青海省作为主宾省联合主办，同时在中国丝绸博物馆联合推出"西海长云：6—8 世纪的丝绸之路青海道"大展。100 余件（组）重点文物来自青海省博物馆、青海省文物考古研究所、都兰县博物馆、青海藏医药文化博物院、海西州民族博物馆、甘肃省文物考古研究所、大同市博物馆、蜀锦织绣博物馆（成都）等相关文博机构。展览从长期经营青海道的吐谷浑古国作为切入点，最终展现青海道在丝绸之路上沟通东西方的重要价值，以及青海各民族的多元融合。作为策展人，我们对"西海长云：6—8 世纪的丝绸之路青海道"的策展理念考虑有以下几点：

（一）成为第一个重现吐谷浑历史的大展

在我们可以检索到的展览中，还没有一个以吐谷浑为主题的展览，一是因为明确为吐谷浑的历史在文献中的记载比较少，明确的出土文物更少；二是因为目前所知道的吐谷浑遗存还经常与吐蕃交集在一起，有不少争议。但是，由于 2018 血渭一号墓中一方阿柴王印章（"外甥阿柴王之印"）的发现，使都兰一带大墓被明确为吐蕃统治下的吐谷浑性质得到学界的肯定，因此重构和再现吐谷浑的历史和面貌已成为可能。我们可以在这一展览中集中一批与吐谷浑相关的文物精品，展示关于吐谷浑的考古成果，还原吐谷浑人的日常生活，重现吐谷浑在中华民族发展历史上的重要地位。

图 3　"西海长云：6—8 世纪的丝绸之路青海道"展览　图 4　展览中的文物精品——金胡瓶

（二）说明 6—8 世纪的丝绸之路青海道在东西方文化交流中的作用

"西海长云：6—8 世纪的丝绸之路青海道"大展是一个丝绸之路主题的展览，已列入国家文物局和中宣部网信办推荐的 2022 年年度"弘扬优秀传统文化，培育社会主义核心价值观"主题展览，所以我们要在这里把丝绸之路青海道的作用讲清楚。

2019 年，我们提出了《传播和弘扬丝绸之路精神杭州倡议》，倡议每年在 6 月 22 日前后的一周内举办丝绸之路周，广泛传播和弘扬丝绸之路精神。2022 年的丝绸之路周，我们邀请了青海省作为主宾省，乌兹别克斯坦作为主宾国。因此，我们不只是在展览的第三板块"丝路孔道"中以大量吐谷浑人所用的金银丝绸及其他珍贵文物来讲述东西方文化在这一地区的交流，还在展览和相关活动中，特别是在乌兹别克斯坦撒马尔罕国立博物馆的"丝绸与丝路：从杭州到撒马尔罕"的展览中，讲述了唐朝高宗年间，大唐政府册封撒马尔罕都督时，大唐使节和吐谷浑使节来到撒马尔罕祝贺的故事，还原了这一场面。

（三）线上线下生动再现吐谷浑的原貌

能够全面反映吐蕃统治下吐谷浑人生活场景的最生动资料要数出土的棺板画，特别是郭里木出土的棺板画，这套棺板画的实物虽然画面已很不清楚，但其摹本已被许多学者和博物馆所用。我们在仝涛先生的指导下，一是复原了这套棺板画的原貌，使其成为目前最为完整和清晰的郭里木棺板画复原本；二是以这套棺板画为基础，结合泉沟一号墓的壁画等资料，创作了一幅吐谷浑风俗画，把更多的吐谷浑生活场景反映出来。

但采用绘画的手段进行还原还是略显单调。中国丝绸博物馆的特点是能还原丝绸织物，还原丝绸服饰。所以我们便把吐谷浑风俗画中的场面，以人体模特穿着复原服饰的手段，加上一定的环境搭建，在展厅里还原了一段身临其境的历史场景，使观众有更好的体验感。这一场景一直沿续到后面数融之夜上的走秀（见图 5），当 10 多位身着吐谷浑盛装的模特走上 T 台时，这一气势久久地震撼了全场的观众。

此外，我们还使用了 SROM 平台，这是一个丝绸之路数字博物馆的平台，我们把"西海长云"和"丝路上的都兰"（见图 6）的展览都搬到了"云"上。

（四）成为浙江文化援青的一个成果

在党和国家的统筹安排下，浙江也和青海加强了交流和合作，并加大了援助青海的力度。浙江省对口支援青海省海西州，浙江援青干部还担任

图 5　"西海长云"展览数融之夜

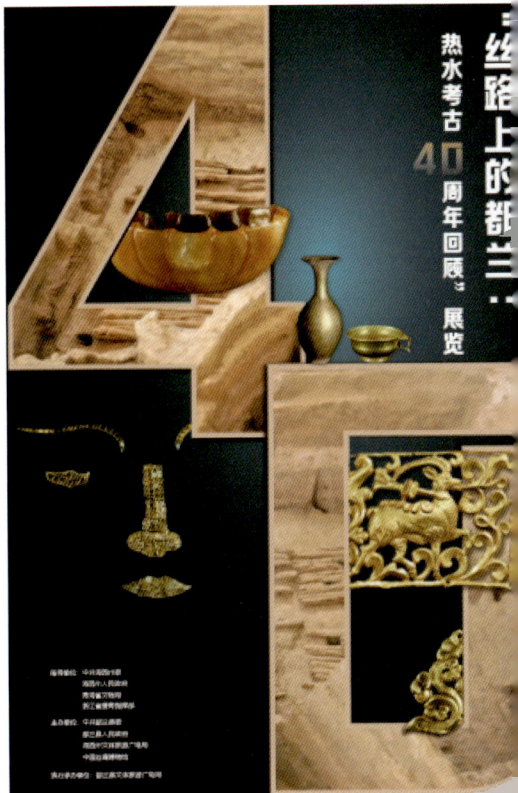

图 6　"丝路上的都兰"SROM 云上展览

了海西州都兰县分管文化的副县长。在这一背景下，2022 丝绸之路周将青海作为主宾省，共同举办丝绸之路周，共同举办"西海长云：6—8 世纪的丝绸之路青海道"大展，还援建了都兰县博物馆"丝路上的都兰：热水考古 40 周年回顾"展览；在 SROM 平台制作了都兰考古的云上展览，在都兰举办了学术交流会，在青海省境内进行了学术考察；同时，也在青海省博物馆举办了丝绸之路周的闭幕式，举办了丝绸之路策展培训班……这一系列的活动，一方面是"西海长云"展览的策展内容，另一方面更是增加了浙江文化援青的深度，让古老的丝绸之路青海道和 21 世纪丝绸之府的浙江，共同讲好丝绸故事，弘扬丝路精神。

　　展览结束后近一年，我们终于有时间来编写图录。恰逢《王国的背影：吐谷浑慕容智墓出土文物》和《都兰纺织品珍宝》两书于 2022 年年末和 2023 年年初出版，对本图录的出版是很好的敦促。希望这一图录能较为全面地反映和重现吐谷浑的生活和作用。

目 录 ———————————————————— CONTENTS

第一部分

论 文

PART I

ESSAYS

出土文献所见丝绸之路吐谷浑道

北京大学历史学系　荣新江

　　魏晋南北朝时期，中国南北方长期处于对立的状态，东晋和南朝宋、齐、梁、陈四朝与西域、柔然的沟通，都要沿长江逆流而上，到益州（今成都），再北上龙涸（今松潘），折向西北，经青海湖西南的吐谷浑国都伏俟城，再西经柴达木盆地。在十六国时期，北方政权如果与南朝交好，则可以翻过当金山口，到河西走廊的敦煌，与丝路干道汇合；北魏占领河西后，则需要更向西行，越过阿尔金山口，进入西域鄯善地区，与丝路南道汇合。这条道路因为经过吐谷浑国，故称"吐谷浑道"；吐谷浑国也叫河南国，故该道又称"河南道"；所经之地主要在今天的青海省，故人们也称之为"青海道"[1]。

一

　　西平是丝绸之路吐谷浑道上的重要据点，它是东汉建安年间（196—220）由金城郡分立出来的，辖境相当于今青海省湟源、乐都二县的湟水流域地区。十六国时，南凉建都于此。北魏改置鄯善镇，北周时为乐都郡。在南北朝时期，这里是西域通往南朝的主要交通枢纽。隋炀帝大业初（605—606）重新设置西平郡。唐初改为鄯州，天宝三载（744）更名为西平郡，后复名鄯州，其管辖的区域没有太大变化。[2]

　　据《曹谅及妻安氏墓志》记载，曹谅祖上是"晋西平太守曹祛"，后来这支曹姓东迁河北，任职于北齐。[3]从曹谅娶妻安氏（当来自布哈拉），本人又姓曹，推测此支曹姓来自粟特曹国（Kaputana），可知西晋时有曹姓粟特人入华后著籍于西平。

　　敦煌长城烽燧下曾发现312年前后的一组粟特文古信札，其中2号信札（图1）记载，

1　［日］松田寿男：《吐谷浑遣使考》（上、下），《史学杂志》第48编第11、12号，1939年；［日］松田寿男：《古代天山の歴史地理學的研究》（增补版），早稻田大學出版部，1970年，第151—163页；夏鼐：《青海西宁出土的波斯萨珊朝银币》，《考古学报》1958年第1期，第105—110页；此据《夏鼐文集（下）》，社会科学文献出版社，2000年，第32—38页；周伟洲：《古青海路考》，《西北大学学报》1982年第1期，第65—72页；王育民：《丝路"青海道"考》，《历史地理》1986年第1期，第145—152页；薄小莹：《吐谷浑之路》，《北京大学学报》1988年第4期，第51、70—74页。详细的考证，见陈良伟：《丝绸之路河南道》，中国社会科学出版社，2002年。

2　（唐）魏徵：《隋书》卷二九《地理志》，中华书局，1973年，第815页；（唐）李吉甫：《元和郡县图志》卷四〇《陇石道下》，中华书局，1983年。

3　吴钢主编：《全唐文补遗》第4辑，三秦出版社，1997年，第318页。

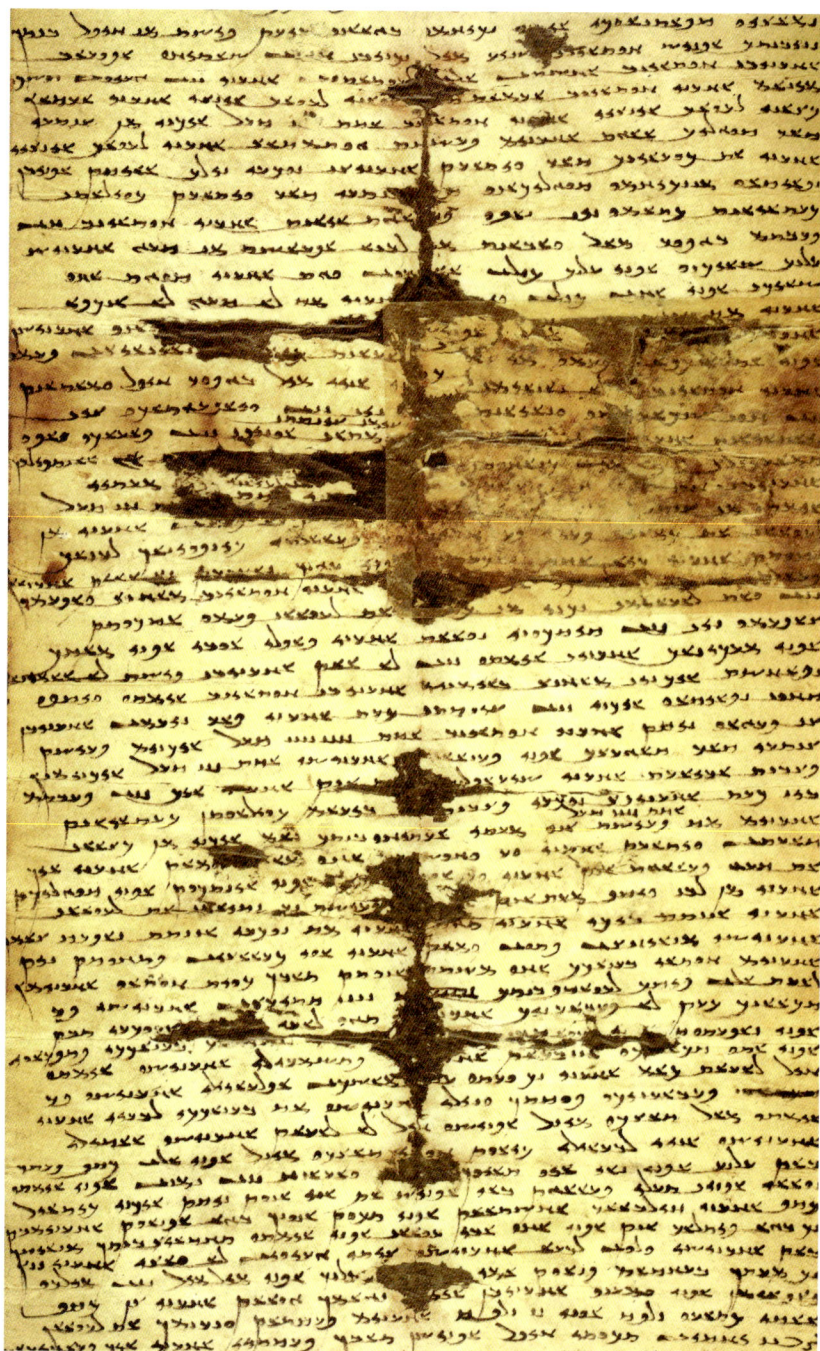

图 1　粟特文古信札 2 号信札

发信人那你槃陀（Nanai-vandak）弄到的 32 囊麝香原计划是要送到撒马尔罕（Samarkand）交给其主人，其中一部分是要作为遗产交给可能是他儿子的得悉槃陀（Takhsīch-vandak）。5 号信札的发信人发黎呼到（Frī-khwatāw）在埋怨翟突斯（Ghāwtus）当时没能看见（＝找到？）一条平坦的路的同时，对于一些被迫留在敦煌的粟特人也表示了同情——这些人都打算离开，但却不能离开，"因为翟突斯已经翻（过）了山"[1]。这两封信写于河西走廊东端的凉州武威，其所说的麝香应当产自青藏高原，因此似表明这个粟特商团的部分商人已经越过河西南山，到达青海地区倒卖麝香。这些记录似乎表明，公元4世纪初叶，粟特商人应已进入青海道，从事香料贸易。

西晋中叶，源于魏晋时鲜卑族的吐谷浑部族首领慕容吐谷浑，率部西迁阴山，永嘉（307—313）末，迁至今青海、甘南、川北氐羌故地。东晋初，以"吐谷浑"为名建国，都伏俟城（青海湖西15里）。吐谷浑王国最盛时，占据今青海大部分地区，势力一直深入塔里木盆地南沿的若羌地区。然而，在公元5世纪中叶，吐谷浑却遭受到来自北魏拓跋鲜卑的一次强有力打击。

综合《魏书》卷四《世祖纪》、《北史》卷九六《吐谷浑传》、《北史》卷九七《西域传》于阗国条等材料，可知整个事件的基本情况如下。事情起因于吐谷浑的内争，太延二年（436）可汗慕璝去世，其弟慕利延即位，慕璝之子纬代想投奔拓跋魏，慕利延杀之，但其弟叱力延等八人逃到魏都平城，太武帝遂派晋王伏罗率军出征吐谷浑。魏军在大母桥击败慕利延兄子拾寅，追至河西，慕利延逃往白兰（今青海都兰、巴隆一带），其从弟率众一万三千余落投降。太平真君六年（445）四月，因天象显示"有亡国"，太武帝又遣征西大将军、

高凉王那出征慕利延于阴平。[2] 八月，魏军进至曼头城（今青海共和县南），慕利延率部落西渡流沙，应当是进入西域南道流沙地带。高凉王那急追，慕璝世子被囊拒战，被那击破。在魏军的急追下，慕利延率众西逃入于阗国，杀于阗王及百姓数万人，甚至更越过葱岭，打到罽宾（今克什米尔地区）。太平真君七年（446），吐谷浑回归青海故土。[3]

据《北史·吐谷浑传》，吐谷浑在南征罽宾之后，曾遣使向南朝的刘宋通使求援。此事在《宋书》卷九六《鲜卑吐谷浑传》中也有记载：

> 索虏拓跋焘遣军击慕延，大破之。慕延率部落西奔白兰，攻破于阗国。虏虏复至，〔元嘉〕二十七年（450）遣使上表云："若不自固者，欲率部曲入龙涸越巂门。"并求牵车，献乌丸帽、女国金酒器、胡王金钏等物。太祖赐以牵车，若虏至不自立，听入越巂。虏竟不至也。[4]

看来，此应当是慕利延回归故土之后的450年之事，这样才可以从青海南下，经龙涸越巂门，进入刘宋境内。其所献乌丸帽、女国金酒器、胡王金钏，有东北、藏北以及西域胡地的产物，可见吐谷浑经过丝绸之路所积蓄的各地珍宝。

由此可知，在太延五年（439）北魏灭北凉后，其远征军一路由万度归率领，出敦煌，经

1　N. Sims-Williams, "Ancient Letter II. A translation", in *Monks and Merchants Silk Road Treasures from Northwest China. Gansu and Ningxia, 4th-7th Century*, Edited by Annette L. Juliano and Judith A. Lerner,（New York: Harry N. Abrams, Inc., with The Asia Society, 2001）, pp. 47-49; F. Grenet, N. Sims-Williams and É. de la Vaissière, "The Sogdian Ancient Letter V", *Bulletin of the Asia Institute*, XII, 1998, pp. 91-104; 毕波：《粟特文古信札汉译与注释》，《文史》2004年第2辑，第88—93页。

2　（北齐）魏收：《魏书》卷一〇五之二《天象志》，中华书局，1974年，第2357页。

3　（北齐）魏收：《魏书》卷四《世祖纪》下，中华书局，1974年，第99页；（唐）李延寿：《北史》卷二《魏本纪》略同，中华书局，1974年，第57—58页，唯"曼头城"作"蔓头城"；（唐）李延寿：《北史》卷九六《吐谷浑传》，中华书局，1974年，第3182—3183页；《魏书·吐谷浑传》系宋人据此删补，今不录；（唐）李延寿：《北史》卷九七《西域传》于阗国条，中华书局，1974年，第3209—3210页。

4　（梁）沈约：《宋书》卷九六《鲜卑吐谷浑传》，中华书局，1974年，第2372页。

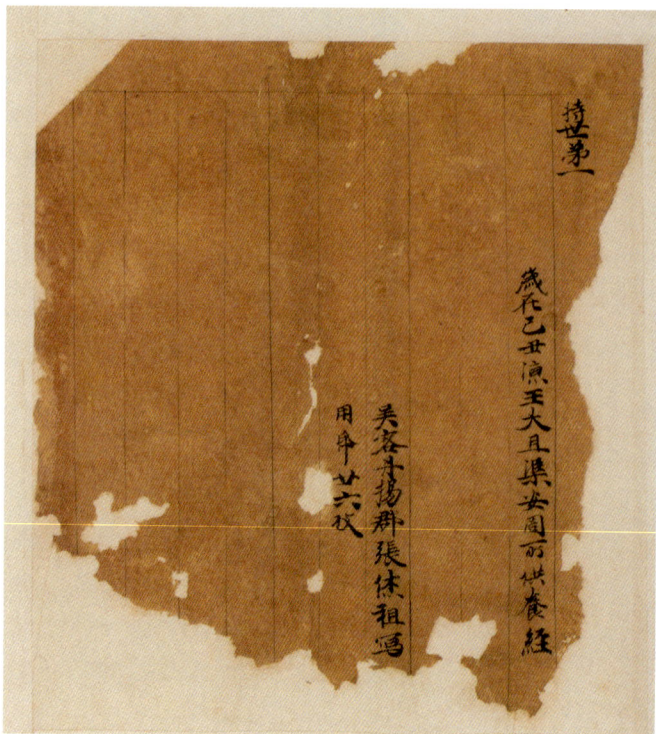

图 2　吐峪沟出土的《持世经》卷一题记

鄯善，攻打焉耆和龟兹，但是没有进攻盘踞着北凉流亡势力的高昌，只是大掠珍宝而归。南面一线，则由高凉王那率领，攻击青海的吐谷浑。吐谷浑国主慕利延大概从芒崖进入且末，在魏军追击下西入于阗国。慕利延所率部众不在少数，因此能够杀于阗王及国人数万。魏军没有继续追赶，而是很快撤军，所以慕利延在第二年就率众返回青海故地，但为防北魏再度侵袭，遣使刘宋寻求南下的另一条逃亡之路。

西宁的一处窖藏中曾发现一百多枚波斯萨珊卑路斯王（630—631 在位）的银币[1]，这或许是吐谷浑的储藏，也可能是经行此地的粟特商人所遗。现在比较一致的看法是，大量中国出土的波斯萨珊银币都是粟特商人经商时留下来的。

二

作为北凉流亡政权盘踞的吐鲁番，近代以来发现了大量佛典残卷，其中有些题记，为我们了解当年吐谷浑道的往来情况，提供了十分珍贵的印证。

清末吐鲁番鄯善县吐峪沟出土的《持世经》卷一，有题记称（图 2）[2]：

　　1　岁在己丑，凉王大且渠安周所供
养经，
　　2　　　　吴客丹杨郡张休
祖写，
　　3　　　　　用帋廿六枚。

1　夏鼐：《青海西宁出土的波斯萨珊朝银币》，原载《考古学报》1958 年第 1 期；此据《夏鼐文集（下）》，社会科学文献出版社，2000 年，第 32—38 页。

2　图版见矶部彰编：《台东区立书道博物馆所藏中村不折旧藏禹域墨书集成》下，东京二玄社，2005 年，第 43 页；题记标准录文见［日］池田温：《中国古代写本识语集录》，东京大学东洋文化研究所，1990 年，第 86 页，图11。

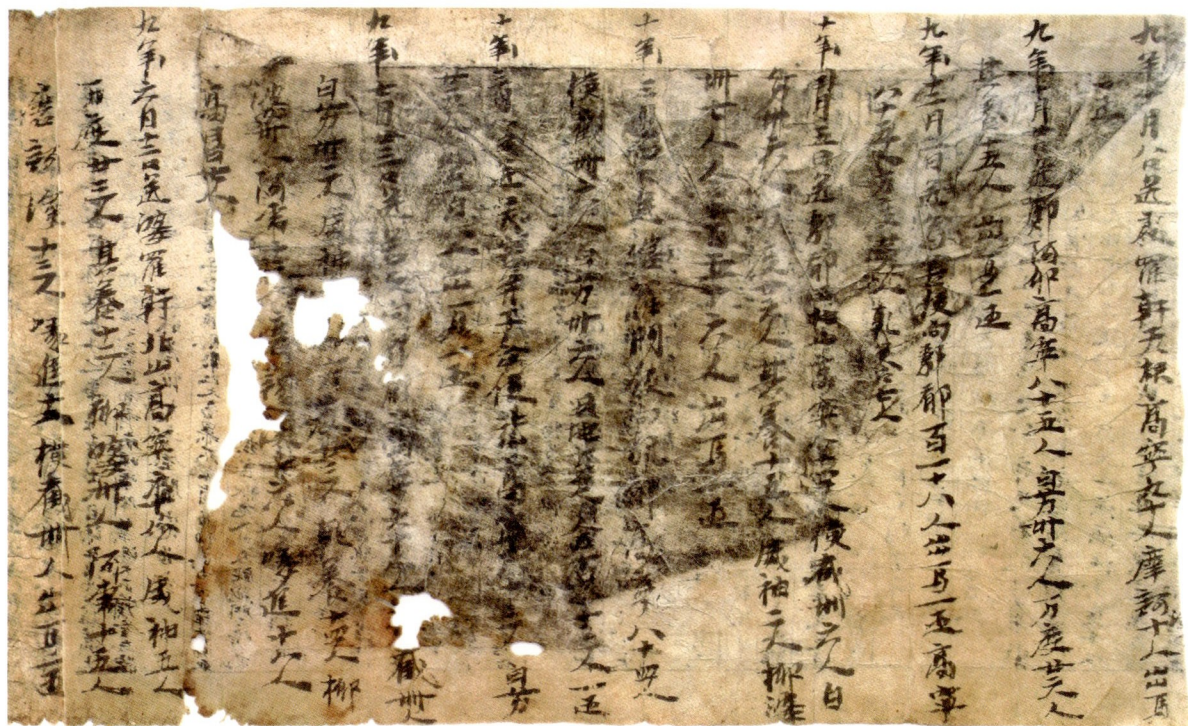

图3 吐鲁番出土《阚氏高昌永康九年、十年（474—475）送使出人、出马条记文书》

且渠安周，即中原史籍所记的"沮渠安周"。439年北魏灭北凉后，安周与兄无讳率众流亡高昌，建立大凉政权，其统治年代在444年到460年间，此己丑岁为449年。值得注意的是，他所供养的佛经由一位来自丹阳郡（今南京）的吴客张烋祖所写。唐长孺先生认为，这位"吴客"是"来自江南的寓客"，"由此可证高昌和江南不仅有官府的使命往来以及僧徒行踪，也还有普通人较长期的流寓"。[1] 唐先生通过缜密的史事排比，指出444年到459年之间高昌与刘宋没有通使的原因，大概是北魏大军占领鄯善、吐谷浑之地，阻断了从高昌到江南的道路。由此可以推断，元嘉二十一年（444）到高昌的使者，一时无法返回建康（今南京），正好可以说明来自丹阳郡的吴客张烋

祖在449年仍然在高昌逗留，不过他找到了新的差事——为凉王写经。

1997年，吐鲁番洋海1号墓出土一件《阚氏高昌永康九年、十年（474—475）送使出人、出马条记文书》（图3），文字如下：

　　1　九年十月八日送处罗干无根，高宁九十人、摩诃演十人；出马

　　2　　　一匹。

　　3　九年十月廿日送郑阿卯，高宁八十五人、白苇卅六人、万度廿六人、

　　4　　　其养十五人；出马一匹。

　　5　九年十二月二日送乌苌使向鄢耆，百一十八人；出马一匹。高宁

　　6　　　八十五人、万度廿六人、乾养七人。

　　7　十年闰月五日送鄢耆王北山，高宁八十四人、横截卅六人、白

1　唐长孺：《南北朝期间西域与南朝的陆道交通》，《魏晋南北朝史论拾遗》，中华书局，1983年，第174—179页、189—190页。

8　　　苪卅六人、万度廿六人、其养十五人、戚神二人、柳婆

9　　　卅七人，合二百五十六人；出马一匹。

10　　十年三月十四日，送婆罗门使向鄢者，高宁八十四人、

11　　　横截卅六人、白苪卅六人、田地十六人，合百八十二人；[出马]一匹。

12　　十年三月八日送吴客并子合使北山，高宁八十三人、白苪

13　　　廿五人，合百八人；出马一匹。

14　　九年七月廿三日送若久向鄢者，高宁六十八人、横截卅人、

15　　　白苪卅二人、戚神□□、万度廿三人、乾养十四人、柳

16　　　婆卅人、阿虎十二人、磨诃演十六人、喙进十八人、

17　　　高昌七人。

18　　九年六月十二日送婆罗干北山，高宁六十八人、戚神五人、

19　　　万度廿三人、其养十二人、柳婆卅人、阿虎十五人、

20　　　磨诃演十三人、喙进十人、横截卅人；出马一匹。[1]

对比文书中各国使者的称谓，这里的"吴客"应当是指南朝来的正式使者，他们和子合国的使者在高昌永康十年（475）三月八日一起前往北山，应当是出使柔然的刘宋使团。因此，前面提到的《持世经》题记中的"吴客丹杨郡张烋祖"，应当不是普通的寓客，而应当是刘宋文帝派遣出使高昌的使者，因为路上战事不断，所以滞留高昌未归。

高昌永康十年相当于刘宋后废帝元徽三年（475），送使文书所记当年三月八日要到柔然去的南朝使者，要从刘宋都城出发，经益州、吐谷浑，才能到达高昌，所需时间往往较长，所以这个使者不一定是后废帝所遣，可能是在明帝时就已出发。高昌送使文书记吴客与子合使一起被送往柔然，由于子合使来自塔里木盆地西南，他们可以先东行到鄯善的吐谷浑界，在这里与从南方来的刘宋使者一道前往高昌，再继续前往柔然。

《高僧传》卷一三《齐上定林寺释法献传》记：

〔法献〕以宋元徽三年（475）发踵金陵，西游巴蜀，路出河南，道经芮芮。既到于阗，欲度葱岭。值栈道断绝，遂于于阗而反。获佛牙一枚，舍利十五身，并《观世音灭罪呪》及《调达品》，又得龟兹国金锤鍱像，于是而还。其经途危阻，见其别记。[2]

《法苑珠林》卷一二记：

齐文宣皇帝时，有先师统上（法献），家世凉州。年至十三，发誓西行。至宋元徽三年（475）五月，遂发京师。至五年（477），方到芮国（柔然），进到于阗。[3]

结合上述《阚氏高昌永康九年、十年（474—475）送使出人、出马条记文书》，可知法献475年出发时，从于阗越喀喇昆仑山到乌苌的道路尚可通行，但他在477年到达于阗后，大概因为嚈哒入侵，"栈道断绝"，故而折返，但

1　图版和录文见荣新江、李肖、孟宪实主编：《新获吐鲁番出土文献》，中华书局，2008年，第162—163页。

2　（梁）释慧皎撰，汤用彤校注：《高僧传》卷一三《法献传》，中华书局，1992年，第488页。

3　（唐）释道世撰，周叔迦、苏晋仁点校：《法苑珠林校注》卷一二，中华书局，2003年，第440页。

有幸在于阗获得了来自乌苌的佛牙[1]，将连同所获佛经等，带回到南方。

昇明二年（478），刘宋又派遣骁骑将军王洪轨（一作范）出使柔然，与柔然相约，两面夹击北魏。南齐高帝萧道成即位的建元元年（479）八月，柔然可汗果然发三十万骑兵南侵[2]，但萧道成因为初即位，未遑出征。至武帝萧赜永明元年（483），王洪轨回到南朝，史称"经途三万余里"[3]。王洪轨出使柔然是经过吐谷浑国（河南国）并得到吐谷浑可汗资送的。[4]他从吐谷浑到柔然，必经高昌。

德国国家图书馆藏南齐萧道成供养《妙法莲华经》卷七（Ch 422，T II T 2071），题记残存（图4）[5]：

1　使持节、侍中、都督南徐[
2　骑大将军、开府仪同[
3　郡开国公萧道成，普[

又有德藏南齐萧道成供养某经题记（Ch 2521 + Ch 2836）（图5）[6]：

1　使持节、侍中、都督南徐兖北徐[兖青冀]六州诸军事、骠骑大将军、
2　开府仪同三司、录尚书事、南徐州刺史、竟[陵郡]开国公萧道成，普为一切，敬造供养。

上面两件写本中萧道成的结衔相同，应当是同一批写经，学者据此结衔，推测抄写年代为昇明元年（477）八、九月间。[7]唐长孺先生推断这两件萧道成写经可能是王洪轨带到高昌的[8]，诚为的论。

南齐建元二年（480）、三年（481），均有柔然使者入贡南齐。永明三年（485），南齐遣丘冠先送柔然使者回，到永明六年（488）丘冠先才回到建康。书道博物馆藏《佛说观普贤经》题记：

1　永明元年正月谨写，用纸十四枚，
2　比丘尼释法敬供养。[9]

此卷出土地不详，现裱入《龙沙开宝》册子中。从书法角度看，这件法敬写经运笔多为楷体，字体娟秀，与吴客张伓祖所写《持世经》相近。[10]前面提到永明三年南齐遣丘冠先送柔然使者回，也不排除这次通使可能是这件永明元年写经传到高昌的契机。

南朝也和在高昌北立国的高车取得联系，《南齐书》卷五九《芮芮虏传》记：

1　参看庆昭蓉：《法献赍回佛牙事迹再考——兼论5世纪下半叶嚈哒在西域的扩张》，《西域文史》第13辑，科学出版社，2019年，第83—98页。

2　（唐）姚思廉：《梁书》卷五四《西北诸戎·芮芮国传》记："宋升明中，遣王洪轨使焉，引之共伐魏。建元元年，洪轨始至其国，国王率三十万骑，出燕然山东南三千余里，魏人闭关不敢战。后稍侵弱。"

3　（梁）萧子显：《南齐书》卷五九《芮芮虏传》，中华书局，1972年，第1023—1025页；（宋）司马光：《资治通鉴》卷一三五，中华书局，1956年，第4233—4234页。参看唐长孺：《南北朝期间西域与南朝的陆道交通》，《魏晋南北朝史论拾遗》，中华书局，1983年，第179—180页。

4　（梁）萧子显：《南齐书》卷五九《河南传》，中华书局，1972年，第1026页。

5　G. Schmitt and T. Thilo, *Katalog chinesischer buddhistischer Textfragmente* I (BTT VI), (Berlin, 1975), pp. 113, 205, 图 11/13, 34/48；［日］池田温：《中国古代写本识语集录》，东京大学东洋文化研究所，1990年，第91—92页。

6　*Katalog chinesischer buddhistischer Textfragmente* I, (Berlin, 1975), pp. 205-209, 图 33；［日］池田温：《中国古代写本识语集录》，东京大学东洋文化研究所，1990年，第91—92页。

7　Akira Fujieda und Th. Thilo, "Bemerkungen zu Fragment Ch 422 und damit zusammenhängenden Fragmenten", *Katalog chinesischer buddhistischer Textfragmente* I, (Berlin, 1975), pp. 205-209；藤枝晃：《中国北朝写本的三分期》，《古笔学丛林》1987年第1号，第9页。

8　唐长孺：《南北朝期间西域与南朝的陆道交通》，《魏晋南北朝史论拾遗》，中华书局，1983年，第191页。

9　矶部彰编：《台东区立书道博物馆所藏中村不折旧藏禹域墨书集成》下，东京二玄社，2005年，第77页。

10　毛秋瑾：《汉唐之间的写经书法——以敦煌吐鲁番写本为中心》，《南京艺术学院学报》（美术与设计版）2012年第3期，第15页；毛秋瑾：《墨香佛音——敦煌写经书法研究》，北京大学出版社，2014年，第217—218页。

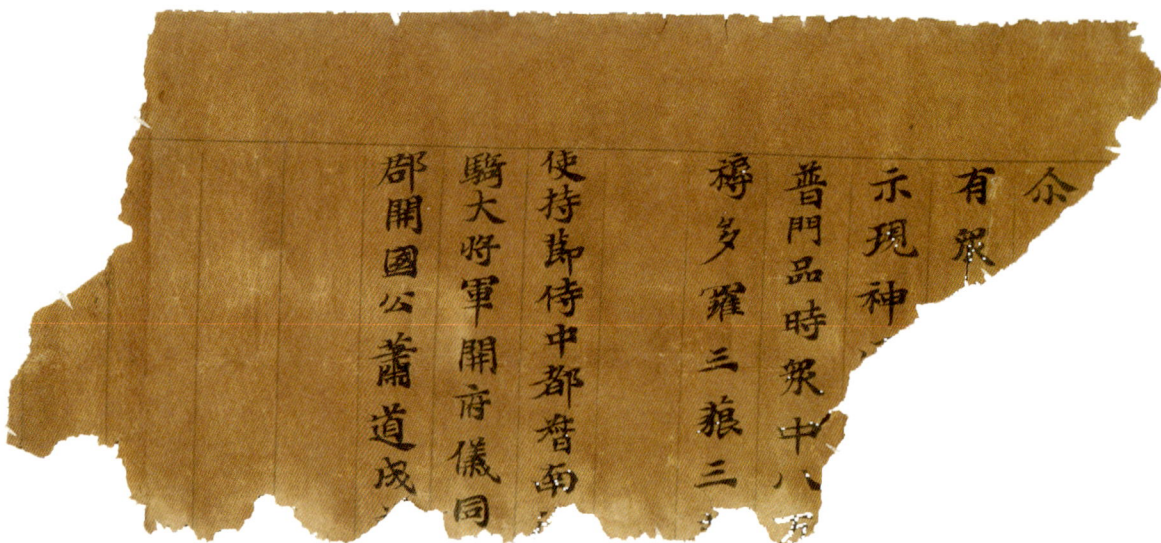

图 4　南齐萧道成供养《妙法莲华经》卷七

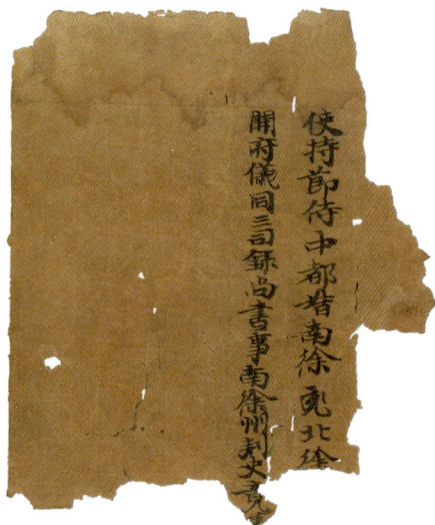

图 5A　南齐萧道成供养某经题记

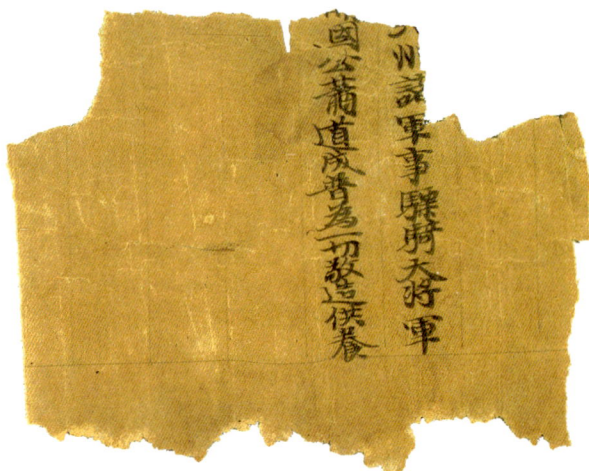

图 5B　南齐萧道成供养某经题记

先是益州刺史刘悛遣使江景玄使丁零，宣国威德。道经鄯善、于阗，鄯善为丁零所破，人民散尽。于阗尤信佛法。丁零僭称天子，劳接景玄，使反命。[1]

据《南齐书》卷三《武帝纪》，刘悛任益州

刺史的时间是永明九年（491）正月至十一年（493）二月之间，则其所遣江景玄出使当在此二年中间。[2] 丁零即铁勒的异译，此处当指高车。据当时丁零、柔然、北魏间的征战情形，或许可以把江景玄出使的下限定在十年（492）

---

1 （梁）萧子显：《南齐书》卷五九《芮芮虏传》，中华书局，1972 年，第 1025 页。

2 唐长孺：《南北朝期间西域与南朝的陆道交通》，《魏晋南北朝史论拾遗》，中华书局，1983 年，第 180 页。

八月。[1] 这里透露出江景玄经吐谷浑道走访了西域南道鄯善和于阗两国，当时鄯善为丁零所破，而于阗似乎没有受到影响，给南齐使者印象最深的，是于阗崇信佛法。

三

吐谷浑道，是一条早已开通的南朝到西域的交通道路，不仅有多位僧人、使者往来，而且佛教图像和文本也经此南传。[2] 到了萧梁时期，因为梁朝君臣佞佛，与西域的往来便变得更加频繁，特别是与佛教的交往，而吐谷浑道正好起到桥梁作用。《梁书》卷五四《诸夷传》记河南王（吐谷浑）范围，"其界东至迭川，西隣于阗，北接高昌"[3]，即是明证。

道宣《续高僧传》卷二九《蜀部沙门释明达传》记：

> 释明达，姓康氏，其先康居人也。童稚出家，严持斋素。初受十戒，便护五根。年及具足，行业弥峻。胁不着席，日无再饭。外肃仪轨，内树道因。广济为怀，游行在务。以梁天鉴（监）初，来自西戎，至于益部。[4]

此时的康居应当指粟特康国，这位出自康国的佛教僧侣明达，在萧梁武帝天监初年（501）从西域来到益都，成为蜀地沙门。

天监年间（502—519），柔然大破高车（丁零），一度强盛，于天监十四年（515）或十五年（516）遣使到南朝。吐鲁番出土《摩诃般若波罗蜜经》卷一四至一五写本题记云：

> 1　天监十一年]王辰岁，使持节散骑常侍、都督江州诸军事、镇南将军、开府仪同
> 2　三司、江州刺]史、建安王萧伟，敬造众经一千卷流通，愿神徽鉴于六道，清猷
> 3　　　　　]。明灵聿辅，景福咸臻。深信坚明，大悲增上。照环中之奥理，得象
> 4　　　　　]情。舍身命财，护持正法，修菩提行，专向一乘。芭举群生，导达形
> 5　　　　　]同真实相，俱憩道场。[5]

这是梁天监十一年（512）建安王萧伟供养制作的佛经一千卷中的一卷，从年份上来看，这卷写经很可能是天监十四或十五年到南梁的柔然使者，或送柔然使的南梁使臣带到吐鲁番的。《摩诃般若波罗蜜经》为鸠摩罗什译，弘始五年（403）开始翻译，次年完成，共二十七卷。[6] 这里是卷一四、一五写本，推测很可能携带去的是一整部《摩诃般若波罗蜜经》。

吐鲁番还出土了一件南梁写经，是《华严经》卷二九，题记称（图6）[7]：

1　余太山：《两汉魏晋南北朝与西域关系史研究》，中国社会科学出版社，1995年，第257—258页。

2　参看［日］桐谷征一：《西域沙门の河南路の利用について》，《印度学佛教研究》1966年第14卷第2号，第140—141页；吴焯：《四川早期佛教遗物及其年代与传播途径的考察》，《文物》1992年第11期，第40—50、67页；山名伸生：《吐谷浑と成都の佛教》，《佛教艺术》1995年第218号，第11—38页；姚崇新：《成都地区出土南朝造像中的外来风格渊源再探》，《华林》2001年第1卷，中华书局，第245—258页；荣新江：《丝绸之路上的"吴客"与江南书籍的西域流传》，载荣新江主编：《丝绸之路上的中华文明》，商务印书馆，2022年，第236—253页。

3　（唐）姚思廉：《梁书》卷五四《诸夷传》，中华书局，1973年，第810页。

4　《大正藏》第50册，第691页。

5　［日］池田温：《中国古代写本识语集录》，东京大学东洋文化研究所，1990年，第102页；矶部彰编：《台东区立书道博物馆所藏中村不折旧藏禹域墨书集成》上，东京二玄社，2005年，第79页。

6　（梁）释僧佑撰，苏晋仁、萧炼子点校：《出三藏记集》卷二，中华书局，1995年，第49页。

7　［日］池田温：《中国古代写本识语集录》，东京大学东洋文化研究所，1990年，第113页；矶部彰编：《台东区立书道博物馆所藏中村不折旧藏禹域墨书集成》上，东京二玄社，2005年，第137页。

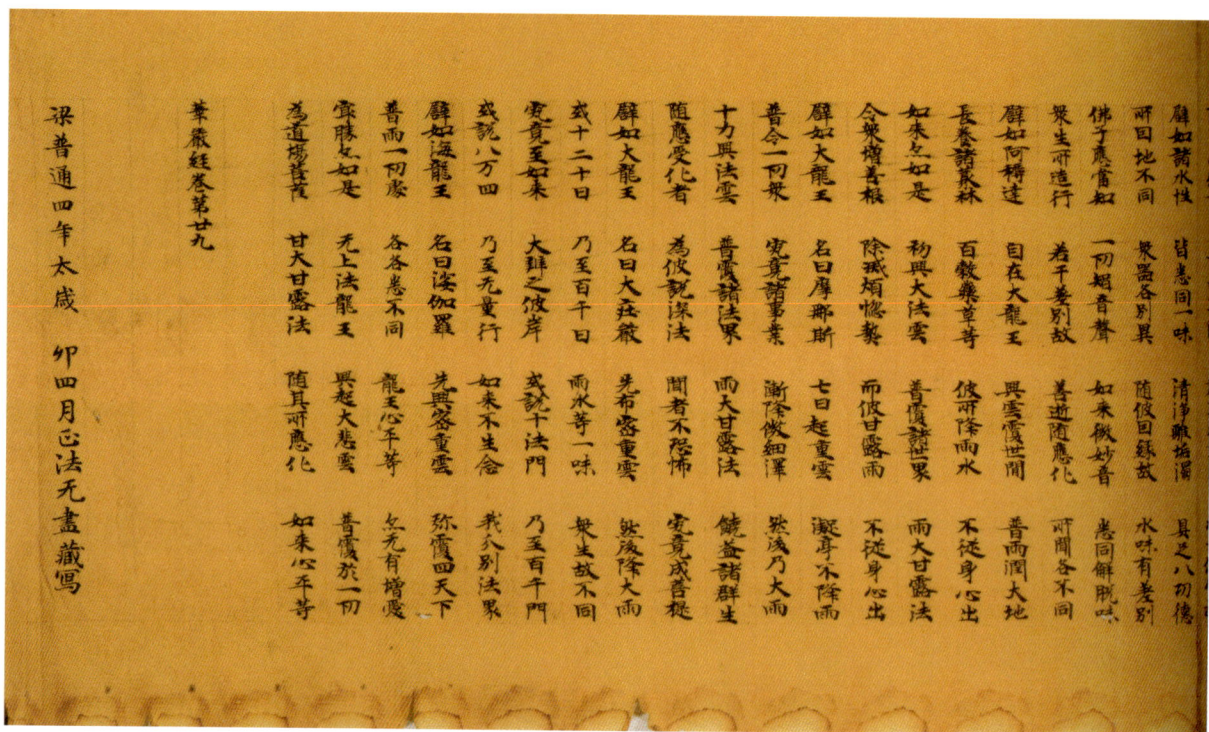

图6　《华严经》卷二九并题记

1　梁普通四年太岁[乙]卯四月，正法无尽藏写。

此卷卷首缺损，存23纸，近于完整。其书法特征是南朝那种楷体比较成熟的写法，又使用梁普通四年（523）的纪年，应当是南朝写经流入高昌地区者。[1]

梁元帝萧绎普通七年（526）任荆州刺史时，曾撰绘有《职贡图》[2]，目前还可以见到摹本上保留的于阗使者的形象（图7），其题记文字如下：

于阗，汉西域之旧国也。其国水有二源，一出葱岭，一出于阗。地多水潦沙石，气温。有稻、麦，多蒲萄。有水出玉，名曰玉河。国人喜铸铜器。王居室，加以朱画。王冠金帻，妇女皆辫发袤袴。魏文帝时献名马。天监九年（510）献织成、氍毹。十三年又献婆罗等障。十八年又献流璃罂。[3]

于阗使者双手捧着大腹小口的器皿，正是天监十八年（519）所献"琉璃罂"[4]。

有关于阗遣使记录，《梁书》卷二《武帝

1　毛秋瑾：《汉唐之间的写经书法——以敦煌吐鲁番写本为中心》，《南京艺术学院学报（美术与设计版）》2012年第3期，第15页；毛秋瑾：《墨香佛音——敦煌写经书法研究》，北京大学出版社，2014年，第208—209页。

2　参看金维诺：《"职贡图"的时代与作者——读画札记》，《文物》1960年第7期，第14—17页；榎一雄：《梁职贡图の流传について》，《镰田博士还历记念历史学论丛》，东京，1969年，第131—144页；余太山《〈梁书·西北诸戎传〉与〈梁职贡图〉》，《燕京学报》新5期，北京大学出版社，1998年，第93—124页；王素：《梁元帝〈职贡图〉与西域诸国——从新出清张庚摹本〈诸番职贡图卷〉引出的话题》，《文物》2020年第2期，第33—40页。

3　葛嗣浵撰，慈波点校：《爱日吟庐书画续录》卷五《清张庚诸番职贡图卷》，浙江人民美术出版社，2019年，第490页。

4　李昀：《图像与意象：6—11世纪职贡图绘的历史研究》第一章，北京大学博士论文，2021年6月。

图 7　《职贡图》于阗使者像

本纪》中有相应的记载：

>　　天监九年（510）三月乙未，于阗国遣使献方物。[1]
>
>　　天监十三年（514）八月癸卯，扶南、于阗国各遣使献方物。[2]
>
>　　天监十八年（519）秋七月甲申，……于阗、扶南国各遣使献方物。[3]

可见，在天监年间，于阗有三次遣使，所贡物品有织物、大腹小口酒器。大同七年，还曾向佞佛的梁武帝萧衍献外国刻玉佛。萧梁与于阗联系如此之密切，恐怕多数不在政治、外交，而是在从南齐以来所重视的于阗佛教，在梁武帝时更是看重于阗的佛法隆盛，于阗也深知此点，所贡更多的是佛教文物。

至于更为遥远的波斯，《职贡图》残卷波斯国条题记引释道安《西域诸国志》残文，有"中大通二年（530）遣中（使）经犍陀越奉表献佛牙"[4]。此外，史籍还记中大通五年（533）八月，波斯遣使献方物。大同元年（535）四月，波斯又献方物[5]。从萧绎《职贡图》可知，波斯之通使南朝，走的也是西域经吐谷浑境而南下益州再顺长江而下到建康的道路。

吐鲁番还出土一件《金刚般若波罗蜜经》写本，题记云（图 8）[6]：

>　　1　大同元年正月一日，散骑常侍淳于□□□
>
>　　2　于芮芮，愿造《金刚波若经》一百卷。令□□□，□
>
>　　3　届梁朝，谨卒本誓。以斯功果，普施人□，□□□
>
>　　4　境。

这是大同元年南梁的使臣受命即将出使芮芮（柔然）时，发心愿抄写鸠摩罗什译一卷本《金刚般若波罗蜜经》一百卷，希望将来回到建康后，誓愿得以完成。可见大同元年时南梁曾遣使去柔然，作为正使的淳于某出自大

1　（唐）姚思廉：《梁书》卷二《武帝本纪》，中华书局，1973 年，第 50 页。

2　（唐）姚思廉：《梁书》卷二《武帝本纪》，中华书局，1973 年，第 54 页。

3　（唐）姚思廉：《梁书》卷二《武帝本纪》，中华书局，1973 年，第 59 页。

4　《文物》1960 年第 7 期，第 2 页图版。

5　见（唐）姚思廉：《梁书》卷五四《西北诸戎传》，中华书局，1973 年，第 815 页；卷三《武帝本纪》下，中华书局，1973 年，第 77、79 页。

6　［日］池田温：《中国古代写本识语集录》，东京大学东洋文化研究所，1990 年，第 119 页；矶部彰编：《台东区立书道博物馆所藏中村不折旧藏禹域墨书集成》上，东京二玄社，2005 年，第 142—143 页。

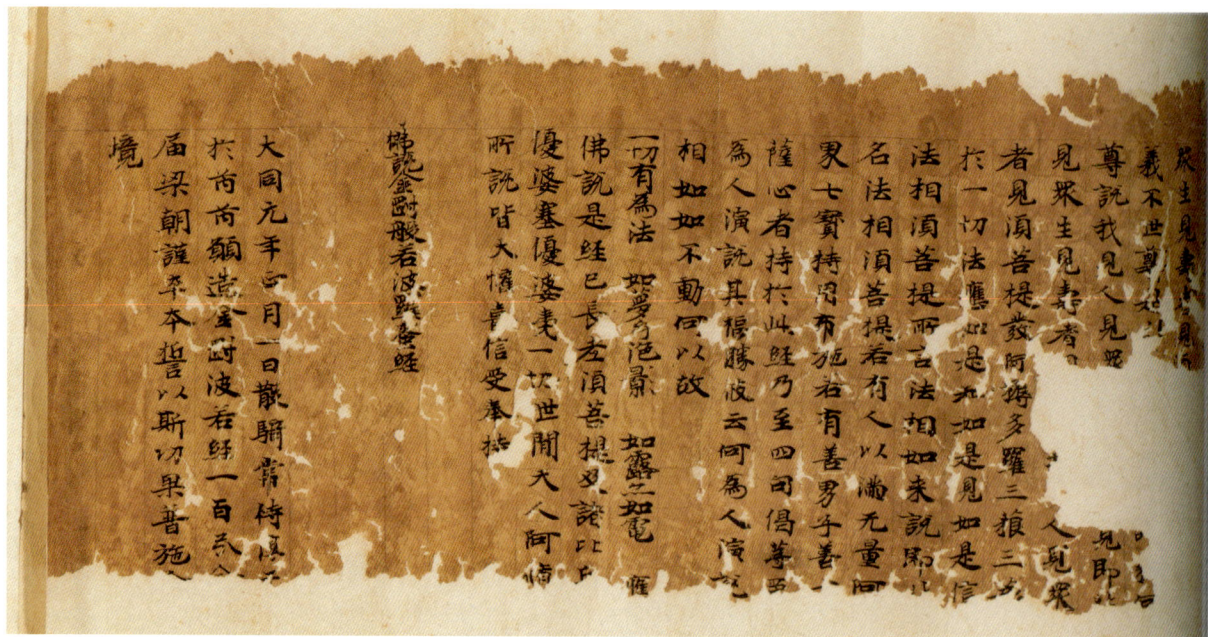

图 8　吐鲁番出土《金刚般若波罗蜜经》并题记

姓，使团当有一定规模，也把南朝的经卷带到高昌。史书记载大同年间（535—546），高昌王麴子坚曾遣使南梁，献鸣盐枕、蒲陶、良马、氍毹等物[1]，可见当时高昌与南朝之间也有联系。

四

这段时间中，粟特商人继续活跃在吐谷浑道的丝绸之路上。

西安发现的《史君墓志》粟特文铭文部分说："他的妻子生于西平（Senpen），（是）名叫维耶尉思（Wiyusī）的女人。尉各伽与其妻在西平于亥（猪）年第六月第七日（兔日）结为连理。"[2] 吉田丰教授把 synpyn（Senpen）比定为西平，并指出"猪年第六月的第七日只能

是 519 年（即 519 年 7 月 19 日）"[3]，即北魏孝明帝神龟二年。虽然这一比定在发音方面还存有问题，但从《史君墓志》的上下文来看，是最有可能性的对证。虽然史君所在的北周时期此地不名"西平"，但"西平"作为此地古老的名称，可能比"鄯州"更容易为胡人接受，因为他们往往使用更为通行的称呼，如用"姑臧"指凉州，用"敦煌"指瓜州或沙州。

在史君石椁的图像上，有一幅描绘了史君与康氏婚礼的场景（图 9，N2），这也是他们二位第一次以夫妇的形象出现在图像中。上引《史君墓志》粟特文部分特别强调了这场婚姻，这是一般汉文墓志所罕见的。据史君的年龄推算，他与康氏结婚的年份是 519 年，时年 26 岁。画面的正中是史君坐在粟特式的亭子中间，正举长杯与妻子共饮，两边是伎乐，庭前还有一个舞者和两个乐人。史君夫人一侧的后

1　（唐）姚思廉：《梁书》卷五四《诸夷传》高昌条，中华书局，1973 年。

2　西安市文物保护考古所：《西安北周凉州萨保史君墓发掘简报》附录，《文物》2005 年第 3 期，第 32 页。

3　吉田丰：《西安新出史君墓志的粟特文部分考释》，荣新江等编《粟特人在中国——历史、考古、语言的新探索》，中华书局，2005 年，第 34 页。

图 9　史君石椁北壁婚礼图

面，还有三位女子和一个男子，手中都拿着礼物样的东西，可能为陪嫁的嫁妆。这种粟特式场景表示婚礼是在粟特聚落的环境中举行的，也即墓志所述的西平粟特聚落。

还有一个非常能说明问题的材料，《续高僧传》卷二六《释道仙传》记载：

> 释道仙，一名僧仙，本康居国人，以游贾为业。梁周之际，往来吴蜀，江海上下，集积珠宝，故其所获赀货，乃满两船，时或计者云：直钱数十万贯。既环宝填委，贪附弥深，惟恨不多，取验吞海。行贾达于梓州新城郡牛头山，值僧达禅师说法曰："生死长久，无爱不离。自身尚尔，况复财物。"仙初闻之，欣勇内发，深思惟曰："吾在生多贪，志慕积聚，

向闻正法，此说极乎。若失若离，要必当尔，不如沉宝江中，出家离着，索然无扰，岂不乐哉。"即沈一船深江之中。又欲更沈，众共止之，令修福业。仙曰："终为纷扰，劳苦自他。"即又沉之。便辞妻子，又见达房凝水淴漾，知入水定信心更重，投灌口山竹林寺而出家焉。[1]

释道仙在皈依佛门之前，是一个地地道道的粟特康国商人。在萧梁时期，他沿长江流域经商贩易，往来于上游益州和下游吴地之间，获取大量珍宝，积聚许多资财。《释道仙传》中没有提示他是从什么地方来到南方的，但顺理成章的路线应当是经吐谷浑道从西域进入巴蜀，再沿长江南下。释道仙的事例既可以表明萧梁时粟特胡商在长江流域经商的规模，也让我们再次看到粟特胡商与佛教僧人间的紧密关系。

《隋书》卷七五《何妥传》云：

> 西城（域）人也。父细胡，通商入蜀，遂家郫县。事梁武陵王〔萧〕纪，主知金帛，因致巨富，号为西州大贾。[2]

同书卷六八《何稠传》云：

> 何稠，字桂林，国子祭酒妥之兄子也。父通，善斲玉。稠性绝巧，有智思，用意精微。……波斯尝献金绵锦袍，组织殊丽，上命稠为之。稠锦既成，逾所献者，上甚悦。时中国久绝琉璃之作，匠人无敢厝意，稠以绿瓷为之，与真不异。

何妥一家为西域人，出自粟特的何国（Kushānika）。其父何细胡因商而进入蜀地；其

---

1 《大正藏》第 50 册，第 651 页。

2 （唐）李延寿：《北史》卷八二《何妥传》同。此处的"西城"，《通志》卷一七四《何妥传》作"西域"，当正之。参看陈寅恪：《隋唐制度渊源略论稿》，中华书局，1963年，第 78—79 页。

兄善治玉，侄儿何稠善制西方器物，均具有典型的粟特文化特征。唐长孺先生在讨论《何妥传》时指出："《华阳国志》卷三《蜀志》郫县条称'冠冕大姓何、罗、郭氏'，何、罗都是胡姓，并同为'西州大贾'，疑其地多胡姓后裔，何妥一家定居此县，实是依附本族人。"[1] 郫县在成都平原的中心区域，说明这里可能有比较集中的胡人聚落存在。何家代表着另一支从粟特经吐谷浑道进入巴蜀的西域商胡。

太原发现的隋《虞弘墓志》记载，大约在546 年时，柔然汗国曾派遣年轻的虞弘出使波斯和吐谷浑[2]，表示柔然与吐谷浑、波斯之间存在往来，而当时西域的交往通道应当都在柔然的控制之下。

正是因为吐谷浑当时也是控制丝绸之路青海道的主要王国，因此也在东西方的交往中扮演着重要的角色。《周书》卷五○《吐谷浑传》记载了一件典型的事例。西魏废帝二年（553），"是岁，夸吕又通使于齐氏，凉州刺史史宁觇知其还，率轻骑袭之于州西赤泉，获其仆射乞伏触扳、将军翟潘密、商胡二百四十人、驼骡六百头、杂彩丝绢以万计"[3]。这是以青海为中心的吐谷浑国派到北齐而返回的使团，该使团除了负有政治使命外，显然同时是一个商贸队伍，因此使团的首领是吐谷浑的官人仆射乞伏触扳和将军翟潘密。翟潘密从其姓来看，可能是北方游牧民族高车人，但从其名字来看，又像是粟特人，我们已经指出不少翟姓人与粟特难解难分，如并州萨保翟娑摩诃[4]、

伊州火祆庙中的祆主翟槃陀[5]、武威粟特人安元寿夫人翟六娘[6]、吐鲁番阿斯塔那出土的《唐麟德元年（664）翟那宁昏母康波蜜提墓表》[7]、康国大首领康公夫人翟氏[8]，因此翟潘密可能就是商队首领（萨保），同时又是使团的将军，而商团队伍的主体是胡人，这个商队应当是以粟特胡为主而同时有其他民族参加的跨国商队。这次被西魏凉州刺史俘获的商胡有240 人，如果这一商团全军覆没，那么其规模也是相当大的——240 人加上"驼骡六百头、杂彩丝绢以万计"。而如果被俘的只是其中一部分，则其总人数必然在240 人以上，那么可以想见这支商队的壮观了。这种商队的形象，我们在考古发现的北朝末粟特系图像中常常可以见到。

以上根据传世典籍、考古文物，特别是出土文书材料，对魏晋南北朝时期的吐谷浑道以及经过吐谷浑道的商贸往来和文化交流做了概要的叙述，表明在兵荒马乱的国土分裂时期，吐谷浑道在沟通中国南方与西域、北亚方面起到了关键作用，让我们不得不对青海地区荒凉的景观刮目相看。热水墓地发现的7 世纪大型吐谷浑墓葬中之所以聚集了这么多丝绸之路上的奇珍异宝，与此前几个世纪吐谷浑道的辉煌有直接的联系。

1　唐长孺：《南北朝期间西域与南朝的陆道交通》，《魏晋南北朝史论拾遗》，中华书局，1983 年，第 194—195 页。

2　张庆捷：《虞弘墓志考释》，载荣新江主编：《唐研究》第 7 卷，北京大学出版社，2001 年，第 153 页。

3　（唐）令狐德棻：《周书》卷五○《吐谷浑传》，中华书局，1971 年，第 913 页。

4　赵万里：《魏晋南北朝墓志集释》卷九，科学出版社，1956 年，图版 484，第 323 页。

5　唐耕耦、陆宏基主编：《敦煌社会经济文献真迹释录》第 1 辑，书目文献出版社，1986 年，第 40—41 页。

6　昭陵博物馆：《唐安元寿夫妇墓发掘简报》，《文物》1988 年第 12 期，第 37—49 页。

7　侯灿、吴美琳：《吐鲁番出土砖志集注》，巴蜀书社，2003 年，第 515 页。

8　周绍良编：《唐代墓志汇编》，上海古籍出版社，1992 年，第 1634 页。

天马来仪自海西——都兰热水墓群考古 40 年

中国社会科学院考古研究所　韩建华

考古学的魅力在于不断丰富和深化我们对历史的认知，同时也不断地提出新的问题和疑问，促使人类对自身历史的认识和记忆更趋科学和真实。新的考古发现不仅能获取一定数量的遗迹和遗物，而且也在还原和复原人类社会的细节和缺环。热水墓群的考古发现正在不断刷新我们对丝绸之路青海道的认知。1982 年，青海省文物考古研究所在青海省海西州都兰县发现热水墓群，随着考古发掘的不断深入，对墓葬形制和出土文物的了解和认识逐渐加强。都兰作为青海道上重要的中转站，有了考古学的证据，也被学界所认可。对丝绸之路青海道的研究从过去单纯依靠文献的研究，转向考古发现和文献双驾马车并驾齐驱的局面，考古发现所担当的角色和发挥的作用不断突显。随着树木年轮、DNA 检测等科技手段的介入，关于丝绸之路青海道的持续时间、相应的环境、气候，以及青海道上来往人群的族属成为关注的焦点。

弹指一挥间，发现热水墓群已经 40 年了（1982—2022），在这 40 年间，考古发掘工作不断推进，新的墓葬资料不断出现，新的研究也随之不断深入。在丝绸之路青海道干线及支线、墓葬形制、丧葬习俗及仪轨、棺板画、丝织品、金银器、藏文木牍等方面涌现出一大批优秀成果。关于热水墓群，从一无所知到现在的局面，离不开考古人的执着坚持与探索。正如刘庆柱先生所说："历史学作为一门科学，在考古资料的不断发现中、多学科结合的新方法不断应用中、学科理论的不断创新中，学科自身是在不断地纠正不正确、不准确的'人类记忆'中发展。考古学使人类对自身历史的认识和记忆更趋科学和真实，从宏观和微观两个方面，促使'历史学'越来越成为真实、科学的'学问'。"[1]

一、丝绸之路与青海道

丝绸之路是一条中西商贸之路，也是文化交流之路。这条道路在汉代就已存在，它连通中国、中亚和地中海的各个国家，是各国进行贸易运输和友好往来的主要通道。丝绸之路的干道形成于汉武帝时期，由张骞两次出使西域开辟而成。通常说的丝绸之路，以长安或洛阳为起点，经过河西走廊，出玉门关和敦煌，进入西域，分为北道、中道和南道三个方向分别西行，最后到达地中海的各个国家。在 4 世纪

---

1 刘庆柱：《阿房宫考古发现与研究·序》，文物出版社，2014 年，第 7 页。

至 7 世纪初，占据青海的吐谷浑强盛，垄断了青海地区的交通和商贸，成为联系当时中国与漠北、西域、青藏高原、印度等地的交通中心。以青海为中心，向北、向东、向东南、向西、向西南都有着畅通的交通路线，这就是历史上的丝绸之路青海道。

西汉武帝时，张骞出使西域，"凿空"了西汉王朝与西域各国的交通，汉王朝打败匈奴，夺取河西走廊，设置了酒泉、武威、张掖、敦煌四郡，开通了一条起自长安穿越河西走廊，出玉门关、阳关经新疆越葱岭沟通西亚的国际通道，于是便有了"丝绸之路"，这条道路在当时便有"驰命走驿，不绝于时月；胡商贩客，日款于塞下"[1]的景象。两千年来，丝绸之路成为东西方文化交流的舞台，不同种族、不同信仰、不同文化背景的各色人群活跃在这条道路上，创造并传递着财富、智慧、宗教、艺术等。

当年张骞返回汉王朝长安时，本"欲从羌中归"，因为匈奴阻隔，最终未能走羌中，显然羌中也有东西交通的道路。所谓羌中，就是羌人聚居的"以柴达木盆地为中心的地区"[2]。穿过羌中的东西交通道路称为羌中道，这是历史上丝绸之路青海道的雏形。当年张骞回到长安向汉武帝汇报出使大夏看到邛竹杖与蜀布时的情形："臣在大夏时，见邛竹杖、蜀布。问曰：'安得此？'大夏人曰：'吾贾人往市之身毒……'，今身毒又居大夏东南数千里，有蜀物，此其去蜀不远矣。"[3]可见大夏与川蜀地区很早就有商贸往来。魏晋时，文献记载柔然"由河南道而抵益州"，从西域到益州的交通道路就是丝绸之路"河南道"。"丝绸之路河南道是丝绸之路的一支。该道的起点是益州（今成都），终点是西域和漠北，因其沿线主要经过东晋南北朝时期的吐谷浑河南国，故而又被称作丝绸之路河南道。"[4]

1956 年，青海省粮食厅在西宁市城隍庙街发现 76 枚波斯萨珊银币，夏鼐先生认为"发现的地点常可表示当时贸易和交通的线路"，"4 世纪末至 7 世纪初，西宁是在中西交通的孔道上的。这条比较稍南的交通路线，它的重要性有一时期（5 世纪）可能不下于河西走廊。"[5]对于这项考古发现，徐苹芳先生指出："西宁波斯银币的埋藏虽已晚至唐代以后，仍可说明 4 至 6 世纪河西走廊被地方政权割据之后，从兰州（金城）经乐都（鄯州）、西宁（鄯城）、大通，北至张掖，或西过青海湖吐谷浑国都伏俟城至敦煌或若羌的这条'青海道'路线，它是通西域的丝绸之路上的重要路线。"[6]徐苹芳先生所描述的这条道路就是"湟中道"，"从关中过陇西，渡黄河进入湟水流域，经鄯州（今乐都）抵达西平（今西宁），并向西、向南、向北辐射，西接羌中道，南连河南道，北面通过乐都武威道、西平张掖道至凉州、张掖。"[7]通过考古发现，徐苹芳首次提出了丝绸之路"青海道"，把历史时期青海境内的所有沟通西域的路线统称为"青海道"。

丝绸之路青海道，就是由不同时期形成的羌中道、河南道和湟中道三条干线组成的。这

---

1 （宋）范晔：《后汉书》卷八十八《西域传》，中华书局，1965 年，第 2931 页。

2 吴礽骧：《也谈"羌中道"》，《敦煌学辑刊》1984 年第 2 期，第 84—90 页。

3 （汉）司马迁：《史记》卷一二三《大宛列传》，中华书局，2014 年，第 3843 页。

4 陈良伟：《丝绸之路河南道》，中国社会科学出版社，2002 年，第 1 页。

5 夏鼐：《青海西宁出土的波斯萨珊朝银币》，《考古学报》1958 年第 1 期，第 108 页；《综述中国出土的波斯萨珊朝银币》，《考古学报》1974 年第 1 期，第 94 页。

6 徐苹芳：《考古学上所见中国境内的丝绸之路》，《燕京学报》，1995 年第 1 期，又见《徐苹芳文集·丝绸之路考古论集》，上海古籍出版社，2017 年，第 31 页。

7 张得祖：《古玉石之路与丝绸之路青海道》，《青海师范大学学报（哲学社会科学版）》，2008 年第 5 期，第 56—59 页。

些分布在青海境内不同时期的区域交通道路，就是基于文献资料和不断的考古发现，逐渐被认知的。学界对于青海道的认识，多以不同历史时期的交通道路为对象，冠以不同的名称，所以青海道有多个名称，有"吐谷浑路""河南道""青海路"等，其主干路线也有所不同。近年来，对丝绸之路青海道的研究以热水墓群的考古发现为界分为两个阶段。前一阶段的文献考证和单体文物研究的成果颇丰，一方面反映了青海道的重要地位和交通贸易的繁荣，另一方面也反映了青海道研究缺乏考古实证的支撑。在中国历史研究中，"二重证据法"和"上穷碧落下黄泉，动手动脚找资料"的研究范式早已经深入人心。这个阶段的研究为青海道的研究奠定了基础，研究的代表有严耕望[1]、黄文弼[2]、唐长孺[3]、夏鼐[4]、周伟洲[5]、薄小莹[6]、初师宾[7]。后一阶段，基于热水墓群的考古发现，都兰成为丝绸之路青海道上重要的节点这一事实被确认，经过都兰穿诺木洪至格尔木，转西北过茫崖镇至若羌的青海道路线得到考古实证的支撑，从而为寻找白兰城或者吐谷浑城提供了重要线索。更重要的是，人们通过都兰热水墓群重新认识了丝绸之路青海道的历史地位。"这样多的来自东、西两方面的文物集中于此，充分说明青海丝绸之路的地位和作用。很难想象财富仅仅来源于吐蕃进行的战争和掠夺。我们认为，这些物品的绝大多数应是吐蕃与中原、中亚、西亚进行贸易的结果。出土文物证明，在这一历史时期内，青海丝绸之路是畅通的，即使是在吐蕃控制下的 7、8 世纪，其与东、西方贸易的规模之大也是前代无法比拟的。那种认为青海丝绸之路只是辅助线路，7、8 世纪吐蕃占领后衰落不振、隔绝不通的观点应予以纠正。"[8]这一时期研究的代表有徐苹芳[9]、许新国[10]、霍巍[11]、陈良伟[12]。

丝绸之路青海道的繁盛期，是在吐谷浑控制青海地区的时期。松田寿男在《吐谷浑遣使考》中对青海路做过详细的论述："在公元 5 世纪至 7 世纪，以青海地区为中心的吐谷浑国，曾经向关中（秦、雍），或河西（凉土），或通过后者向鄂尔多斯和蒙古，或者是向蜀，或是经过这些地方向南朝频繁地转送过队商，同时与西藏高原和塔里木盆地保持着很深的交往，作为西域贸易的中转者在东西交通中起了重要的作用。因此，以北魏官吏宋云和僧侣惠生为首的入竺使一行，在进入西域时就要依靠吐谷浑的保护和向导，取道连接惶河、青海、柴达木、罗布泊南岸地区的所谓'青海路'。

1　严耕望：《唐代交通图考·河陇碛西区》，上海古籍出版社，2007 年，第 497—583 页。

2　黄文弼：《古楼兰国历史及其在中西交通上之地位》，《史学集刊》1947 年第 5 期，又见《西域史地考古论集》，商务印书馆，2015 年，第 453—493 页。

3　唐长孺：《南北朝期间西域与南朝的陆路交通》，《魏晋南北朝史论拾遗》，中华书局，1983 年，第 168—195 页；《北凉承平七年（449）写经题记与西域通往江南的道路》，《向达先生纪念论文集》，新疆人民出版社，1986 年，第 104—117 页。

4　夏鼐：《青海西宁出土的波斯萨珊朝银币》，《考古学报》1958 年第 1 期，第 105—110 页；《综述中国出土的波斯萨珊朝银币》，《考古学报》1974 年第 1 期，第 91—110 页。

5　周伟洲：《古青海路考》，《西北大学学报》1982 年第 1 期，第 66—73 页；《丝绸之路的另一支线——青海道》，《西北历史资料》1985 年第 1 期。

6　薄小莹：《吐谷浑之路》，《北京大学学报》1988 年第 4 期，第 51、70—74 页。

7　初师宾：《丝路羌中道开辟小议》，《西北师院学报》1982 年第 2 期，第 42—46 页。

8　许新国：《海西州都兰县热水吐蕃墓葬发掘述要》，《青海地方史志研究》，1984 年第 1 期，第 6 页。

9　徐苹芳：《考古学上所见中国境内的丝绸之路》，《燕京学报》，1995 年第 1 期，又见《徐苹芳文集·丝绸之路考古论集》，上海古籍出版社，2017 年。

10　许新国：《吐蕃墓出土蜀锦与青海丝绸之路》，《藏学学刊》2007 年第 3 期，第 93—116 页。

11　霍巍：《文物考古所见古代青海与丝绸之路》，《青海民族大学学报》2007 年第 1 期，第 10—15 页；《粟特人与青海道》，《四川大学学报（哲学社会科学版）》2005 年第 2 期，第 94—98 页。

12　陈良伟：《丝绸之路河南道》，中国社会科学出版社，2002 年。

此外，在记载中也留下了经同一条道路东行或西行的若干僧侣。何况还有很多证据可以证明西域的商胡频繁往来于此路。的确，青海路与'河西路'是平行存在的。在吐谷浑占据前者而活跃的时期，对中原地区来说被看作东西交通干线的河西路并未能充分发挥作用。"[1]

唐长孺先生认为："这条道路的通行历史悠久，张骞在大夏见来自身毒的邛竹杖与蜀布是人所共知的事，以后虽然不那么显赫，但南北朝时对南朝来说却是通向西域的主要道路，它联结了南朝与西域间的政治、经济和文化，曾经起颇大的作用。"[2]

徐苹芳先生认为："青海道在丝绸之路沙漠路线有其特殊的作用。4世纪初，慕容鲜卑的一支——吐谷浑，从东北迁移至今甘肃、青海之间，都伏俟城遗址在今青海湖西岸，墓地在伏俟城西南的都兰。7世纪中叶，吐蕃逐吐谷浑于凉州，伏俟城附近为吐蕃所占领。但是，有很多吐谷浑人并未离开其故地，仍在湟水和大通河流域聚屯自保，因此，都兰墓地在年代上虽已进入吐蕃占领时期，然而被埋葬的人有些仍可能是吐谷浑人。丝绸之路青海道是以伏俟城和都兰为枢纽的，有四条路线通过这里。第一条是从金城（兰州）经鄯州（乐都）鄯城（西宁）过赤岭（日月山），沿青海湖南岸或北岸至伏俟城，西去小柴旦、大柴旦，北转当今口至敦煌；第二条是从伏俟城到都兰，经诺木洪至格尔木，转西北过茫崖镇至若羌；这两条路都是绕开河西走廊往西域去的。第三条是从伏俟城向东南，经贵德、同仁入四川松潘，南至益州再转东南沿长江而下至建康（今南京）的路线，这是4—6世纪南朝通西域的

主道，因中间要经过吐谷浑河南王的辖区，故又称'河南道'，当时许多高僧和商人从西域到中国南方便多经此路。第四条是从青海入西藏至尼泊尔、印度的路线，即唐道宣《释迦方志·遗迹篇》所记通印度三道中的东道，从鄯州、鄯城、承风戍（湟中拉脊山口）、青海湖、湖西南的吐荅浑债（都兰），穿河源西侧，经七渡口过玉树去拉萨。"[3]这是有关青海道最为完备的表述。

青海道在吐谷浑控制时期，成为中外商贸和文化交流的大通道，也成为吐谷浑登上国际贸易舞台的支撑点和向西域扩张的出发点，同时起到连接南北朝及西部少数民族政权的纽带作用。隋炀帝远征吐谷浑，经营西域，以及后来吐蕃据青海，并迅速扩张占领西域，都和青海道重要的战略、经济地位直接有关。

正如许新国所说，"都兰出土的北朝至盛唐时期的蜀锦，使这一观点得到了纠正。证明从南北朝迄北宋这一漫长的时间内，这一条路线一直被使用，并成为交通要道。今日都兰地区是中西交通的孔道，在当时中西交通路线上占有相当重要地位，其地位的重要在当时绝不亚于河西走廊"[4]。

二、热水墓群的考古历程

都兰是丝绸之路青海道的重要节点，在其所连接东西交通道路的沿线上，遗留了大量重要遗迹、遗物。早在20世纪30年代，德国冒险家威廉·菲尔希纳（Wilhelm Filchner）就曾穿越都兰的南部，在都兰发现了一些洞穴和佛塔，有的保存完好，有的则已被破坏。他在这些洞穴和佛塔中还发现了银马鞍、金发饰和一

1　［日］松田寿男著，陈俊谋译：《古代天山历史地理学研究（增补本）》附录《吐谷浑遣使考》，中央民族学院出版社，1987年，第180页。

2　唐长孺：《南北朝期间西域与南朝的陆道交通》，《魏晋南北朝史论拾遗》，中华书局，1983年，第168页。

3　徐苹芳：《考古学上所见中国境内的丝绸之路》，《燕京学报》1995年第1期，又见《徐苹芳文集·丝绸之路考古论集》，上海古籍出版社，2017年。

4　许新国：《吐蕃墓出土蜀锦与青海丝绸之路》，《藏学学刊》2007年第3期，第116页。

尊重达 25 千克的石狮像，此外还有衣饰的残片。这是有关都兰考古探险的最早记载，但这些并未引起菲尔希纳的重视，他没有将他的探险和研究深入下去。[1]

20 世纪 50 年代初，青海省文物局考古工作队在都兰县的英德尔羊场旧场部和香加公社的考肖图发现吐蕃墓群。1957 年 12 月 13 日，青海省人民政府将两处吐蕃墓群时代定为唐代（吐蕃），公布为第二批省级文物保护单位。

2022 年 7 月，热水墓群考古 40 周年纪念活动在都兰县隆重举行。从 1982 年算起，热水墓群的考古工作经过了 40 年的筚路蓝缕。回首过往，考古历程可以分为三个大的阶段。

第一阶段，1982—1996 年。科学发现是人类认识发展的巨大杠杆。热水墓群的考古发现纯粹是一次偶然。1982 年，青海省文物考古研究所许新国和同事到都兰调查岩画，夜宿在露斯沟藏民达洛家中，从达洛口中得知察汗乌苏河的对岸有许多古墓葬。许新国和同事便决定过河进行调查。当他们蹚过冰冷刺骨的河水，穿过山口，"一座座圆形的坟堆散布在山根前和两山之间。我们忍不住内心的激动，奔向墓前"[2]。"有的坟堆直径十几米，高 5—6 米；有的已被盗掘者挖开，盗洞周围散布大小不等的石块。在距山口 4.5 公里处，耸立着一座巨大的古墓，平面梯形，堆上外形像两只叠在一起的'斗'，基座有 160 米宽。这座墓葬规模宏大，气势雄伟。周围还散布着十几座大小不等的墓葬。这就是达洛告诉我们的名为'九层妖楼'的大墓。我们登上了墓顶，估算大墓距地表的高度起码在 20 米以上。从墓顶和东面

的两个盗洞观察，墓葬封土有明显的夯层，夯层之间还平铺整齐的柏木，顶部有明显的砾石堆积。这种类型的墓葬同青海东部的汉、魏、晋的砖室墓有很大的差异，究竟是什么时代的，是哪一民族的墓，当即引起我们极大的兴趣，（我们）决定争取一笔经费，当年即在此地进行小型的试掘。……都兰，这片神奇的土地不再沉默，它以无与伦比的文物和遗迹向我们诉说着它的沧桑历史和学术价值，引起了国内外学术界的轰动。"[3]

多年以后从许新国的文字描述中，还可以让人想象发现古墓时的那种喜悦和兴奋。这次发现是青海省文物局考古工作队（青海省文物考古研究所前身）在都兰热水墓群的首次考古工作。

考古工作队从 1982 年 8 月开始，一直到 1985 年 11 月，连续四年在热水墓群进行发掘，主要是对"热水一号大墓"的上层封土及其墓前的陪葬遗迹、陪葬的小墓进行了发掘。1983 年"热水一号大墓"被文化部列入"全国六大考古新发现"。

1986 年 5 月 27 日，青海省人民政府将热水墓群公布为第四批省级文物保护单位，时代定为唐代（吐蕃）。1994 年开始，青海省文物考古研究所在都兰每年都有相应的发掘。

热水墓群在 1996 年被国务院公布为第四批全国重点文物保护单位。当时认为热水墓群共有封土 300 余座，该墓地属盛唐时期的吐蕃遗存，也是青海境内面积最大、保存封土最多的一处吐蕃墓地。都兰吐蕃墓群的考古发现被评为"1996 年全国十大考古新发现"之一。

这个时期人们对热水墓群的布局有了初步的认识（见图 1）：热水墓群分布在西至独山、卢斯沟一线，西南至卢斯沟岩刻，东北

---

1 转引自［瑞士］阿米·海勒著，霍川译《青海都兰的吐蕃时期墓葬》，《青海民族学院学报（社会科学版）》2003 年第 3 期，第 33 页。

2 许新国：《寻找遗失的"王国"——都兰古墓的发现与发掘》，《柴达木开发研究》2001 年第 2 期，第 67 页。

3 许新国：《寻找遗失的"王国"——都兰古墓的发现与发掘》，《柴达木开发研究》2001 年第 2 期，第 67 页。

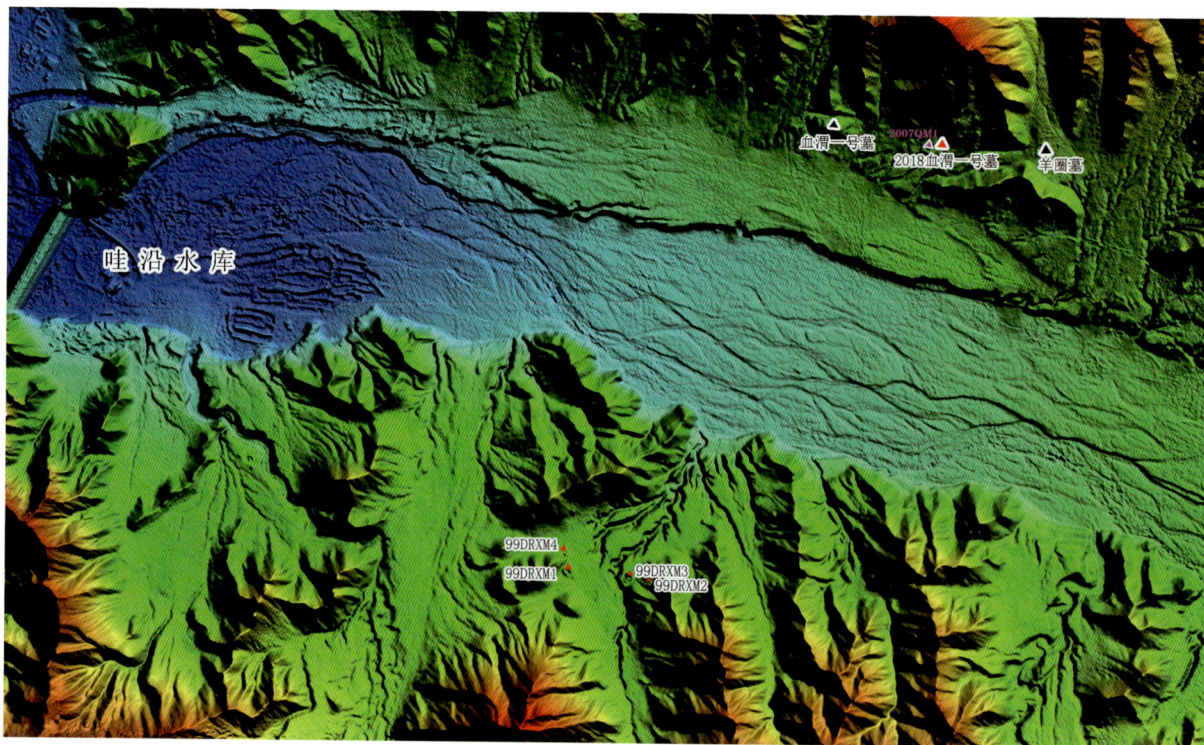

图1 热水墓群高程示意

至扎玛日五队村东北的山脚缓坡地带，西南至垄根沟内的三处石框遗迹，南至河南岸涤沟口向南约2公里，北至北山根。分布区域东西长约9公里，南北长约3公里。包括周边与墓群相关的历史环境，面积达54.51平方公里。墓葬分布于海拔3340米至3500米之间，坡度在0°到30°之间的察汗乌苏河南北两岸，从热水乡至那日马拉黑山的察汗乌苏河两岸均有分布，墓群整体分布呈枝杈状特征。墓葬一般为倚山面河，以山脚缓坡地带和黄土层深厚的冲积扇台地上为主要分布地，但有少数墓葬分布在山顶、山腰，或两山之间的平地上。墓群根据密集程度和所在地理位置分为南、北两个相对集中的区域。北区墓葬大约161座，以热水一号大墓为中心，在其东、西分布着若干墓葬，另外还有建筑基址、殉坑等。较大的墓葬有2007QM1墓、羊圈墓等。南区墓葬约138座。

从地表特征看，墓葬分为有封堆墓和无封堆墓，有封堆墓约占已登记墓葬的89%。封堆墓可分为大型墓葬和中小型墓葬两种，部分大型墓葬还有墓上祭祀建筑。其中中小型墓葬分布较广泛，大型墓葬以"热水一号大墓"（见图2）为代表。大型墓一般为覆斗状封堆，中小型墓一般为土丘状封堆，有的为夯土构成，有的堆以砾石后再覆盖夯土。在夯层之间辅有沙柳枝条，夯土下方构筑平面为等腰梯形的石墙。夯土边缘常常砌有土坯或泥块，并在其外侧涂以红色石粉。

第二阶段，1996—2017年。1996年之后，青海省文物考古研究所陆续对周边部分小型墓葬和遗迹进行了发掘。1999年6—10月，北京大学考古文博学院、青海省文物考古研究所在美国罗杰伟先生"唐研究基金会"的赞助下，在察汗乌苏河南岸发掘了4座大型、中型吐蕃墓葬。参加发掘的共计17位考古人员，其中

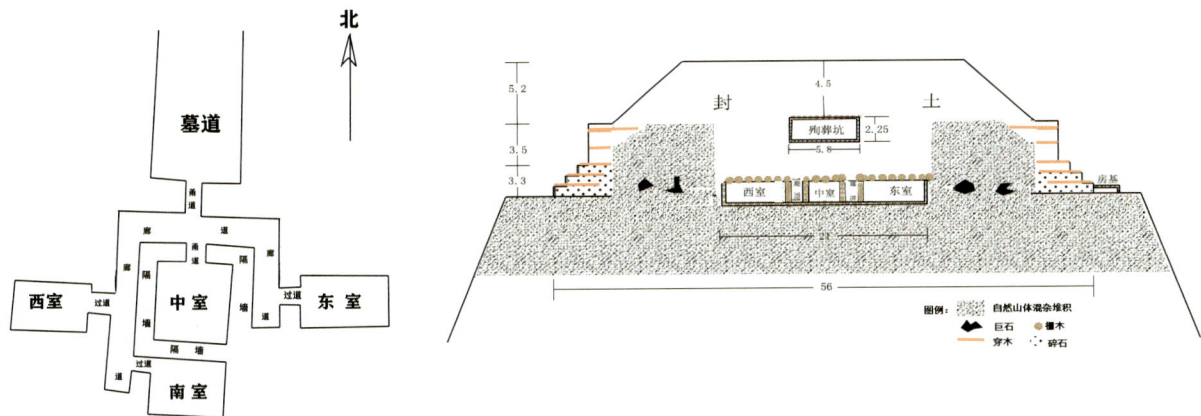

图 2　热水一号大墓墓室平面及剖面结构示意

注：图 2 是 2020 年热水一号大墓重新清理后，对热水一号大墓结构的认识

北京大学有齐东方、林梅村、沈睿文三位教授及考古文博学院的博士生、硕士研究生；青海省考古研究所有许新国、任晓燕等。墓葬分布在山脚下，与著名的"热水一号大墓"隔河相望。4 座墓的墓室结构分别为长方形的前后室砖石柏木混筑结构、长方形的左中右三室柏木结构、"凹"字形的左中右三室石室墓，前中后左右五室的砖石柏木混筑结构。随葬品种类丰富，有丝织品、木器、金银饰件、陶器、皮革制品等。2005 年，《都兰吐蕃墓》考古报告出版，这是有关热水墓群发掘的第一本考古报告，具有非凡的意义。[1] 它对热水墓群的墓葬形制与结构、墓地年代与布局都有了新的认识，为热水墓群吐蕃时期墓葬形制结构及墓地布局、宗教信仰与社会组织等研究提供了丰富材料。这部考古报告的另一特色是进行了多学科的研究，特邀国内著名古藏文专家、中央民族大学的王尧教授对古藏文木简和碑铭进行释读，中国社科院王育成研究员对出土的道符进行解读，吉林大学教授朱泓、周慧、崔银秋、段然慧对出土人骨进行测试。此外，报告还组织了专家对桦皮器残件、墓葬封土修筑过程进行复原研究；对出土彩绘木构件颜料、金属文物及埋藏环境对文物保存状况的影响等方面进行分析研究。

2000 年，青海省文物考古研究所对察汗乌苏河南北两岸、卢斯沟地区的被盗墓葬进行了清理，共清理墓葬 33 座。这一年，都兰境内的吐谷浑—吐蕃墓群被世界历史遗址保护基金会（World Monuments Fund）列入世界历史遗址观察名单前 100 处濒危遗址之一。

2006 年，热水墓群首次被国家文物局列入《中国世界文化遗产预备名单》。

2007 年，青海省文物考古研究所在察汗乌苏河北岸，"热水一号大墓"东侧发掘一座墓葬，编号 2007QM1。该墓葬有石砌茔墙、祭祀建筑，墓道朝东，单室石室墓。随后在墓葬上盖起了保护大棚，这是热水墓群文物保护的新特点。

2012 年，热水墓群再次被国家文物局列入《中国世界文化遗产预备名单》。2012 年 10 月 28 日至 11 月 2 日，由青海藏族研究会主办，青海省文物考古研究所和都兰县政府等协办的"首届都兰吐蕃文化全国学术论坛"先后在都

1　北京大学考古文博学院、青海省文物考古研究所：《都兰吐蕃墓》，科学出版社，2005 年。

兰县和西宁市举办。

2014年4—9月，为配合哇沿水库的建设，青海省文物考古研究所与陕西省考古研究院合作对水库涉及区域内的官却和遗址与古代墓群等进行了抢救性考古发掘，共清理房址10座、灶坑31个、灰坑14个、墓葬25座及殉马坑5座，揭露面积达7695平方米。这是在青海省境内首次发现的吐蕃时期聚落遗址。[1]

官却和遗址分东西两区，东区为集体烹食之所，其中葫芦形灶台30座、圆形灶台1座。遗址西面为生活居住区，密集分布有7座房址，清理石室墓19座、砖室墓1座、木椁墓3座、土坑墓2座、殉马坑5座。墓葬随葬品主要有陶、铜、铁、金、石、漆、木、骨、琉璃、玛瑙、丝绸、皮革等各类质地文物近900件。陶器主要有夹砂灰陶罐，夹砂灰陶灯。铜器有釜、盆、盘、勺等。此外还出土一件"开元通宝"。饰品有镶绿松石金耳坠、蜻蜓眼石珠、蚀花肉红石髓珠、血珀坠饰、绿松石珠饰等。在部分木椁墓中出土卜骨，部分墨书古藏文卜骨或有墨绘人像，还出土有墨书古藏文木简等。

2018年，《青海都兰县哇沿水库古代墓葬2014年发掘简报》[2]发表，这是有关热水墓群的第一篇简报。这次考古发掘证明，察汗乌苏河两岸是存在聚落遗存的，不仅有墓葬，还有居住房址、灶坑、灰坑（沟）等。所以需要重新认识该地区的文化内涵。

2016年，国家文物局发布的《大遗址保护"十三五"专项规划》中将热水墓群列入规划，表明其是"十三五"时期青海省五处国家大遗址之一，全国100处大遗址之一，并根据大遗址保护要求对其进行整体保护，适度展示利用；又将其作为丝绸之路跨国联合申报世界文化遗产的重要组成部分。

2017年7月，在青海省海西蒙古族藏族自治州人民政府和都兰县文物体育广播电视局的委托下，由中国建筑设计院有限公司建筑历史研究所完成《热水墓群保护总体规划2017—2030》（评审稿）的编制。

第三阶段，2018年至今。2018年破获的"3·15热水墓群被盗案"事件震动全国。涉案文物达到646件，经国家文物管理部门专家鉴定，一级文物14组16件，二级文物49组77件，三级文物132件，一般文物421件。2018年，由青海省文物考古研究所和中国社会科学院考古研究所联合组队对被盗墓葬进行考古发掘。

为推动热水墓群的考古发掘与保护，2019年6月24日，国家文物局、青海省人民政府和中国社会科学院就共建热水墓群国家考古研究基地在北京签署框架协议，积极推进热水墓群国家考古研究基地建设，着力将其打造为集考古、研究、文物保护和科研培训等职能为一体的国家级科研中心和国际化、开放式的学术研究平台，依托基地系统，持续地开展热水墓群学术研究、安全防护监测巡查、大遗址保护和国家考古遗址公园建设工作，充分发挥基地在推动丝绸之路申遗和文物保护工作、促进青海省公共文化服务体系建设、培育和践行社会主义核心价值观等方面的核心作用。[3]

1　中国考古学会：《都兰县扎麻日村吐蕃时期遗址》《都兰县官却和吐蕃时期遗址》，载中国考古学会编：《中国考古学年鉴2015年》，科学出版社，2016年，第356—358页。

2　青海省文物考古研究所、陕西省考古研究院：《青海都兰县哇沿水库古代墓葬2014年发掘简报》，《考古与文物》2018年第6期，第30—50页。

3　《〈共建热水墓群考古和文物保护研究基地框架协议〉签约仪式在京举行》，国家文物局网站：https://www.mct.gov.cn/whzx/whyw/201906/t20190625_844616.htm，访问日期：2022年5月16日。

三、热水墓群的考古研究

40 年来，热水墓群考古发掘的墓葬在 150 座以上，部分发掘资料在当年的《中国考古学年鉴》《中国文物报》和《中国重要考古发现》中零星披露，或者是在主持发掘者的研究论文里零星散见。正式报道的资料仅有一本报告和一篇简报，报道墓葬数量仅 29 座，考古信息十分有限，热水墓群的研究就是在这样的情况下展开的。

"一时代之学术，必有其新材料与新问题。取用此材料，以研求问题，则为此时代学术之新潮流。"[1] 热水墓群考古发现，为认识这一时期墓地的分布与年代、墓葬形制与结构、营建技术与材料、丧葬礼仪、宗教信仰、社会组织以及人群构成等方面的研究提供了丰富材料。虽然热水墓群的考古报道材料十分有限，但研究的视野和领域却十分的广阔，研究成果可谓蔚为大观。

作为墓葬研究，热水墓群的研究符合墓葬研究的一般规律。"墓葬研究一般包括以下几个方面，即墓葬的分期研究、空间布局研究、形成研究及建立在骨骼材料分析基础之上的古人口统计、古病理、古食谱及人种、遗传方研究，对时空度的把握是基础，对社会组织、意识形态的研究和对历史的复原、解释是核心，其最终目的还是要探索历史发展规律。"[2] 墓葬的考古学研究的这几个方面是逐层递进的。墓葬的分期和空间布局是考古学最基础的时空研究。

对墓葬与墓地形成过程的探索相对比较复杂。单个墓葬的形成与墓葬的设计、规划和建造的先后顺序有一定关系；墓地的形成与社会组织结构、社会分工及社会习俗，以及埋葬习俗、观念等意识形态有关。这方面热水墓群的研究相对薄弱，甚至没有。

社会组织的研究"是墓葬研究最重要又最易发挥作用的课题之一"[3]。这主要表现在对葬俗葬仪、随葬品构成的研究，探讨墓葬所属族群，进而对其所反映的社会习俗、社会分化、社会组织结构、社会权力进行研究。不同人类群体对死亡的认知是不相同的，背后蕴含着不同的生死观念和精神图景，不同的葬俗葬仪是其主要表现方面。而葬俗葬仪产生于族群为适应环境而积累起来的经验，这是在族群发展的长期过程中逐渐形成又慢慢沉淀下来的，本身是意识形态中最深层的东西，所以葬俗葬仪随社会发展变化的节奏很慢。

热水墓群的研究，受所发掘的墓葬基础材料的信息含量和墓葬信息刊布的限制，侧重于微观层次研究。这类研究往往以单个墓葬或者不同墓葬的随葬品为主要研究对象，涵盖对墓葬形制，葬具规模、结构，随葬品的种类、位置、放置顺序和相互间的平面关系，随葬器物的材质、工艺、来源、跨区域关系，以及人骨本身的研究。这一类研究是热水墓群研究的主流，成果很多。其中，热水墓群对随葬品的研究是研究的主要方面，包括丝织品、金银器、皮革、马具、漆木器、藏文木牍等。甚至还包括对墓葬出土各类器物上的纹饰的研究，像对织锦上的纹饰的研究，包括含绶鸟织锦、太阳神图案织锦、人兽搏斗图像织锦，另外还有对动物形银器、连珠纹等的讨论，以探索器物背后大空间上的人群流动和社会关系，从空间和时间两个维度，从静态到动态的立体连接，最终讨论的落脚点都是要把墓葬研究同各种层面的社会研究结合起来。

1　陈寅恪：《陈垣敦煌劫余录序》，《"中研院"历史语言研究所集刊》1930 年第一本第二分册上。

2　韩建业：《墓葬的考古学研究——理论与方法论探讨》，《东南文化》1992 年第 Z1 期，第 32—33 页。

3　韩建业：《墓葬的考古学研究——理论与方法论探讨》，《东南文化》1992 年第 Z1 期，第 36 页。

近年来，总结热水墓群研究的文章也在逐渐增多，分类标准不同，研究也就有不同的面向。像许新国[1]、阿米·海勒[2]、格桑本[3]、周毛先和宗喀·漾正冈布[4]、徐承炎和夏吾卡先[5]等都对热水墓群研究进行了总结。

在这些总结中，可以看出对墓葬随葬品的研究成为热水墓群研究的主流，以丝织品、金银器为代表，这些器物的材料、形态与装饰可从视觉上直观地强化其人群、功能与等级，甚至其所蕴含的象征性。就像杰西卡·罗森所说："器物所显示的不同地理区域、不同社会的差别，揭示出这些群体通过自身特色的物质文化来建构特别的习俗，或许还包括习俗所支持的观念、意向和解释，以及使之恒久的特定方式。"[6]但是我们要看到，对这些器物的研究注重单个器物，而忽视器物的组合。单个的器物在大多数情况下只是一个片段，而器物组合才可以提供一个容易辨明和可识别的复杂观念世界。

在热水墓群的研究中，科技考古的介入与应用是最大亮点。无论是树木年轮、人骨线粒体DNA检测，还是金属文物的金相分析、皮革文物的保护修复，都是以考古学研究目标为

指导，应用自然科学等相关学科的方法与技术，围绕考古学的问题开展研究，在研究中始终做到与考古学紧密结合，解决了年代、气候、人种以及文物保护等问题，这是在以往的考古学研究中无法探讨的课题。通过自然科学相关学科的独特方法定量分析，可以探求相关的环境、气候、人种、技术等方面的问题，最终强调研究的考古学目的。

热水墓群研究中，作为艺术史的考古学研究，对德令哈彩绘棺板画的研究是主要方面。2002年德令哈郭里木乡清理发掘的两座被盗墓葬，出土3具木棺，棺板上的彩绘内容包括四神图、狩猎图、商旅图、宴饮图、帐居图、男女双身图、射牛图、妇女图、人物服饰和赭面现象等，学界对棺板上的彩画进行了全面、深入的解读。这些图像研究给考古学研究带来了许多新的方法、视野、维度和实践，成果丰硕。棺板画研究从画面内容的解读等基础研究层面入手，对当时人们的服饰、习俗进行了研究，并深入到思想观念、宗教信仰等精神世界的领域，研究当时的人们对图像的制作和理解、知识与技术及其在社会上的传播等崭新的领域。

在热水墓群研究成果蔚为大观的情况下，我们也明显地感受到其短板。受考古工作本身的局限性影响，热水墓群考古发掘的新材料未能得到及时、系统的整理，加之材料刊布的不规范和不及时，限制了研究的深入开展，所以研究缺少系统性和整体性。截至目前，热水墓群的墓地范围、墓葬数量、墓葬形制、墓地布局、分区、葬式，这些墓葬研究最基本的材料仍不十分清楚。

就以"热水一号大墓"的研究为例，由于墓葬报告未出版，因此墓葬发掘主持者许新国先生虽然曾在《吐蕃墓的墓上祭祀建筑问

1　许新国：《都兰吐蕃墓葬发掘与研究》，载北京大学考古文博院、大阪经济法科大学：《7—8世纪东亚地区历史与考古国际学术讨论会论文集》，科学出版社，2001年。

2　[瑞士]阿米·海勒著，霍川译：《青海都兰的吐蕃时期墓葬》，《青海民族学院学报（社会科学版）》2003年第3期，第32—47页。

3　格桑本：《都兰吐蕃墓群的发掘研究概述》，《青海藏族》2015年第2期；又见韩建华：《热水考古四十年》，科学出版社，2021年，第74—80页。

4　周毛先、宗喀·漾正冈布：《都兰吐蕃古墓考古研究综述》，《西藏研究》2016年第4期，第107—113页；又见韩建华：《热水考古四十年》，科学出版社，2021年，第81—89页。

5　徐承炎、夏吾卡先：《青海吐蕃墓的考古发现与研究》，《西藏研究》2019年第1期，第54—63页；又见韩建华：《热水考古四十年》，科学出版社，2021年，第90—102页。

6　[英]杰西卡·罗森：《祖先与永恒——杰西卡·罗森中国考古艺术文集》，生活·读书·新知三联书店，2018年，第555页。

题》[1]和《都兰吐蕃墓葬、发掘与研究》[2]两篇文章中描述了墓葬形制，但却没有附墓葬平面图。"热水一号大墓"的研究就是在这样的情况下展开的，主要集中在对墓葬年代、族属、葬俗、葬制和随葬品等方面的研究。

在"热水一号大墓"的研究过程中，有个有趣的现象——该墓的命名相当混乱。经过对已经发表的各类文章（不包括专著和硕博论文）的统计，命名有近30种之多，诸如"血渭M1""热水血渭一号大墓""热水血渭1号墓""热水一号唐代吐蕃墓""热水一号墓""热水一号大墓"等，不一而足。在墓葬发掘主持人许新国的《都兰吐蕃墓葬发掘与研究》文章中，就有"血渭M1""热水血渭一号大墓""热水血渭1号墓"三种称呼，其混乱可想而知了！

因为"热水一号大墓"没有出土任何明确的纪年遗物，也没有采用科技手段对墓葬进行有效断代，因此该墓的年代说法也是众说纷纭，有7世纪末到8世纪初、8世纪中叶、7—9世纪等多种说法。

以"热水一号大墓"为中心的整个热水墓群的族属归属，是研究中纷争最为激烈的问题。"希望赋予特定器物或纪念物某种身份，一直是考古学探究的核心，而这种身份经常是用族群或者创造它们的'人群'来表示。"[3]这是20世纪考古学主流分析的模式，称为"文化——历史考古学"的范式。其基本原理就是将一定范围内同质性的文化实体与特定人群、族群、部落或人种相对应。族属对应某种考古

学文化，成为考古学研究的一种模式。所以在"热水一号大墓"的族属研究中出现的吐蕃文化，是立足于文化与族群身份认同的设想之上的。许新国对热水墓群的族属问题做了研究，并发表了一系列文章，从最初推定的吐蕃族属，到最终确认的吐蕃文化，就是这种研究范式的反映。同时，这种族属研究在历史考古学中有天然的优势，把历史文献中记载的特定族群，与考古发掘的相关遗址和遗物简单对应，也就可以贴上族群的标签。但其实这是比较危险的做法。

关于热水墓群的族属的争论可分为三种观点：吐蕃说、吐谷浑说、吐蕃统治下吐谷浑说。关于"热水一号大墓"的墓主身份，有7世纪活跃于吐蕃东境的禄东赞[4]，吐谷浑王夸吕[5]，吐蕃册封的首位吐谷浑王、薨于694年的垄达延墀松[6]三种观点。霍巍从吐蕃治下吐谷浑邦国的地位入手，对热水一号大墓的墓主身份提出了几种推测：一是吐蕃封立的"吐谷浑小王"之类的王室贵族；二是下嫁吐谷浑的吐蕃公主；三是已投降归顺吐蕃的吐谷浑原王室残部；四是受吐蕃支配的吐谷浑军事首领。[7]这种推测相对比较客观，容易接受。

40年来，以热水墓群为中心的都兰地区同时期墓葬的考古调查与发掘，不仅提供了大量全新的材料，而且对于人们认识青藏高原在魏

1 许新国：《吐蕃墓的墓上祭祀建筑问题》，载《西陲之地与东西方文明》，北京燕山出版社，2006年，第148—157页。

2 许新国：《都兰吐蕃墓葬发掘与研究》，载北京大学考古文博院、大阪经济法科大学：《7—8世纪东亚地区历史与考古国际学术讨论会论文集》，科学出版社，2001年，第26—30页。

3 ［英］希安·琼斯著，陈淳、沈辛成译：《族属的考古——构建古今身份》，上海古籍出版社，2017年，第19页。

4 Wang Tao, "Tibetan or Tuyuhun: the Dulan site Re-visited". in *From Nisa to Niya: New Discoveries and Studies in Central and Inner Asian Art and Archaeology*. Edited by Madhuvanti Ghose and Rusell-Smith, (London: Saffron, 2003).

5 程起骏：《打开吐谷浑古国之门的钥匙——关于都兰热水古墓群札记之一》，《柴达木开发研究》2001年第2期，第71—74页。

6 仝涛：《青海都兰热水一号大墓的形制、年代及墓主人身份探讨》，《考古学报》，2012年第4期，第467—488页。

7 霍巍：《论青海都兰吐蕃时期墓地考古发掘的文化史意义——兼评阿米·海勒〈青海都兰的吐蕃时期墓葬〉》，《青海民族学院学报（社会科学版）第29卷》2003年第3期，第24—31页。

晋南北朝、隋唐时期的文化面貌、民族交流与融合、中西文化交流状况，均具有重要的学术意义。尽管分歧不断，但考古研究成果丰硕，学术研究的氛围和热情不减，特别是在"一带一路"倡议的促进下，热水墓群研究在丝绸之路青海道研究方面奠定了较好的学术基础。

四、中国气派考古学的实践

2018 年以来，热水墓群的考古工作进入新阶段，三方共建热水墓群考古和文物保护研究基地框架协议的顶层设计，为热水墓群开展考古工作提供了重要支撑。以 2018 血渭一号墓为切入点，考古工作者通过考古调查、勘探、发掘等手段以及多学科合作的方法，全面了解热水墓群的布局与分布范围，对不同类型的墓葬进行复原，对其布局、结构与毁弃过程做出解释。热水墓群考古成为多单位、多部门、多学科合作的成功典范，以考古发现与研究为基础，为热水墓群的大遗址整体保护提供基本信息，提出可行的保护方案。

考古工作主要分为调查、勘探与发掘，考古工作者严格按照田野操作规程开展考古工作。调查工作主要是对热水墓群周边遗迹的调查，为寻找时人居住的城址及相关遗迹。调查地点在都兰的英德尔、天峻县的加木格尔滩古城、共和县的伏俟城、兴海县的夏塘古城、乌兰的茶卡吐谷浑王陵。勘探工作主要是在 2018 血渭一号墓和羊圈墓等进行，为下一步发掘工作做准备。发掘工作主要是在 2018 血渭一号墓进行。在发掘过程中我们积极开展多学科合作，采用 RTK、全站仪、无人机等技术手段，树木年轮、三维建模、动植物考古、DNA、金相分析等检测鉴定方法，全面、翔实、准确地记录和提取相关信息。

（一）开创三位一体聚落考古新思路

热水墓群的考古工作以被盗墓葬发掘为切入点，将热水河两岸都纳入考古工作的范围，简单说就是从小处着手、大处着眼，遵照大遗址考古工作规范，建立统一的分级控制网和记录系统。考古工作者用无人机对热水河谷进行了低空全覆盖高分辨率的影像数据采集，形成了遗址正射影图像和高程数字模型，并在区域内虚拟布方，在可视区内实现了探方全覆盖，确定了工作基础。随后在热水河谷调查时，我们于鲁丝沟内发现了居住的城址，并归纳出城址、宗教设施与墓地三位一体的视野来探寻游牧民族聚落形态的方法。后来，我们又跳出热水河谷，在其周边进行大区域调查。我们调查了考肖图和英德尔两个区域，它们距离热水地区 10 多公里至 60 多公里不等，我们发现这种城址、宗教设施与墓地三位一体的遗存是同一时期不同区域的共同特征，而这种特征成为我们探索7—9 世纪生活在这个区域的游牧民族聚落形态的新视野。

（二）开拓丝路研究新领域

经发掘确认，2018 血渭一号墓是热水墓群乃至青藏高原上发现的布局最完整、结构最清晰、形制最复杂的高等级墓葬之一，是热水墓群考古研究的重要发现。它完整展示了一座吐蕃化的吐谷浑王陵，是第一次充分展现了唐（吐蕃）时期青海地区墓葬形制的一个典型代表。木石结构多室墓，由地上和地下两部分组成。地上为陵园建筑，平面呈方形，由茔墙、祭祀建筑，以及封土和回廊组成。地下部分由墓道、殉马坑、照墙、甬道、墓门、墓圹、墓室组成。陵园的首次发现，刷新了对热水墓群的认知；发现了木石结构五神殿、壁画彩棺祭台全；出土文物有金、银、铁、漆木、皮革、玉石、海螺等汇聚中西文化、游牧文化的多元文化文物，特别是"外甥阿柴王之印"的出土，为解读唐与吐蕃、吐谷浑的关系提供了非常有力的证据，为热水墓群族属这一千年谜题找到答案。此次考古工作首次掌握了吐谷浑陵墓形制的基本特征，是中国古代陵墓制度考古的重大发现。

（三）开启高原考古新里程

考古大棚是国家文物局标准化考古工地的重要指标，其目的是更好地保护遗址本体。在各级政府的支持下，热水墓群建成了青藏高原第一座考古大棚，占地 2000 多平方米，并在大棚中安装了跨度 49 米、起重 5 吨的航吊，可谓是考古发掘的创举，大大提高了考古效率。考古大棚的建成，开启了青藏高原考古新里程，实现了中国气派考古学。多学科合作是现代考古理念的要求，现代科技的运用，丰富了考古的思路、方法和内容，也让考古变得更加精准、安全、高效。这次考古是多学科合作的典范，科技考古是化腐朽为神奇的关键因素，因而收获是全方位的。

我们在考古发掘 2018 血渭一号墓的同时，积极探索如何做好公众考古。2018 血渭一号墓的公众考古，以专业团队的介入为前提，邀请青海卫视、中央电视台进行长期跟拍、适时报道，给公众呈现完整、准确的考古知识。通过《考古中国》《六大发现》《考古进行时》《考古公开课》等纪录片传播考古知识，取得了公众认可。

2021 年，正值中国考古百年纪念，对 2018 血渭一号墓来说也是收获满满的一年。这一年，它入选了中国社会科学院考古学论坛"2020 年中国考古新发现（简称'六大考古新发现'）""2020 年度全国十大考古新发现""2020 丝绸之路十大考古发现""百年百大考古发现"。

五、结　语

热水墓群是丝绸之路青海道沿线重要的墓地遗存，是东西方文化接触、渗透、碰撞与交流的重要证据，利用聚落考古学手段开展对热水墓群的考古学研究，对认识都兰在丝绸之路上的历史地位、都兰与区域内多民族文化的交流，以及热水墓群游牧聚落的形成过程等具有深刻的现实意义。

7—9 世纪，在亚欧大陆形成了大食、吐蕃和唐帝国三足鼎立的政治格局，所以热水墓群的研究应该在这样的历史背景下展开，热水墓群的文化遗产研究必须具备世界史的视野。

热水墓群的文化遗产，是以丝绸之路为媒介、东西方文明交流的产物，对于保持人类文化多样性，促进世界各国、各民族之间的相互尊重和理解，具有重要社会价值；对于认识中华民族多源共识，增强民族团结具有很重要的现实意义；对于传承中华民族的优秀文化，弘扬和培育民族精神，增强民族自豪感和凝聚力，具有无可替代的意义和作用。因此，如何很好地研究和保护热水墓群的文化遗产，并在保护传承的基础上，维护中国文化的多样性和创造性，促进社会不断向前发展，是一个很重要的问题。同时，如何通过热水墓群文化遗产的开发利用，最大化地、有效地将其转化为当地全面发展的软实力，带动当地经济和文化的同步发展，实现经济增长模式的良性化发展，改善当地居民的民生，促进当地社会的和谐和稳定，真正做到文化建设与经济建设、政治建设、社会建设和生态文明建设全面协调可持续发展，是新时期文化遗产保护对热水墓群考古工作者提出的新课题，也是他们面临的新问题。

青海吐蕃墓葬的选址布局和丧葬习俗新探

中国社会科学院考古研究所　仝　涛

青海地区的吐蕃时期墓葬主要分布在海西州的都兰县、德令哈市、乌兰县，以及玉树州境内，数量达上千座之多。这些墓葬与西藏境内的吐蕃时期墓葬相比，在诸多方面具有高度的统一性，显示出吐蕃政权在其本部和新征服区采取了大致相同的丧葬制度，反映了吐蕃文化自卫藏地区向边境地区的扩张和同化。同时，这些墓葬也具有明显的地区特征，显示出根植于青海本土的文化传统的继承和延续。在过去的数十年内，一共发掘出青海吐蕃时期墓葬 100 多座，正式公布的包括 1999 年所发掘的 II 区 4 座墓葬[1]、2014 年哇沿水库淹没区抢救性发掘的 25 座墓葬[2]、青海乌兰泉沟一号吐蕃时期壁画墓[3]，以及都兰县热水墓群 2018 血渭一号墓[4]。相对来说，已经发掘的墓葬还是比较有限的，而且墓葬毁坏严重，材料刊布详略不一。但依靠这些发现，结合西藏境内的相关吐蕃墓葬材料，我们也能对青海吐蕃时期墓葬的主要特征及其丧葬习俗形成更进一步的认识。

一、墓地选址与布局特征

吐蕃时期墓葬在选址理念上与中原汉地和其他历史上少数民族都有着巨大的差异，甚至在整个人类丧葬文化史中都是独树一帜的。大部分吐蕃墓葬选择安置在较高的山坡或半山腰之上，即文献中所载的"坡皆丘墓"[5]，诸如朗县列山墓地、拉孜县查木钦墓地、墨竹工卡同给村墓地、洛扎县吉堆墓地、乃东县普努沟墓地等。这些山坡通常为山麓的洪积扇，一面背依高山，另一面朝向低处的河谷，有居高临下的地势和气势。很少有墓葬选择修建在交通更加便利的平原或谷底，这除了会考虑到河谷平地易遭河流冲刷破坏之外，大概也与吐蕃人不畏山高、喜好居住在高处有关，或是源自苯教信仰中的神山崇拜观念。[6] 毕竟吐蕃时期的都城雍布拉康、青瓦达孜城堡和布达拉宫，也都修

1　北京大学考古文博学院、青海省文物考古研究所：《都兰吐蕃墓》，科学出版社，2005 年。

2　青海省文物考古研究所、陕西省考古研究院：《青海都兰县哇沿水库古代墓葬 2014 年发掘简报》，《考古与文物》2018 年第 6 期，第 30—50 页。

3　中国社会科学院考古研究所、海西蒙古族藏族自治州民族博物馆、乌兰县文体旅游广电局：《青海乌兰县泉沟一号墓发掘简报》，《考古》2020 年第 8 期，第 19—37 页。

4　中国社会科学院考古研究所、青海省文物考古研究所：《青海都兰县热水墓群 2018 血渭一号墓》，《考古》2018 年第 8 期，第 45—70 页。

5　（宋）欧阳修：《新唐书》卷 216，中华书局，1975 年，第 6103 页。

6　Caffarelli M.V. P., Architectural style in tombs from the period of the kings, in: Singer J.C., Denwood P. (eds.), *Tibetan art: Towards a definition of style*, London: Laurence King/Alan Marcuson, 1997, pp.230-261.

建于高高的山巅。

　　但这一选择并非一开始就是如此，可能经历过一个逐渐发展演变的过程。西藏山南琼结藏王陵中年代最早的松赞干布（650年薨逝）陵修建于琼结河谷底部的中央，毗邻河道，地势低平，文献记载为"穷波达"，即琼结河边之意。松赞干布后继者们的陵墓，都沿着松赞干布陵墓以东一线排列，由于平地空间十分有限，后来的陵墓只能逐渐向穆日山上发展，这很可能导致了吐蕃墓葬选址理念的变化（见图1）。这一变化发生在4号和5号陵墓上，其对应的赞普分别为赤松德赞（797年薨逝）和都松莽布支（704年薨逝）。至6号陵（赤德祖赞陵，755年薨逝）时位置已至穆日山腰之上，藏文文献中5、6号陵名分别作"楚日祖朗"（意为"神变山顶侧"）和"拉日祖南"（意为"神山天顶"）。可见吐蕃王陵从平地移至神山山腰，应该发生在8世纪之初，这一转变可能会影响到青海地区吐蕃时期墓葬的选址理念。

　　青海地区迄今还未发现明确的属于吐蕃征服之前的吐谷浑人的墓葬，因此我们对于早期吐谷浑人的墓葬形制无从了解。从现有发现来看，大部分吐蕃时期墓葬集中于8世纪，分布

于柴达木盆地东部周缘，这里是吐蕃征服吐谷浑后大举攻略唐境和扩张中亚的起始点和根据地。吐蕃时期墓葬一般选择在山麓的高地上，或者山峦的半腰上，除了都兰的热水墓地、哇沿墓地、哈日赛墓地、莫克里墓地等之外，还有乌兰的泉沟一号和二号大墓、德令哈的郭里木墓地、玉树州治多章齐达墓群等。甘肃肃南县的大长岭吐蕃时期墓地同样如此。基本不见分布于广袤平坦的滩涂、河坝和荒原之上的吐蕃时期墓葬。如果有此类遗迹，例如香日德的考肖图遗址、英德尔遗址等，很可能不是墓葬遗存，或者不是吐蕃时期或具有吐蕃文化属性的墓葬。这种选址理念大概是吐蕃墓葬区别于其他族群墓葬的一个显著特征。

　　从墓葬排列布局上来看，都兰热水墓地的大部分墓葬分布于察汗乌苏河两岸的山麓，北岸为I区墓地，以热水一号大墓（1982年开始发掘）为中心，向两翼呈长条状密集分布着大约165座不同规格的墓葬，自西到东延伸约3公里；南岸为II区墓地，与热水一号大墓隔河相对，有墓葬30余座。热水一号大墓选择修建在自北侧山体向南延伸的一条山脊的末端，自然山峦经过人工修整为一平台后，再在上面

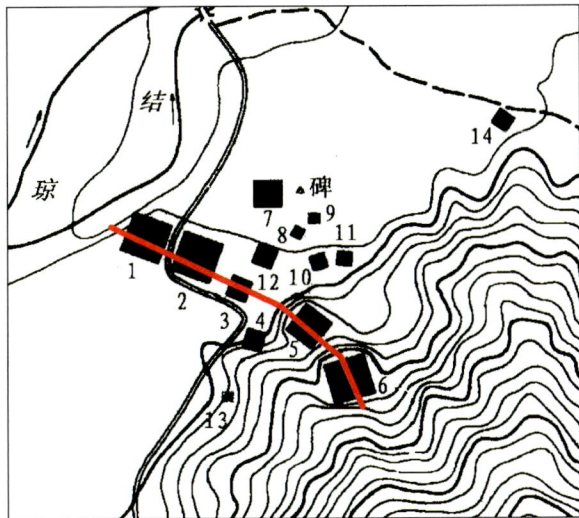

图1　西藏山南琼结藏王陵布局

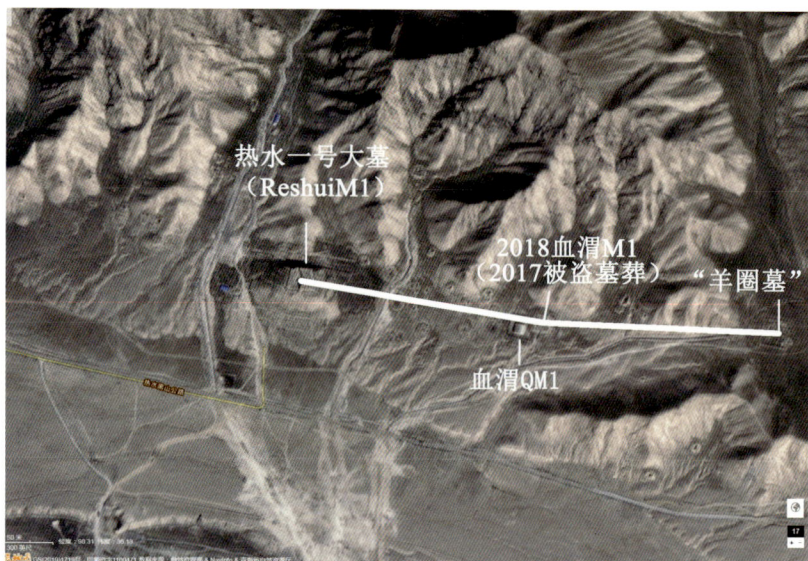

图 2　都兰热水墓地王陵级贵族墓布局

掘挖墓室，起建高大的梯形封土。封土顶部与周边低缓地面的相对高度达 35 米，气势极为恢宏。其他高等级墓葬分布在该墓葬周边，包括 2007 年前后发掘的血渭 QM1、新近发掘的 2018 血渭一号大墓以及尚未发掘的所谓"羊圈墓"，都依次沿山麓自西向东呈一字形排列，墓主人彼此之间必定存在较为密切的关联（见图 2）。本人十年前曾撰文论证 1982 年所发掘的热水一号大墓为吐蕃治下的首任吐谷浑王之陵墓，这一推论为 2018 血渭一号大墓所出土的"外甥阿柴王之印"所证实。由此而知，自热水一号大墓以西依次分布的大型墓葬，可能均为吐蕃治下的不同时期的吐谷浑王之陵墓。由于修建于 8 世纪至 9 世纪中叶（吐蕃于 842 年瓦解），热水 I 区墓地在集中使用的 100 多年内应属于吐蕃治下的吐谷浑王室独有之陵区，按照常理，非王室成员或非最高等级的贵族是没有资格入葬其中的。如果考虑到热水一号大墓的年代被定为 7 世纪末至 8 世纪初，而 2018 血渭一号大墓的年代被定为 8 世纪中叶，则可知这一系列大型王室陵墓是自西向东、由

早到晚布局的。当然，在每一座大型墓葬周边还围绕着一些较小的陪葬墓和殉葬遗迹，必定会有一些此类陪葬墓的年代晚于其以东的大型王陵。

热水墓地的这种陵墓排列模式，与琼结藏王陵有一定的相似性。藏王陵的 1—6 号墓，基本上是沿直线自西向东排列的，其中 4、5、6 号墓因为平地上没有足够的空间，不得不向山坡和山顶上延伸，由于山势所限，只得因地制宜，在总体方向上稍向南折。7 号之后的陵墓，由于山上也已无处安置，便沿山麓转向北方发展，这是藏王陵基本布局的形成过程。热水墓地的吐谷浑王陵，很可能也效仿了吐蕃藏王陵这种一字排开的布局模式，与最高层的吐蕃赞普保持一致。这是很容易理解的，因为吐蕃王陵的墓葬制度会成为吐蕃辖境内高等级贵族和官员争相模仿的对象，成为他们这类级别墓葬的一种规范和模式。

在多数吐蕃时期墓地中，往往有几座或十几座墓葬聚集在一起，一座大墓周边往往有数十座小型墓，呈现出众星捧月之势。例如朗县

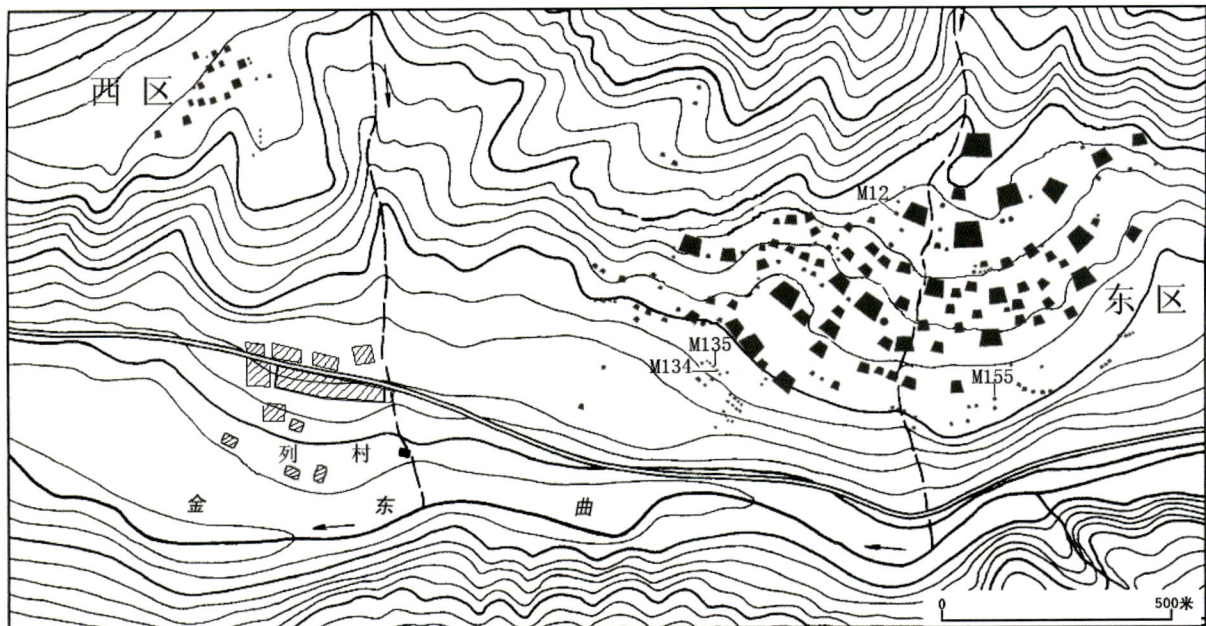

图 3　西藏朗县列山墓地分布

列山墓地（见图 3）、拉孜县查木钦墓地、萨迦吉龙堆墓地、墨竹工卡同给村墓地、洛扎县吉堆墓地、乃东县普努沟墓地等，均是如此。中心大墓常常出现在山麓谷口洪积扇的高处，中小型墓葬再沿地势自高而低呈扇形分布于中心大墓周边，这种布局应该是吐蕃实行聚族而葬习俗的反映。在热水墓地和哈日赛墓地同样能观察到这种布局的影响，尤其是热水 I 区墓地中的大型墓地，周边星罗棋布分布有不少中小型墓葬，彼此之间应该存在较为密切的关联。但这种布局模式并非处处可见，乌兰泉沟墓地的大型墓葬便是各自为阵，彼此相距甚远不相统属，周围也无其他相关联的小型墓。甘肃天祝县的吐谷浑王室墓葬也呈现出"大聚集、小分散"的形态，相互之间保持着较远的距离。这说明在当时作为该区域政治中心的都兰地区，受吐蕃文化渗透较多、影响较大，而在其他区域则能保持更多的本土原有文化因素。

二、墓葬形制与结构

青海的吐蕃时期墓葬数量异常丰富，而且形制也复杂多样，迄今为止可以说很难找到在形制、规模和建墓材料上完全相同的两座墓葬，这与同时期极具等级规范和文化统一性的唐墓形成很大的差别，其内在原因颇耐人寻味。

（一）封　土

就地表设施而言，青海吐蕃时期的墓葬可大致分为三类：第一类是完全不设地表标记的墓葬。此类墓葬发现并不多，这与墓葬埋葬较为隐蔽、考古工作还比较欠缺有关。此类墓葬以乌兰泉沟墓地和陶海墓地、都兰哈日赛墓地和三岔沟墓地为代表。第二类是地表设置有茔园的墓葬。一些墓葬的地表有石块或砾石堆砌的方形或圆形的茔园，其中极具代表性的墓葬有 2007 血渭 QM1、2018 血渭一号大墓、"羊

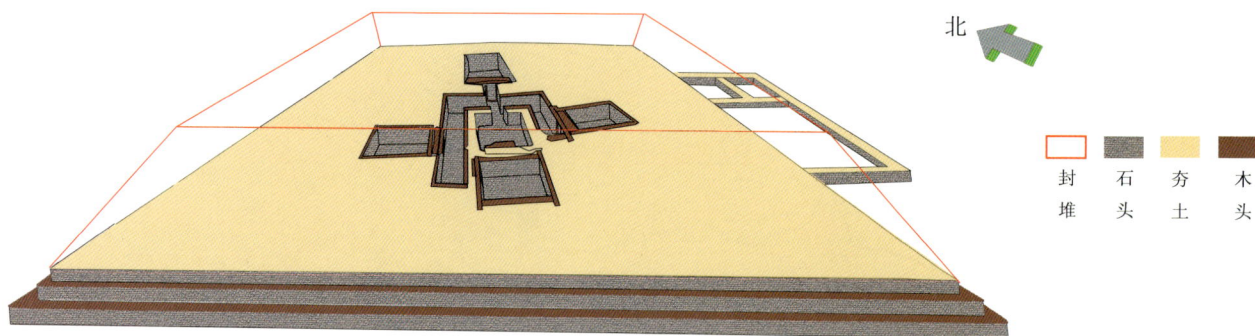

图 4　都兰热水一号大墓复原（作者制图）

圈墓"，以及哈日赛墓地和陶海墓地中的个别墓葬。此类墓葬一般等级相对较高，当然茔园的大小差异也与墓主人等级成正比。由于此二类墓葬的发现比较困难，因此目前所做的工作还不是很充足，我们对其形制和族属的探究也还不是很成熟，但初步可以将其推断为吐蕃治下的吐谷浑人的墓葬，既有突出的本土文化传统，又兼具吐蕃文化色彩。关于此二类墓葬之形制与族属推定另有专文论述，本文不做深究。第三类是地表设有封土堆的墓葬。此类墓葬是吐蕃时期墓葬的主体，数量较多，而且所做工作也相对较为充分，使我们可以进行较为深入的讨论。

　　封土墓有梯形和圆形两种封土堆。大型墓的封土堆一般平面为梯形，长边朝向河流，短边面向所依的山脉。封土堆的立面也为梯形、平顶（见图 4）。小型墓葬封土堆多为圆形或椭圆形，级别较低。大中型墓葬的封土堆内有复杂的支撑和加固结构，用砾石、土坯、泥球、石块等不同材料砌筑成各种形制的矮墙、石圈、水平层面等，并用夯土夹杂沙柳枝条构筑。这种类型的封土堆在西藏境内的吐蕃墓中非常常见，很可能是吐蕃王室和高级贵族通用的标准规制，可以说是典型的吐蕃墓葬。汉藏

文献中也经常提及这种墓葬封土，《旧唐书·吐蕃传》记载，"其赞普死，乃于墓上起大室，立土堆，插杂木为祠祭之所"[1]，《册府元龟》记载，"其墓正方，累石为之，状若平头屋"[2]。《贤者喜宴》记载松赞干布陵："其外封（土）如山。"[3] 从时代先后和形制特点来看，青海地区的封土墓很显然受到了卫藏地区的吐蕃墓葬制度的影响。

　　在封土堆底部，常见有一周平面为等腰梯形的矮石墙，石墙中心便是墓圹的开口。石墙的功能可能类似于前述第二类的石砌茔园，或者是仅仅用以加固封土堆的基础，使之免受雨水冲刷浸泡而倾垮。墙体一般呈 2—3 层逐层内收的台阶状，有的石墙在每层之间铺设有成排的细柏木檩条以加固墙体。此类石墙也是吐蕃墓葬的一个典型特征，在西藏境内的吐蕃墓葬封土中非常常见，可以作为判断墓主人族属的一个重要标志（见图 5）。

　　在梯形石围墙的中心，有的墓葬在墓圹口

1　（后晋）刘昫：《旧唐书》卷一九六《吐蕃传》，中华书局，1975 年，第 5220 页。

2　（宋）王钦若：《册府元龟》卷九六一，中华书局，1967 年，第 11308 页。

3　（明）巴卧·祖拉陈哇著，黄颢译注：《〈贤者喜宴〉摘译（三）》，《西藏民族学院学报》1981 年第 2 期，第 32 页。

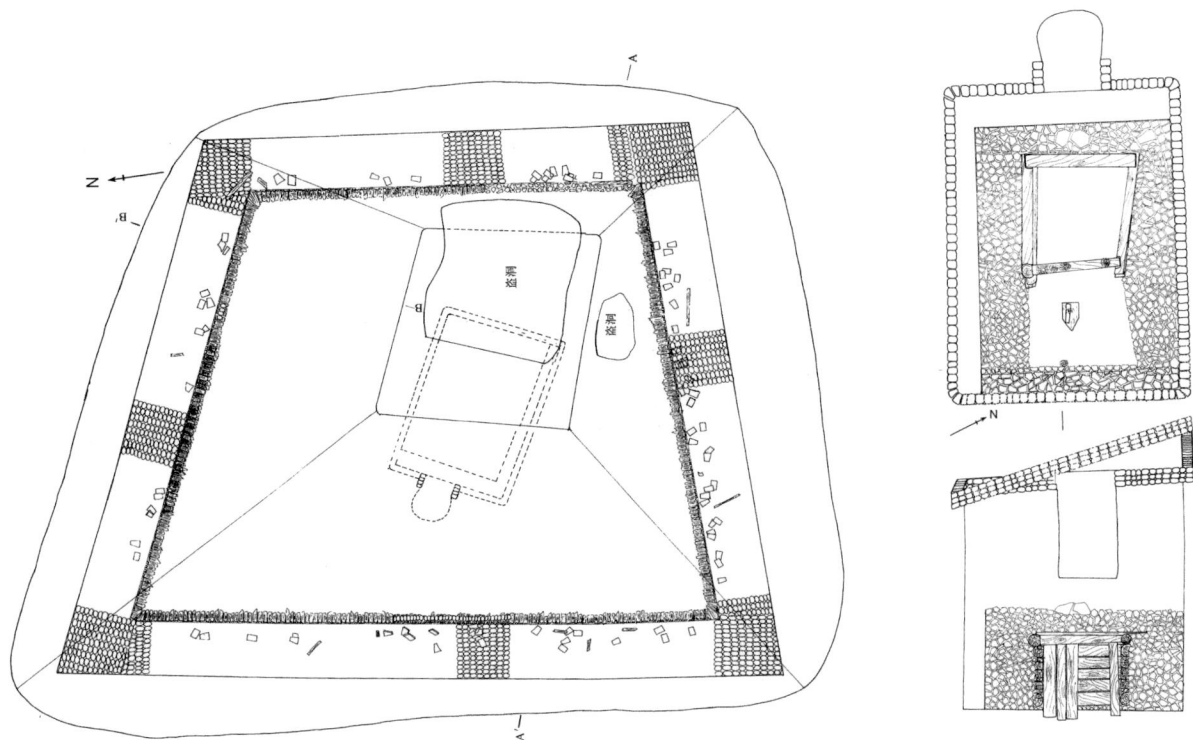

图 5　都兰热水墓地 II 区 99DRNM2

部正上方用石块垒砌成网格状结构，其功能可能是用以祭祀，或者是用以防护和加固墓圹的入口。此类结构见于萨迦吉龙堆墓地[1]、加查邦达墓地[2]、扎囊斯孔村[3]、玉树章其达墓地[4]、乌兰大南湾墓地[5]等。藏文文献中记载松赞干布赞普的墓葬中有"墓作方形中网格"[6]，可能指的

是封土中的类似网格状石墙结构而非墓室，虽然这一结构特征不具有普遍性，但仍可作为吐蕃墓的族属判定依据之一（见图 6）。

（二）墓室结构

梯形石围墙中心的下方，便是竖穴土坑墓。土坑有圆有方，而以方形居多。土坑一侧带有一个较短的斜坡或台阶墓道，一般会朝向所依之山峦。坑底常用石块、方砖或柏木垒砌墓室，石块中经常夹杂木条以加固墙体，墙体上涂抹泥浆或黏土层，可能用以绘制壁画。墓室上方用稍作修整的柏木搭建棚顶，也有个别墓葬用石条搭顶。墓室顶上覆盖以砾石层或碎石层作为防护。墓室多为方形或长方形，分单室、双室、三室和多室等数种类型。有的大型墓葬除了墓室外还带有一周回廊。墓室的多少和复杂程度可能遵循一定的规制，与墓主人的

1　西藏自治区文管会文物普查队：《萨迦县夏布曲河流域古墓葬调查试掘简报》，《南方民族考古》1991 年第 4 辑，第 83—103 页。

2　西藏自治区文管会文物普查队：《西藏雅鲁藏布江中游曲松、加查两县古墓葬的调查与发掘》，《南方民族考古》1993 年第 5 辑，第 359—371 页。

3　何周德：《西藏扎囊斯孔村墓葬群的调查与试掘》，《考古与文物》1995 年第 2 期，第 13—20 页。

4　乔虹：《青海玉树三江源地区史前文化与吐蕃文化考古的新篇章》，《青海日报》2015 年 4 月 24 日。

5　青海省文物考古研究所：《青海乌兰县大南湾遗址试掘简报》，《考古》2002 年第 12 期，第 49—57 页。该简报认为是祭祀遗址（J2）。

6　索南坚赞著，刘立千译注：《西藏王统记》，民族出版社，2000 年，第 112 页。

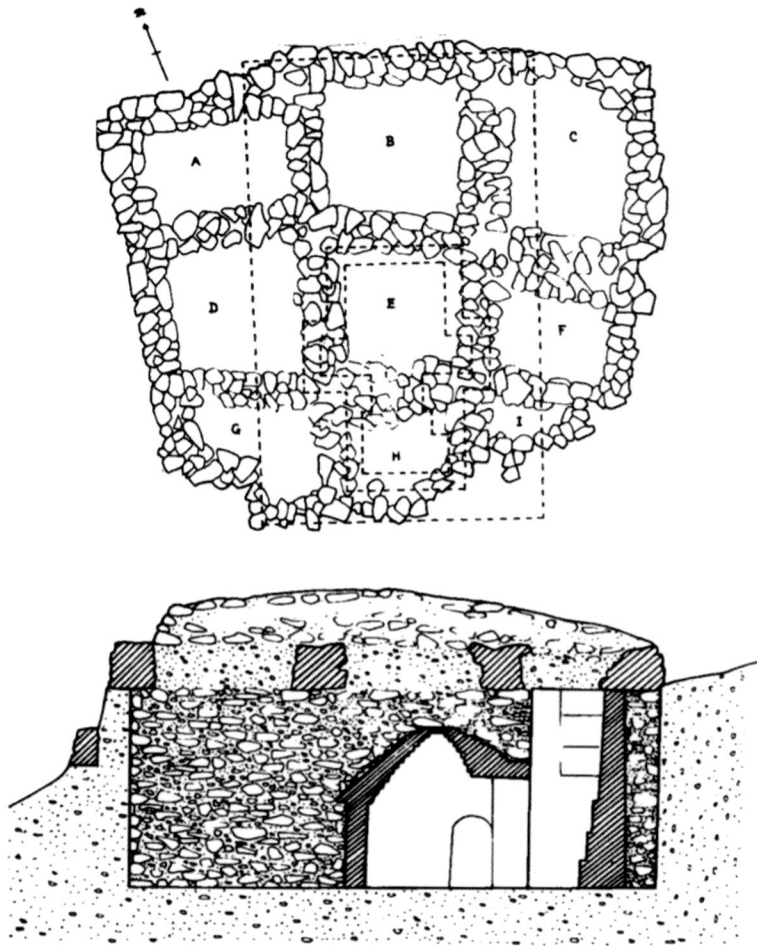

图 6 西藏加查县邦达墓地 M2 封土内网格石墙及墓室结构

身份地位有关，但具体的等级对应关系尚不十分明确。文献记载松赞干布的"墓作方形中网格……并闻其内有五殿，四方墓形自此始"[1]，"在陵内建神殿五座"[2]。在山南琼结的雍布拉康山顶宫殿一侧有一座吐蕃"珍宝墓"，结构为五格，为木石构建，包括封石、甬道、阶梯、墓门、中室及侧室，该墓葬属于与雍布拉康宫殿密切相关的吐蕃某位赞普之陵墓，后来成为十三位藏王的藏宝之所[3]。可见五座墓室可能是最高等级的吐蕃贵族所适用的配置，都兰热水一号大墓和 2018 血渭一号大墓与之较为接近（见图 7）。

1 （元）索南坚赞著，刘立千译注：《西藏王统记》，民族出版社，2000 年，第 112 页。

2 （明）巴卧·祖拉陈哇著，黄颢译注：《〈贤者喜宴〉摘译（三）》，《西藏民族学院学报》1981 年第 2 期，第 32 页。

3 Erik Haarh, *The Yar-Lun dynasty: A Study with Particular Regard to the Contribution by Myths and Legends to the History of Ancient Tibet and the Origin and Nature of its Kings.* Koebenhavn: G.E.C. Gad's forlag, 1969, p. 355.

图 7 都兰热水一号大墓墓室结构（许新国提供）

三、丧葬习俗典型特征

（一）屈肢葬式

封土墓中的墓室底部一般以石块、木板铺地。葬具主要有两种：一种是近似方形的木制棺箱；一种是仅有底板和侧板，而无盖板的棺箱。更多墓葬没有葬具，尸骨被直接放置于平铺的木板和石块层上。葬式多见屈肢葬，分俯身和侧身两种，仰身直肢葬较为少见，还有少量的二次捡骨葬。有单人葬、男女合葬和三人合葬等[1]。类似丧葬习俗在卫藏地区吐蕃墓中非常流行[2]，如西藏仁布县让君村墓地[3]、昂仁布马村墓地M1[4]、定日县门追墓地M56[5]、山南地区列山墓地1993M12[6]、乃东普努沟M7[7]等，皆为侧身屈肢葬，甚至可以追溯到史前时期至早期金属器时代，例如拉萨曲贡墓地的早期和晚期墓葬[8]。在西藏西部地区，这种葬式也具有十分悠久的历史，从公元前3世纪一直延续到吐蕃时期。[9] 藏东地区的石棺葬人群也同样流行屈肢葬

1 Xu Xinguo, The Tibetan cemeteries in Dulan County: Their discovery and investigation, *China Archaeology and Art Digest*, 1996, vol. 1, no. 3: 7-12.

2 霍巍：《西藏古代墓葬制度史》，四川人民出版社，1995年。

3 西藏自治区文管会文物普查队：《西藏仁布县让君村古墓群试掘简报》，《南方民族考古》1991年第4辑，第37—81页。

4 霍巍：《西藏古代墓葬制度史》，四川人民出版社，1995年，第88页。

5 西藏自治区文管会文物普查队：《西藏拉孜、定日二县古墓群调查清理简报》，《南方民族考古》1991年第4辑，第105—124页。

6 中国社会科学院考古研究所西藏队、西藏自治区文物管理委员会：《西藏朗县列山墓地的调查与发掘》，《考古》2016年第11期，第59页。

7 西藏文管会文物普查队：《西藏乃东普努沟古墓群清理简报》，《文物》1985年第9期，第40—42页。

8 中国社会科学院考古研究所、西藏自治区文物局：《拉萨曲贡》，中国大百科全书出版社，1999年。

9 霍巍：《西藏古代墓葬制度史》，四川人民出版社，1995年，第48页；中国社会科学院考古研究所、西藏自治区文物保护研究所等：《西藏阿里故如甲木墓地和曲踏墓地》，《考古》2015年第7期，第30—32页。

或二次葬，诸如林芝多布石棺葬[1]、贡觉香贝石棺墓[2]等等。而在整个西藏境内，从史前到吐蕃时期，其他葬式包括仰身直肢葬式都是极为少见的。有理由认为吐蕃时期所流行的侧身屈肢葬和二次葬葬式，是在此前西藏境内普遍流行的葬式基础上发展延续而来的，与青海地区青铜时代和早期铁器时代的本土葬俗也有显著区别。[3]吐谷浑人原有的葬式应与鲜卑人相同[4]，多采用仰身直肢葬式。在吐谷浑被吐蕃征服之后，不但归顺唐朝之后的吐谷浑王室成员[5]，而且吐蕃治下的吐谷浑王室和高级贵族，都继续使用仰身直肢葬式[6]。可见这一葬式可以作为判定吐蕃人与吐蕃治下的吐谷浑人的一个重要标准。

（二）殉　牲

相比无封土的两类墓葬，带封土的墓葬中动物殉葬尤为盛行。殉牲主要有马、牛、牦牛、羊、狗和骆驼等，小型墓殉牲常被放置于墓室内或埋葬于封土中。较大型墓葬专门设有

独立的殉葬坑，以放置数量众多的动物。以热水一号大墓为例，从其封土顶向下 4.5 米深处有一座长方形的动物殉葬坑，四壁用石块围砌，顶上以柏木为棚，坑内埋葬有羊、马、牛、马鹿等 70 余个动物个体。在墓葬南侧开阔的低地上，一共有 32 个殉葬坑，5 条长方形殉葬沟居中，沿南北方向平行排列，共殉葬 87 匹完整的马；殉马沟东西两侧又分布有 27 个圆形殉葬坑。整个殉葬坑布列范围长 30 米、宽 50 余米，殉葬牛头、牛蹄的共 13 座，完整狗的共 8 座（见图 8）。在大墓的下层平台东北位置底部也有一座圆形动物殉葬坑，内葬有牛、羊头骨 27 个（见图 9）。该墓是迄今为止殉牲最多的吐蕃时期墓葬，可见其地位之特殊。西藏境内的大中型吐蕃墓殉牲也极为可观，如拉孜县查邬岗墓地有 300 座墓葬和数十个殉马坑；朗县列山墓地发现墓前石墙 28 处，为殉马坑遗迹，最多的一座墓前有 5 条石带，最长一条达 42 米，一条坑内殉马达 9 匹之多。[7]此类封土墓中殉葬动物的数量、种类，都远超出无封土的两类墓葬，后者经常将少量的马匹埋葬在墓道中，殉葬的其他动物也较少，形成较为明显的反差。专门设置的、前置于封土堆正前方的大型殉葬坑或沟，应该也是吐蕃墓葬的一个标志。虽然没有对琼结藏王陵展开发掘，无从了解殉葬坑具体情况，但可以从地表观察到一些迹象。在封土堆正前方的地面上，发现有大量成排分布的条状石带，例如 5 号陵前至少有 8 条石带，6 号陵前至少有 4 条石带[8]，这些长条形石带应该就是长方形殉葬坑凸露地表的部分，埋藏于地下的数量应该还有更多。青海

1　朱建中：《西藏林芝县多布石棺墓清理简报》，《考古》1994 年第 7 期，第 665 页。

2　西藏文管会文物普查队：《贡觉香贝石棺墓葬清理简报》，《考古与文物》1989 年第 6 期，第 30—34 页。

3　韩建业：《中国古代屈肢葬谱系梳理》，《文物》2006 年第 1 期，第 55—57 页。

4　宿白：《东北内蒙地区的鲜卑遗迹——鲜卑遗迹辑录之一》，《文物》1977 年第 5 期，第 42—54 页。

5　甘肃省文物考古研究所等：《甘肃武周时期吐谷浑喜王慕容智墓发掘简报》，《考古与文物》2021 年第 2 期，第 35—37 页。

6　中国社会科学院考古研究所、海西蒙古族藏族自治州民族博物馆、乌兰县文体旅游广电局：《青海乌兰县泉沟一号墓发掘简报》，《考古》2020 年第 8 期，第 25 页；中国社会科学院考古研究所、青海省文物考古研究所：《青海都兰县热水墓群 2018 血渭一号墓》，《考古》2018 年第 8 期，第 58—59 页。此两座大型墓葬墓室内棺椁及人骨扰乱严重，但墓葬填土内的殉人均为仰身直肢葬式；仝涛：《甘肃陇南大长岭吐蕃墓葬的考古学观察》，《考古》2018 年第 6 期，第 98—99 页，该墓葬式为仰身直肢葬，但墓葬特征显示墓主人可能为吐蕃治下的吐谷浑人。此外在哈日赛墓地、郭里木墓地等吐蕃时期墓地，均流行仰身直肢葬式。

7　西藏文管会文物普查队：《西藏朗县列山墓地殉马坑与坛城形墓试掘简报》，四川联合大学西藏考古与历史文化研究中心、西藏自治区文物管理委员会编：《西藏考古》，第一辑，四川大学出版社，1994 年，第 41—48 页。

8　夏吾卡先：《琼结藏王墓总地形与建模图》，《西藏人文地理》2017 年第 6 期，第 52—65 页。

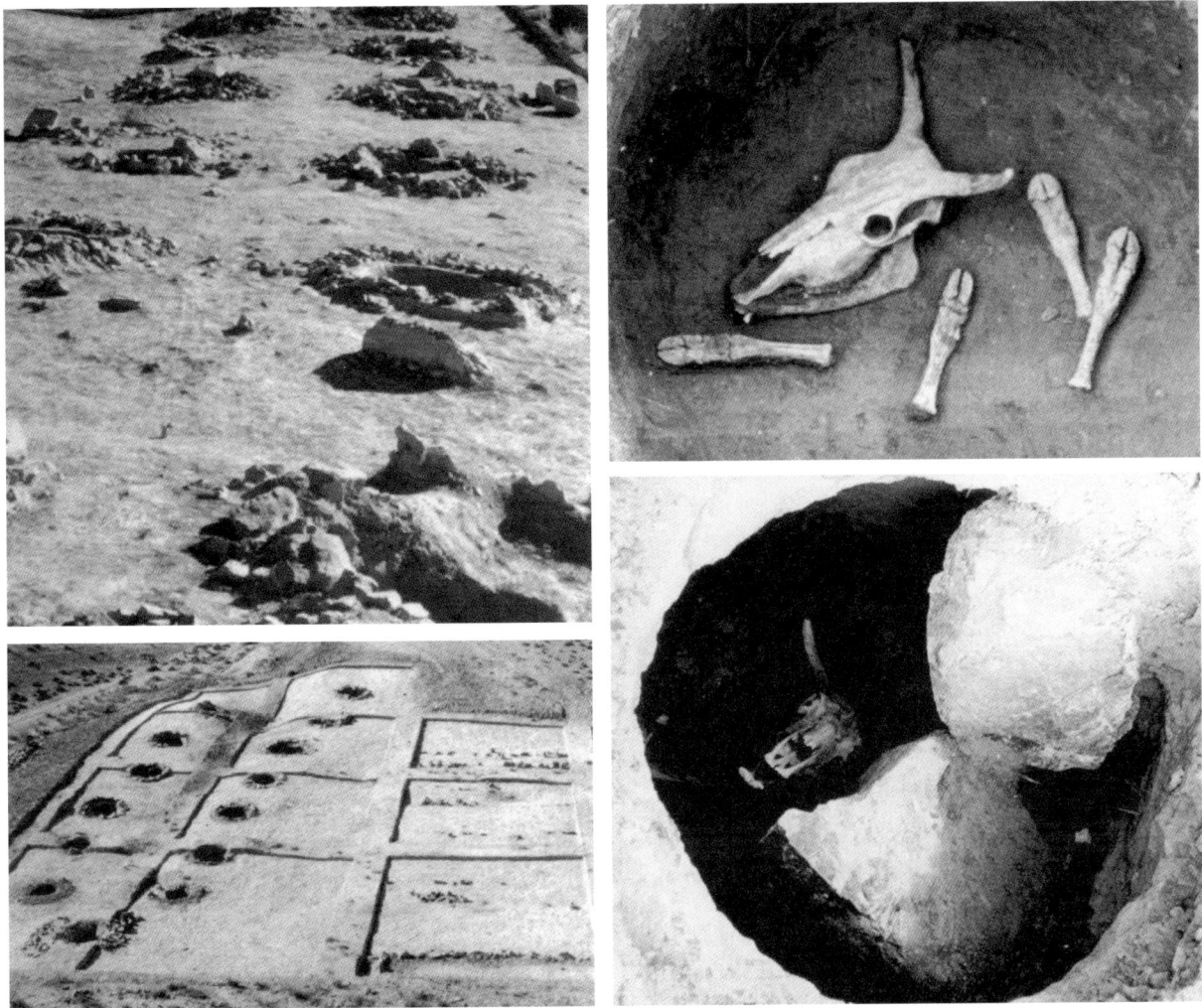

图 8　都兰热水一号大墓殉牲坑（许新国提供）

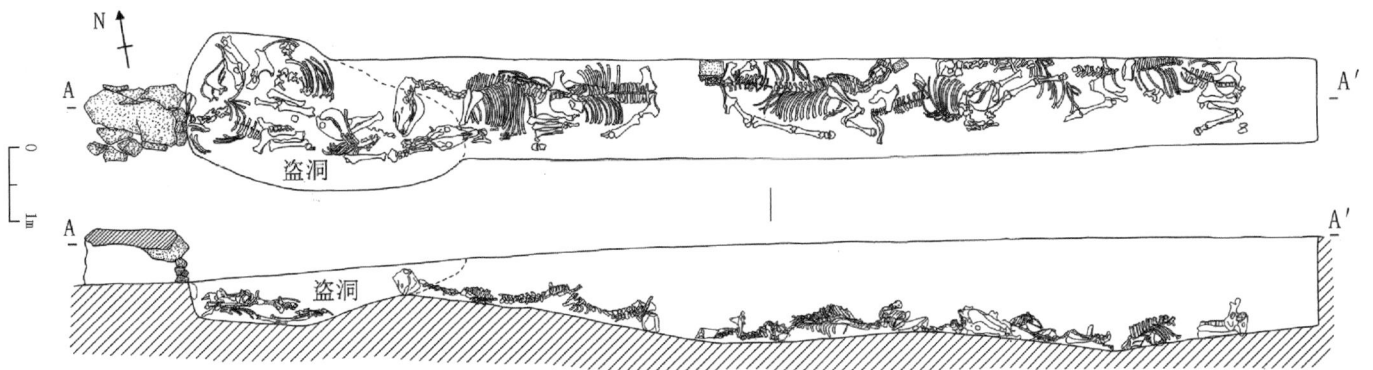

图 9　都兰热水哇沿墓地 M10 殉马坑 K2

地区吐蕃墓葬殉牲坑的形制和数量，可能会遵循琼结吐蕃王陵所形成的规范和制度。

根据文献记载，动物殉葬在吐蕃王室和高级贵族葬礼过程中扮演着重要角色。《册府元龟·外臣部》记载，吐蕃"人死，杀牛马以殉，取牛马头周垒于墓上"。据敦煌古藏文文书 P. T. 1287《赞普传记》的记载，松赞干布与韦氏一族兄子七人盟誓，松赞干布发誓云："义策忠贞不贰，你死后，我为你营葬，杀马百匹以行粮，……"[1] 一般来说，墓主的社会地位越高，殉葬马匹也就越多。这里"杀马百匹"虽极言其多，但也可以看出韦氏作为苏毗豪族首领的殉牲标准。热水一号大墓殉葬完整的马有87 匹，又有大量其他动物骨殖，基本与这一规格相近。吐蕃时期的动物殉葬习俗很可能是在青藏高原诸部早期殉牲基础上的继承和发展。《隋书》中记载川西北高原的附国在隋代就"其葬必集亲宾，杀马动至数十匹"[2]。吐谷浑、象雄等王国在被吐蕃征服前同样流行杀牲祭祀和殉葬，这是草原游牧地区比较常见的文化现象。但专门在大墓周边设置动物殉葬坑则可能是吐蕃时期的创造发明，当时很可能已经形成了一套相关的殉牲制度。如果考虑到以杀牲祭祀为主要表现形式的苯教的广泛传播，这类殉葬坑不但具有独特的社会等级和民族属性，还具有复杂的宗教功能，同样可以作为判断吐蕃文化属性的一个重要标准。

（三）附属祭祀建筑

在个别高等级墓葬的封土周边发现有建筑基址，应属于墓葬的附属设施。在热水一号大墓封土堆底部石墙的东侧，修建有一座建筑基址，平面为长方形，由石块垒砌而成。其中部有一墙，将建筑分隔为南北两室。北室内又有一墙，将其分隔为东西两个小间，建筑的北墙开 2 门。与此类似的墓侧石砌建筑在 2018 血渭一号大墓东北角和 2007QM1 东南角也有发现，其所在位置和形制特征与热水一号大墓大致相近。在乌兰大南湾墓地的"祭祀遗址"J1 和 J2[3] 也有类似功能的建筑基址，但 J1 将建筑建于墓室封土之上。这类墓葬附属建筑在西藏境内的吐蕃时期墓地中很常见，例如朗县列山墓地东区南侧的大型石砌建筑 J1、J2[4]；加查县安饶乡老母村墓地 M3 东侧残存石砌房基的边框[5]；昂仁县布马墓地 M23 和 M26 东侧数米处均建有夯土房屋[6]；昂仁县的四穷村墓地 M14-M20 的西侧、觉龙村墓地 M1 的北侧，均修建有同时期的较大型夯土房屋[7]；拉孜县查木钦墓地的 A 区和 B 区各有一座石砌房屋基址[8]。这些建筑基址都与墓葬年代相当，相互之间关系密切，应是附属于近旁的某座高等级大墓或者是整个墓葬区的设施，应与热水墓地的吐蕃时期墓葬附属建筑具有相同的功能。推测这些墓地应该为墓葬区守陵人、管理人员的住所或与祭祀相关的建筑。

关于热水一号大墓的墓上建筑，发掘者许

1　王尧、陈践译注：《敦煌本吐蕃历史文书》，民族出版社，1992 年，第 164 页。

2　（唐）魏徵：《隋书》卷八三，中华书局，1973 年，第 1858 页。

3　青海省文物考古研究所：《青海乌兰县大南湾遗址试掘简报》，《考古》2002 年第 12 期，第 52—53 页。该简报认为是祭祀遗址（J2）。

4　索朗旺堆、侯石柱：《西藏朗县列山墓地的调查和试掘》，《文物》1985 年第 9 期，第 37 页。

5　西藏自治区文管会文物普查队：《西藏雅鲁藏布江中游曲松、加查两县古墓葬的调查与试掘》，《南方民族考古》1993 年第 5 辑，第 359—371 页。

6　西藏自治区文管会文物普查队：《西藏昂仁县古墓群的调查与试掘》，《南方民族考古》1991 年第 4 辑，第 137—162 页。

7　西藏自治区文管会文物普查队：《西藏昂仁县古墓群的调查与试掘》，《南方民族考古》1991 年第 4 辑，第 137—162 页。

8　西藏自治区文管会文物普查队：《西藏拉孜、定日二县古墓群调查清理简报》，《南方民族考古》1991 年第 4 辑，第 105—124 页。

新国先生认为可能是施工或监工人员的临时性住处，或者说有可能是为加固封堆而采取的特殊累石手段[1]。施工人员临时居住和集体烹煮之地在 2014 年热水哇沿水库淹没区发掘中被发现[2]，其位置一般与墓地有一定距离，且规模巨大，与紧挨着大墓封堆而建或处于整个墓葬区重要位置的建筑有明显区别。从相互关系上看，此类建筑显然是墓葬或整个墓地的重要构成部分，推测应该与墓葬专享的祭祀活动有关。藏文文献中有松赞干布陵守陵人和陵堂的记载[3]，在敦煌吐蕃苯教丧葬仪轨文书中，提到陵墓上的祭祀场所，被称为 "thugs-kang"（祠堂）[4]。据《旧唐书·吐蕃传》记载，"赞普死，……仍于墓上起大室，立土堆，插杂木为祠祭之所"[5]，说明此墓上修建的"大室"的功能应为"祠祭之所"。《新唐书·吐蕃传》还记载了此类建筑具体的外部装饰，"坡皆丘墓，旁作屋，赭涂之，绘白虎"[6]，可见其极具宗教色彩，很有可能与吐蕃苯教所指导的丧葬活动有密切关系。个别建筑内部出土有与祭祀活动相关的遗物，可以证实这一推断，如 2018 血渭一号大墓出土有羊肩胛骨，乌兰大南湾墓地的祭祀遗址 J1 内出土刻有黑色交叉十字符号的牛头盖骨。虽然并非每座吐蕃时期墓葬都设有此类附属建筑，但显然它也可以被视为吐蕃族属身份的认定标志之一。

四、结　语

青海吐蕃时期封土墓与卫藏地区无论是在封土和墓室结构还是在丧葬习俗等方面都具有明显的共性，因此可以被视为吐蕃考古学文化的一个地方类型。但同时青海地区的吐蕃时期封土墓与西藏境内的又呈现出一些明显的差异，反映了一些区域的独特性，这些独特性不但取决于各地自有的不同历史文化传统，同时也受制于两个地区自然环境的差异，例如青海地区较多使用木棺，多用柏木、烧砖和土坯来垒砌墓室，较少采用穹隆顶式石砌墓室等。这些特征在雅鲁藏布江流域的吐蕃墓葬中极为少见[7]，显然与"河之西南……夹河多怪柳，山多柏"[8]的自然环境有关。从文化传承上来看，柏木椁室似乎也继承了一些河湟地区汉晋时期墓葬的营造手法，在大通上孙家寨汉晋墓地发现有大量同类型的墓室结构，很难排除两者之间的关联性。

青海境内无地表封土的吐蕃时期墓葬，也蕴含一些明显的吐蕃文化特征，其中包括：复杂得多室墓结构、殉人现象、典型吐蕃人物形象和古藏文题记材料等。但这类墓葬中体现出比封土墓更多的本土特征，显示出青海地区吐蕃时期文化的复杂性。吐蕃自 663 年征服吐谷浑至 842 年统治的瓦解，实际上在青海地区统治不到 200 年的时间，而从现存吐蕃时期墓葬年代来看，多数墓葬集中于 8 世纪内的 100 年之间，但其墓葬形制和文化面貌却如此复杂多样，可见当时该区域因长期战乱、族群迁徙频繁所导致的文化熔炉特质，同时也是其处于青海丝绸之路重要区段的一个必然结果。

1 许新国：《吐蕃墓的墓上祭祀建筑问题》，《青海文物》1995 年第 9 期。

2 青海省文物考古研究所、陕西省考古研究院：《青海都兰哇沿水库 2014 年考古发掘报告》，科学出版社，2022 年，第 225 页。

3 （明）巴卧·祖拉陈哇著，黄颢译注：《〈贤者喜宴〉摘译（三）》，《西藏民族学院学报》1981 年第 2 期，第 31—32 页。

4 褚俊杰：《吐蕃本教丧葬仪轨研究（续）——敦煌古藏文写卷 P.T. 1042 解读》，《中国藏学》1989 年第 4 期，第 120 页。

5 （后晋）刘昫：《旧唐书》卷一九六《吐蕃传》，第 5220 页。

6 （宋）欧阳修、（宋）宋祁：《新唐书》卷二一六《吐蕃传》，第 6103 页。

7 侯石柱：《近年来境内吐蕃时期考古遗存的发现与研究——兼论"吐蕃属文化"》，《文物》1993 年第 2 期，第 24—31 页。

8 （宋）欧阳修、（宋）宋祁：《新唐书》卷二一六《吐蕃传》，中华书局，1975 年，第 6103 页。

甘肃武威唐代吐谷浑王族墓葬群的调查与发掘

甘肃省文物考古研究所　陈国科

唐代吐谷浑王族墓葬群位于甘肃省武威市西南，地处祁连山北麓，主要分布于河流北岸的山岗之上。此墓葬群自 20 世纪初至 20 世纪 80 年代，已发掘墓葬 9 座，出土墓志 9 合及各类随葬品数百件。张维、夏鼐、阎文儒、周伟洲等前辈学者，皆对此墓葬群出土墓志进行过详细的研究，成果丰硕。2019 年，甘肃省文物考古研究所等对位于天祝县祁连镇岔山村的吐谷浑喜王慕容智墓进行了抢救性发掘。该墓保存较完整，出土遗物丰富，其中所出墓志首次提及武威南山地区"大可汗陵"的存在。慕容智墓的一系列重要发现，为吐谷浑王族墓葬群及相关研究提供了新的视角和契机。2020 年，"唐代吐谷浑王族墓葬群考古"项目组对武威南山地区冰沟河与大水河流域进行了较大规模的考古调查和勘探，共发现吐谷浑王族墓葬 23 座，集中分布在 4 片区域。2021 年，项目组在东距青嘴湾、喇嘛湾（现称西湾）约 10 公里的祁连镇长岭—马场滩村发掘吐谷浑墓葬 3 座，确认该处为吐谷浑蓬子部的部落首领及其家族墓地。

本文将对甘肃武威地区唐代吐谷浑王族墓葬群的考古发现做一简要回顾，特别对慕容智墓出土文物做一介绍。

一、武威吐谷浑王族墓葬群的早期调查和发掘

（一）清同治年间发现墓葬

武威地区唐代吐谷浑王族墓葬群的发现可以追溯到清同治年间。当时，武威地区战火不断，当地民众纷纷进入山中挖窑洞避难。一梁姓人家无意挖中了弘化公主墓葬，发现墓室内金碧辉煌，墙壁绘满壁画，随葬物品很多，除木俑、木马、木骆驼等大批木器外，还有不少的铜器和金银珠宝。梁家就把其中的金银珠宝全部盗去。到了 1915 年，弘化公主墓又被当地人掘开，并发现了墓志铭。这件事被武威当时的知县唐敷镕知道后，他认为凉州在当时作为西陲重镇，必定有先朝的碑刻埋藏在这里，就盼咐商务会长贾坛四处寻访。恰好贾坛又酷爱金石，得知弘化公主墓志铭出土，立即乘车前往，将其载回，放置武威文昌宫中保存[1]，一直至今。

（二）夏鼐与阎文儒的考古发掘

1945 年，夏鼐先生与阎文儒先生在武威青

1　李占忠：《吐谷浑王后——弘化公主墓解谜》，《中国土族》2003 年第 2 期，第 40—43 页。

嘴喇嘛湾（青嘴湾—喇嘛湾）从事考古发掘，发掘出金城县主墓与慕容曦光墓，并在《河西考古杂记》中对这两座墓葬的大致形制做了介绍：

1. 金城县主墓

在开始发掘时仅发现碎砖和红、黑色花纹的碎木片等。发掘至三公尺三寸时，露出砌砖，这些墓砖由于地震而摆放凌乱。再下至四公尺三寸时，仍未及底。第二天扩大发掘范围，由四周取土凡墓内虚土俱掘出，发掘至第十二天时发掘至墓底。墓室四周围墙，出于被盗的原因，墓砖均被拆除，仅仅有几行平砖。由地面至墓底，为八公尺，四面各长四公尺三寸。木棺也已被拆毁，在墓室中未发现头骨，仅发现肋骨和腰中的衣裙。共发掘十五天，发掘完毕。墓室的北壁前方有石砖堆砌的棺床。南北宽一公尺八寸，高约五公寸五分。其上由于有棺板被盗，因此散置于棺床上。有三层棺板，三层木板中发现许多陪葬品。但未发现墓主头骨，仅有肋骨在第三层板上。棺床的南部底下有小平台，在墓室中心。可能是一个祭台，在祭台上发现许多陪葬品。在祭台南部正中有一方墓志，分为两部分，上面一部分为墓志盖，下面一部分为墓志铭，志盖上有篆文。再向南方的东南角下，有金平脱文马鞍等随葬品。

2. 慕容曦光墓

慕容曦光墓与金城县主墓中间隔有一条沟壑，位于金城县主墓东面的山顶上，也是因1927年的地震而塌落。考古工作者于1945年10月13日到此地发掘。慕容曦光墓室前部坍塌，但其他部分较为完整。15日下午，发掘至棺床上，发现此墓的墓葬形制与敦煌唐墓相同。木棺两端被盗，其余较完整。木棺外涂以漆，人骨散乱，头骨则扔置于棺外棺床下。中为墓志放置处。其他殉葬品，俱凌乱散置棺床两旁，

墓门朝南，堵门者以砖，因未从墓道掘入，故未开启。[1]

（三）1980 年武威县文管会发掘清理

在 1980 年 7 月至 9 月，武威县文物管理委员会以调查保护、摸清文物底子为目的，根据当地群众提供的线索，清理了青嘴喇嘛湾的 7 座残墓，其中，有 2 座（M1、M2）由于损坏严重，仅仅发现了陶片和砖砌的痕迹。其他 5 座墓葬，形制均为单室砖券墓。这些墓葬都分布在青嘴喇嘛湾的小山岗上，墓门和墓道都朝南方，墓葬后面为北面，都是高大的石山，墓葬面前是一条流经的小河。其中埋葬最深的墓，墓底距现地表 11 米左右，最浅处距现地表大约 6 米。从清理的情况看，随葬器物非常丰富。但由于历史上的盗掘及破坏，随葬品的损失也较为严重，随葬品的摆放位置，木棺、骨架等都遭到破坏，无法还原原来的模式。[2]

根据以上发掘情况，即 1945 年夏鼐、阎文儒发掘情况与 1980 年武威县文管会发掘清理情况（表 1）来看，墓葬均分布在青嘴喇嘛湾一带的山头上，一座山头占一座墓葬，均为砖室墓，均有棺床，金城县主墓与慕容曦光墓位于喇嘛湾，墓室为砖室墓。墓室在 1927 年的大地震中坍塌。在 1980 年武威县文管会清理的青嘴喇嘛湾的 7 座墓葬中，由于其中 2 座墓葬毁坏严重，因此只发现 7 座墓均为单室砖券墓，墓道均为斜坡式墓道，甬道均为过洞式墓道。

M3 墓室平面为长方形，墓壁用平砖叠砌而成，墓室长 3.13 米，宽 3.1 米，墓壁残高 0.88 米。墓室被盗，墓顶及墓壁大部分砖被揭取，墓室内填满淤土，木棺、骨架都已腐朽，

1　阎文儒：《河西考古杂记（下）》，《社会科学战线》1987年第 1 期，第 130—148 页。

2　黎大祥：《武威青嘴喇嘛湾唐代吐谷浑王族墓葬》，《陇右文博》1996 年第 1 期，第 74 页。

墓室内的随葬品大部分也已腐朽。

M4 墓室平面呈长方形，东西长 3.49 米，南北宽 3.66 米，残壁高砖平砌，墓底的条砖为人字形铺成，墓室被盗，随葬品位置也已被打乱。

M5（弘化公主墓）的墓室呈长方形，顶部已塌，在墓壁的东面发现盗洞，墓室东西长 4.58 米，南北宽 4.4 米，壁残高 2 米。墓顶为六瓣莲花墓砖。墓顶坍塌无法看出封顶的形式。墓室原有彩绘，但因多次被盗，壁画已经全部脱落。墓室内有 50 多件彩绘木俑，木器残件及丝织物。

M6（武氏墓）墓室东西长 3.36 米，南北宽 3.25 米，高约 4 米。墓壁用平砖叠砌而成。墓室后有龛台，宽 157 厘米，高 40 厘米。木棺置于龛台正中上，棺已腐朽。

M7（李氏夫人墓）墓室平面略呈长方形，南北长 2.95 米，东西宽 2.88 米，墓室用平砖叠砌铺地砖为条砖，随着木器已腐朽，棺木及骨架仅存痕迹。

表 1　1980 年武威县文管会发掘清理墓葬基本情况统计 [1]

墓葬编号	墓主	墓葬形制	墓道	甬道	墓室	墓砖	陪葬器物	下葬时间	墓志
M3	不详	南北向单室砖券墓	斜坡式	呈过洞式 长 1.2 米 宽 0.9 米 高度不详	长 3.15 米 宽 3.1 米 壁残高 0.88 米	长 31.5 厘米 宽 15.5 厘米 厚 5 厘米	彩绘木俑 彩绘木雕残件	不详	不详
M4	不详	南北向单室砖券墓	斜坡式	呈过洞式 长 1.3 米 宽 0.96 米 高度不详	东西 3.49 米 南北 3.66 米 残墓壁高 1 米	长 32 厘米 宽 15.3 厘米 厚 5 厘米	彩绘木俑 彩绘木雕残件	不详	不详
M5	弘化公主	单室砖券墓	斜坡式	呈过洞式 长 2.54 米 宽 1.8 米 高 1.6 米	东西 4.58 米 南北 4.4 米 墓壁残高 2.05 米	长 31.5 厘米 宽 16 厘米 厚 6 厘米	彩绘木俑 彩绘木器残件 漆器残件 丝织物残片	圣历二年 三月十八日	大周故西平公主墓志
M6	武氏墓葬	南北向单室砖券墓	斜坡式	呈过洞式 长 1 米 宽 1.1 米 高 1.16 米	东西长 3.36 米 南北宽 3.25 米 高 4.02 米	长 33 厘米 宽 16 厘米 厚 5 厘米	彩绘木雕女士俑 木俑残件 马俑残件 象牙棋子	开元二十四年十月三日迁葬于凉州	大唐故武氏墓志之铭
M7	李氏夫人墓	南北向单室砖券墓	斜坡式	过洞式	南北 2.95 米 东西 2.88 米 高度不详		彩绘木俑残件 木器残件 灰陶碗	开元六年十二月廿六日	大唐故夫人李氏墓志

1　黎大祥：《武威青嘴喇嘛湾唐代吐谷浑王族墓葬》，《陇右文博》1996 年第 1 期，第 74 页。

二、2020年对吐谷浑王族墓葬群的全面考古调查和发掘

（一）考古调查

2020年，为确认大可汗陵的具体范围及墓群布局方式，"唐代吐谷浑王族墓葬群考古"项目组对冰沟河与大水河流域约400平方公里的范围进行了全面的考古调查、勘探工作。在青嘴湾、喇嘛湾、长岭—马场滩、岔山村4片区域共发现吐谷浑王族墓葬23座。

1. 青嘴湾墓群

位于冰沟河与大水河交汇处西侧，大水河北岸的黄土山岗上。面积20万平方米。发现墓葬8座，其中弘化公主墓位于最东端，其余7座墓葬位于西侧。墓葬皆营建于南北向山岗的中前部，一条山岗上建一座墓葬。墓葬均为带斜坡墓道的单室砖室墓，其中7座墓葬的墓室已清理，地面现留有大坑，墓道均保存完好。勘探发现墓葬1座，地面见有方形盗洞1个。

2. 西湾（喇嘛湾）墓群

位于西湾村北侧、冰沟河下游北岸的黄土山岗上，东北距青嘴湾墓群1—2公里。面积约45万平方米。经调查、勘探确认吐谷浑王族墓葬11座，其中慕容忠墓、金城县主墓、慕容曦光墓于1945年由夏鼐先生确认，并发掘了金城县主墓、慕容曦光墓[1]，两墓上方现有未完全回填的土坑。新发现墓葬9座，其中4座墓室破坏严重，1座被盗，墓道均保存完好。

3. 长岭—马场滩墓群

位于冰沟河和南岔河交汇处西侧、冰沟河北岸的黄土坡地上。面积约10万平方米。发现墓葬3座，其中长岭M1、马场滩M1已遭盗掘，现地表留有一个较大的土坑；马场滩M2地表无明显迹象，周围偶见青砖碎块。墓道均保存完好。

4. 岔山村墓葬

该地区仅有慕容智墓1座，周围暂未发现其他墓葬（图1）。

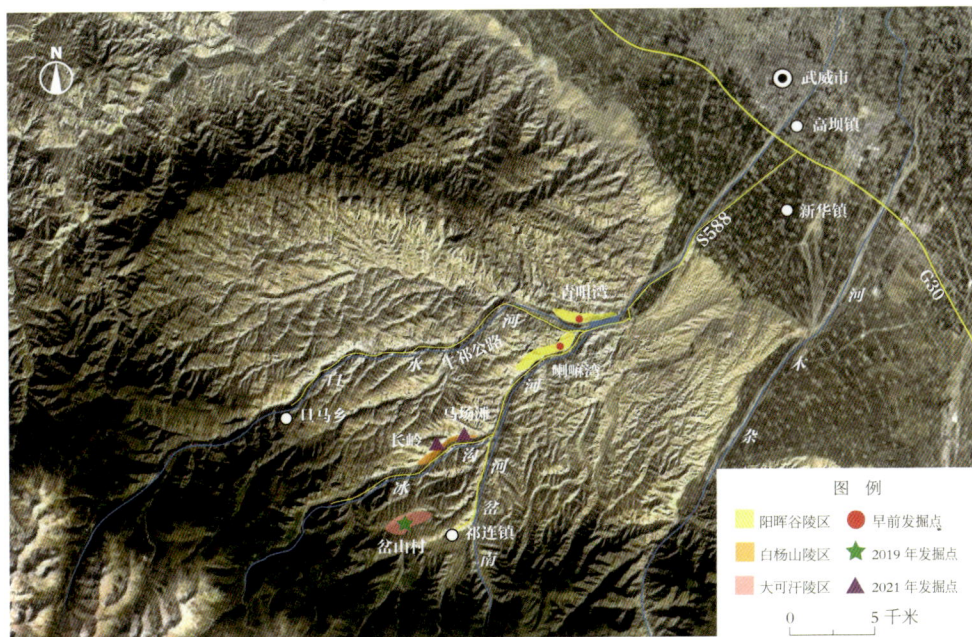

图 1　吐谷浑王族墓葬群周边地形

1　阎文儒：《河西考古杂记（下）》，《社会科学战线》1987年第1期，第130—148页。

（二）陵区分布

目前可知武威南山地区吐谷浑王族墓群主要集中分布在青嘴湾—喇嘛湾、岔山村、长岭—马场滩三片区域。其中最早被发现的青嘴湾—喇嘛湾墓区是目前所知墓葬分布最集中的区域，已出土墓志 9 合。据墓志记载，可知葬于此地的主要为 699 年以后至安史之乱期间归葬的吐谷浑慕容氏家族成员，在唐代这一地区被称为"凉州南阳晖谷"或"凉城南卅里神鸟县阳晖谷"[1]。鉴于吐谷浑王族归唐以后的第二代"青海国王"慕容忠即葬于此，因此可将青嘴湾—喇嘛湾墓区称为"阳晖谷"陵区[2]。

2019 年，位于祁连镇岔山村的慕容智墓被发现。据所出墓志的记载，慕容智于"其年（691）九月五日迁葬于大可汗陵"。既言大可汗陵，说明吐谷浑王族归唐以后的第一代"青海国王"慕容诺曷钵可能葬于此处，因此可将岔山村墓区称为"大可汗陵"陵区，葬于此地的应为 699 年之前归葬的慕容氏家族成员。[3]

2021 年发掘的长岭—马场滩墓区 3 座墓葬，从墓葬年代看，马场滩 M2 所出墓志记载墓主党氏下葬时间为唐开元二十七年（739）。由于马场滩 M1 与 M2 相距较近，墓葬形制、墓室构筑方式基本一致，出土随葬品种类及形制相似，两墓年代应接近。长岭 M1 出土有武德开元通宝铜钱，用砖规格及模印纹饰与慕容智墓相似，时代应与慕容智墓接近，大致属武周

时期或略早。从墓葬形制看，3 座墓葬皆为带长斜坡墓道的砖室墓，墓室面积 4 米见方，为较典型的唐代三品或以上官员（或官员家属）墓葬规格。从出土随葬品看，墓葬所出墓志、各类彩绘木俑及漆盘、陶罐等，与中原地区高等级唐墓所出相似。整体来看，墓葬均依唐制建造，同时亦在墓葬选址、形制及葬俗上存在一些独特性。就墓主人身份而言，3 座墓葬的选址、形制及殉牲等情况，与已发现的武威唐代吐谷浑王族墓葬非常一致，墓主人应为归唐后的吐谷浑人。马场滩 M2 出土墓志表明，墓主"冯翊郡太夫人党氏"，先祖原属"西戎别族"，后"屈膝称臣"归附唐朝。党氏"义以和亲"，与"蓬子氏"联姻。结合墓葬形制、随葬品特征并对照相关文献可推测，娶墓主党氏的蓬子氏，应为 663 年随诺曷钵一同迁至武威并定居的吐谷浑蓬子部的部落首领。鉴于马场滩 M1 和 M2 在各方面所表现出的密切关系，马场滩 M1、M2 墓主人之间可能存在亲属关系。由此推测该处墓群为吐谷浑蓬子部的部落首领及其家族的墓地，使用时间为诺曷钵归唐以后至安史之乱期间。

梳理相关文献可知蓬子氏是吐谷浑民族内部很有名望的氏族，党氏之夫及其子孙皆为蓬子氏族首领，在唐朝官居高位，身份显赫。关于吐谷浑内部不同部族与慕容氏家族之间的关系，目前学界基本能达成共识，认为吐谷浑主要是以部落联盟为基础，采取了分封子弟或各族首领为王，分而治之的形式进行统治[4]。如慕容氏家族内部的高昌王慕容孝隽、政乐王慕容宣昌、喜王慕容智等，当然也有很多不同姓氏的部落首领被封王，如娑周国王、贺罗拔王、龙涸王莫昌、赵王他娄屯、名王拓跋木弥等，史书中就常有"夸吕遣其广定王、钟留王拒

1　周伟洲：《吐谷浑资料辑录》，商务印书馆，2017 年，第 63—69 页。

2　甘肃省文物考古研究所等：《甘肃武威市唐代吐谷浑王族墓葬群》，《考古》2022 年第 10 期，第 2、29—47 页。

3　慕容氏家族为何会在武威南山地区存在一前一后两处陵区，推测可能与这一时期唐蕃之间相互攻伐有关。参看刘兵兵、陈国科、沙琛乔：《唐〈慕容智墓志〉考释》，《考古与文物》2021 年第 2 期，第 87—93 页。

4　周伟洲：《吐谷浑史》，商务印书馆，2021 年，第 98—101 页。

战"[1]"其（伏允）仙头王率男女十余万口来降"[2]等类似的记载。这种形式"与中原封建分封制实质相同"[3]，慕容氏家族主要统领吐谷浑国核心地带青海湖及其周边区域领土，其他分封王各自镇守一方，并听命于慕容氏可汗调遣。因此我们认为蓬子氏家族首领也应属于吐谷浑内部的某一王系，党氏墓志中记载这一地区在唐代名"白杨山"，可暂将长岭—马场滩墓区称为"白杨山"陵区。

"阳晖谷""大可汗陵"和"白杨山"三大陵区的廓清给我们带来一些启示。首先，可以明确大可汗陵的分布范围或许不大。其次，根据史书记载，吐谷浑内部还有拓跋、乙弗、赫连等多个氏族，这些氏族成员都可能追随诺曷钵或在其后陆续归唐。因此在武威南山地区广大范围内，可能还有不同部族首领的家族墓区，作为一种另类的陪葬方式埋藏在慕容氏墓区周围，并最终组合成一整个庞大的陵区。这有待于我们今后开展更加细致的工作。

关于陵区的整体分布，周伟洲在总结青海地区吐谷浑民族墓葬时提出了"大集中、小分散"[4]的概念。随着考古工作的进展，我们认为武威吐谷浑王族墓葬群的情况与之有相似之处，墓葬分布与吐谷浑内部的政治结构紧密相关，以慕容氏家族墓地为核心，广泛地集中于武威南山地区这一大范围之内。各墓区之间分布较分散，墓区内又以家族为单位聚族而葬，细节上如夫妻、母子、父子等亲属之墓葬，存在并列分布或分布于相邻山梁之上的情况，相互之间存在呼应。因此武威地区吐谷浑王族墓葬群的分布情况应当具备"广集中、大分散、

小聚集、有呼应"的特征。

（三）葬制葬俗

虽然武威地区吐谷浑王族墓葬群的人群族属确为吐谷浑无疑，但是对于归唐以后的吐谷浑人来说，逐渐走向汉化是不可避免的历程，而且这些王族成员大多官爵加身，唐廷对于官员的丧葬流程又有着严格限定。因此这批墓葬总体以中原唐代葬制为主，并混杂有吐谷浑、吐蕃、北方草原等多民族文化因素，还在一定程度上体现出河西地区的地方文化特色。这批墓葬复杂的文化特征，也使其成为综合了解唐代中原葬制和吐谷浑民族葬俗绝佳的样本。

如果将这批墓葬当中唐代葬制的部分揭离，就可看到较为纯正的吐谷浑民族丧葬习俗。之前我们提出吐谷浑人在墓葬选址上存在"牛岗辟壤、马鬣开坟"的基本特征[5]，近年来的考古发掘让我们深刻认识到，武威唐代吐谷浑墓葬所反映出的吐谷浑民族丧葬习俗绝不是一朝一夕就能形成的，而是存在明显的发展演变规律。从根本上来说，吐谷浑葬俗源自古老的鲜卑民族传统，到青藏高原以后受到吐蕃、突厥、羌戎等民族的影响，丧葬习俗产生了一些变化，等进入唐朝境内受到汉文化的影响后，则丧葬情况又有变化，并最终呈现在武威吐谷浑墓葬当中。

我们认为吐谷浑传承自鲜卑传统的丧葬习俗包括以下几点。其一，吐谷浑墓葬一般不起封土，而且还刻意将墓葬填土散布开，以起到潜葬的效果。这正与史书记载鲜卑"死则潜埋，无坟垄处所"[6]的情况相对应，类似肃南大

1　（唐）令狐德棻：《周书》卷五十《异域下》，中华书局，1971年，第913页。

2　（后晋）刘昫：《旧唐书》卷一九八《西戎传》，中华书局，1975年，第5298页。

3　周伟洲：《吐谷浑史》，商务印书馆，2021年，第104页。

4　周伟洲：《吐谷浑史》，商务印书馆，2021年，第104页。

5　沙武田、陈国科：《武威吐谷浑王族墓选址与葬俗探析》，《考古与文物》2021年第2期，第79—86、100页。

6　（南朝）沈约：《宋书》卷九十五《索虏传》，中华书局，1974年，第2322页。

长岭[1]、都兰哈日赛沟[2]等地的吐谷浑墓葬也具备相似特征。其二，墓葬当中普遍存在殉牲。其三，在墓葬中使用前高后低、前宽后窄的梯形棺葬具。其四，在承放葬具的棺床上、葬具内大量铺就桦树皮。其五，"牛岗辟壤、马鬣开坟"的墓葬选址特征。其六，存在烧殉及烧物现象。

到达青藏高原以后吐谷浑丧葬习俗所产生的变化包括：其一，由于自身生业模式的转变，以及受到北方草原民族特别是吐蕃系民族的影响，殉牲情况由头蹄葬改为以殉葬整只牲畜为主，特以整马殉葬最为常见；其二，受到北方草原民族影响，存在"以刀劙面、毁肤失容"的丧礼传统。进入唐朝境内之后吐谷浑丧葬习俗产生的变化包括：其一，墓葬坐北朝南设置；其二，在长斜坡墓道内殉牲。

三、慕容智墓的发掘与出土文物

2019年，甘肃省文物考古研究所联合武威市文物考古研究所、天祝藏族自治县博物馆对吐谷浑喜王慕容智墓进行了抢救性发掘。经发掘可知，该墓为带长斜坡墓道的单室砖室墓，由墓道及壁龛、封门墙、墓门、甬道及墓室等几部分组成，平面近瓦刀形，方向170度。[3]墓道内随葬整马及木质旌旗杆、调色石等，底部东、西两侧壁龛内随葬仪仗俑群。甬道正中放有墓志，墓志北侧为木质武士俑和镇墓兽。方形墓室内分东、西两部分，其中东侧偏南随葬陶骑马仪仗俑、家畜家禽和木建筑模型、胡人俑、马、骆驼等，偏北侧为1件大型彩绘木床

榻，东北角随葬1件六曲屏风（图2）。

墓室西侧放棺床，棺床从下至上依次铺有白灰、桦树皮、丝织品各一层，丝织品上再置棺木及随葬品。棺床东南侧放置铁甲胄、马具、胡床等，东北侧放置漆盘、陶罐、谷物袋等。棺床西侧中部头北尾南放置梯形木棺一具，木棺由弧形棺顶盖、箱式棺和棺座三部分组成，总长2.55米、宽0.76—0.94米、高1.05—1.19米。其中弧形棺顶盖置于箱式棺之上，与箱式棺之间用6枚铁棺钉固定。棺顶盖两端各有一半圆形木板，以榫卯结构与下方的箱式棺相连。箱式棺整体密封，由盖板、侧板、挡板和底板组成，除盖板与侧板间横木用8枚铁棺钉连接以外，其余部分皆用榫卯结构套合而成。箱式棺总长2.43米、宽0.74—0.87米、高0.7—0.76米。箱式棺下为"目"字形框架棺座，棺座四边由4块厚木板相互榫卯套合而成，内部卯接有3根横木条，四角斜向各卯接1根短木条。棺座总长2.49米、宽0.65—0.79米、高0.15—0.16米。

棺顶部覆盖有三层丝织品：第一层为4件丝织衣物，第二层为4件丝织衾被叠压覆盖全棺，第三层为1件黄地大象纹锦荒帷覆盖全棺。棺顶盖与箱式棺之间未见遗物，南、北端的半圆形木板上贴覆有自棺内延伸出的丝织品，表面分别绘玄武、朱雀图案。箱式棺内顶部整体悬挂1件丝织品，上绘银河、日、月、星辰图案；东、西侧板各挂有1件丝织品，其上分别绘青龙、白虎图案。棺内墓主人遗骸上还覆盖有三层遗物：第一层为1件米黄色绢及纸钱串等，第二层为1件棕地鸾鸟纹锦，第三层为1件红、黄相间条纹状丝织物。棺内第三层衾被之下为墓主人遗骸及各类随葬品（图3）。

墓主人仰身直肢，头北足南置于棺木中央。头戴帽，枕鸡鸣枕，面盖覆面，身着13层服饰，胸部东侧放置象牙笏板，腰系蹀躞

1　仝涛：《甘肃肃南大长岭吐蕃墓葬的考古学观察》，《考古》2018年第6期，第94—104页。

2　许新国：《连珠纹与哈日赛沟吐谷浑古墓发掘》，《青海民族大学学报（社会科学版）》2011年第4期（总第37辑），第89—91页。

3　慕容智墓整体发掘情况已有报道，参看甘肃省文物考古研究所等：《甘肃武周时期吐谷浑喜王慕容智墓发掘简报》，《考古与文物》2021年第2期，第15—38页。

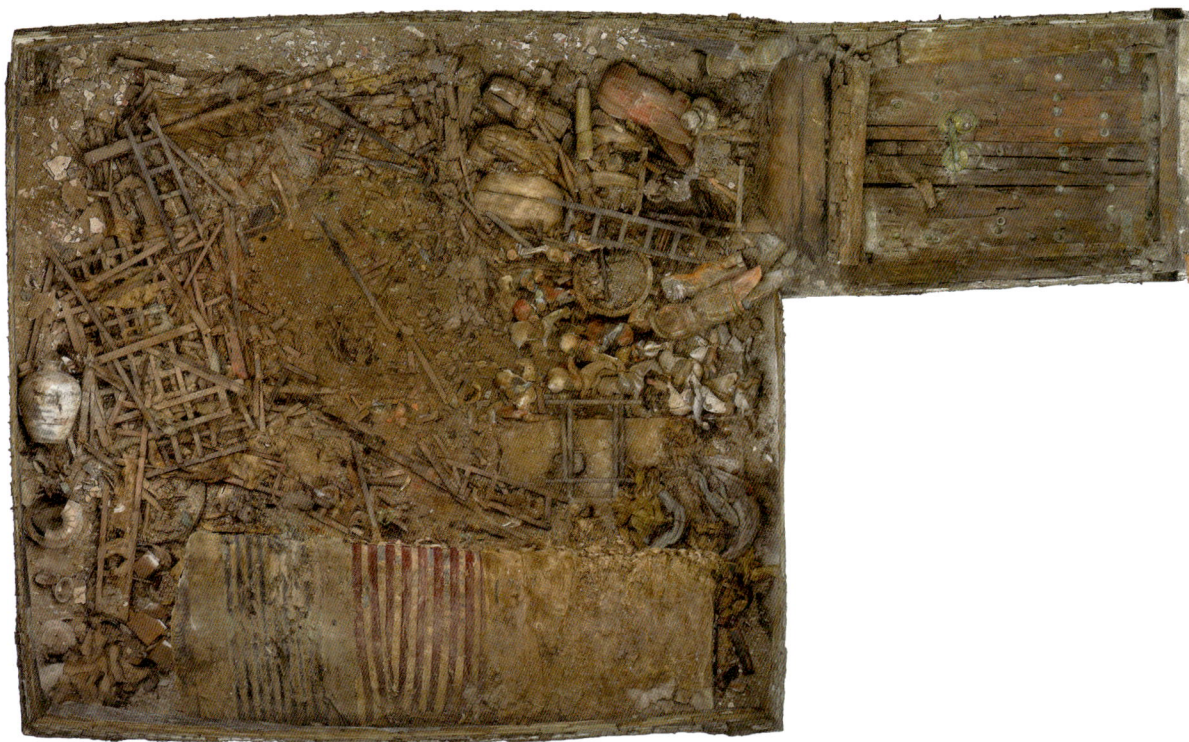

图 2　慕容智墓及甬道正射影像

图 3　慕容智墓墓室棺内墓主人遗骸及随葬品

带，足穿靴。各类随葬品摆放于墓主身边，自北向南，墓主头部西侧有银胡瓶、罐、盘等金银餐具及漆文具盒、皮质手套等；头部东侧有谷物袋和漆梳妆盒；身体西侧有豹皮弓韬、贴金花黑漆胡禄，东侧有一抱婴女俑；足部西侧有银碗 1 件、绣花鞋 1 双，东侧有丝织网络 1 件。除此之外，还有数层丝织衣物叠压置于墓主人周边。棺内墓主人遗骸下铺一层丝织衾褥，其下依次铺桦树皮、石灰和木炭各一层。

墓内出土随葬品数量较多，种类丰富，包括陶器、金属器、木漆器、丝织品等 800 余件（组）[1]。

1　详见甘肃省文物考古研究所编著：《王国的背影：吐谷浑慕容智墓出土文物》，文物出版社，2022 年。

（一）木　器

种类有镇墓兽、武士俑等镇墓神煞俑，胡床、马鞍等生活用器，木质床榻及其组件，列戟屋等建筑模型，马、骆驼等动物，以及胡人俑等人物俑和碓、磨等生活用具模型。

1. 木质床榻及其组件

彩绘木质床榻共分上、下两层，已坍塌。上层见有朱雀、玄武、仙鹤等，下层见有各类人物俑（见图4）、乐器模型、条几等。

双髻女俑MS:77，直立状。头束双髻，弯眉，凤眼，小鼻丹唇。上身着墨绿色阔袖长袍，下身着长裙，足部呈半球形。高13.2厘米。

半身男俑L:86[1]，头戴黑幞头，面庞丰满，浓眉，细眼，圆鼻，丹唇下撇，细颈。高12.6厘米。

半身高髻女俑L:88，头束高髻，面容丰腴，粗眉，细目，小鼻，小嘴，颊饰圆靥。头侧以金、白色颜料绘出发饰。下部连接方柱形木杆。高17.5厘米。

木玄武MS:83，由一龟一蛇组成。龟首昂起，匍匐爬行，龟背扁圆，四肢粗短。一蛇蜷曲缠绕于龟体之上，尾部及头部抬起，相会于龟背上方。长13.5厘米、高10.7厘米（见图5）。

2. 建筑模型

建筑模型MS:25，下部有两块长方形底座，之间卯接一根木条。底座上各有立柱两根，立柱间卯接平梁，立柱及平梁上共卯接三根木椽，形成面阔一间、进深一间的建筑。底座及木条皆涂黑，立柱、平梁及木椽皆涂红。宽19.8厘米、高14.4厘米。

图4　出土木俑

3. 人物俑及其组件

该类包括胡人俑、胡禄等。

胡人俑MS:33，立姿。头戴黑色尖顶帽，面庞丰满，粗眉，圆眼，双唇紧闭，八字胡下撇。上身着青灰色翻领窄袖长袍，内衬朱红色圆领窄袖衣，下身穿朱红色长裤，足蹬黑色高勒靴。身体略后倾，右臂微曲，左前臂前伸，双手握拳，挺胸站立。高56.7厘米。

胡禄MS:43，横截面呈扁圆形，一端微束腰。主体以黑色颜料绘虎皮纹。长19.5厘米。

4. 生活用具模型

该类包括木碓、磨等。

碓MS:29—1，平面呈长方形，由底座、附架与长杆组成，底座上带臼窝。长杆接在附架的横挡上，前端下方凸出一根击棒。击棒及臼窝涂有石绿色颜料。长19.8厘米、宽5.8厘米（图6）。

（二）陶　器

种类有罐、盆等生活用器，彩绘立人俑、骑马俑等仪仗俑群，以及狗、羊、鸡等家畜家禽。

1. 仪仗俑群

该类主要由风帽俑、双髻女俑、文官

1　由于半身木俑及乐器模型等皆为大型彩绘木质床榻的一部分，因此其编号均为临时编号。

图 5　木玄武（MS:83）

图 6　碓（MS:29-1）

图 7　陶羊（MS:38）

图 8　金银餐饮器具（G:10-12）

俑、骑马俑组成。以泥质红陶为主，内部多夹铁芯。

　　骑马俑MDK1:2，头戴黑色笼冠，身形消瘦，五官轮廓不清。身着橘红色阔袖长袍，双手抱于胸前，骑坐于马背上。青灰色马直立于长方形托板之上，勾首直颈，宽胸阔臀，目视前方。通高38.5厘米。

　　文官俑MDK1:7，直立状。头戴平巾帻，面庞丰满，蹙眉低眼，丹颊红唇，唇边有一圈胡须。身着淡蓝色阔袖袍，内着白色圆领衫，

黑色靴头露出。双手拱于胸前，交抱处留有小孔，原当持物。高23.5厘米。

　　2.家畜家禽俑

　　该类包括鸡、羊、狗三类。

　　鸡MS:42，卧姿。昂首，弯颈，双翅微张，尾部上翘，卧于长方形托板之上。周身以黑、红彩涂饰。长11.2厘米。

　　羊MS:38，卧姿，体态较肥。昂首，无角，两眼圆睁，双耳下垂，卧于长方形平托板之上。长15.5厘米（图7）。

（三）金属器

材质包括金、银、铜、铁等，种类可分为生活用器和武器装备两类。其中金银器主要为餐具、腰带饰及马鞍上的节约、革带饰，铜器包括锁、各构件上的铜饰件等，铁器有刀、箭、甲胄等。

1. 生活用器

该类包括餐饮器具、发钗、腰带饰等。

金银餐饮器具 1 组（G:10—12）。包括银罐、盘和胡瓶。银盘内放置 1 件素面金碟、2 件折腹银碗、3 件素面银碟、1 件凤鸟纹银碟和银勺、匙各 1 只以及银筷 1 双（图 8）。

金发钗 1 组 2 件（G:71—2）。一长一短，形制相同。钗首呈"冂"字形，云头状，连接两条圆柱形钗尾。长 12.7 厘米、8.7 厘米。

2. 武器装备

该类包括铁刀、箭、甲胄及鎏金银马具等。

铁甲胄 MS:88，由胄、身甲、裙甲等几部分组成，平铺放置。为大小不同的数种甲片以丝线编缀而成。甲片长 4.2—6.4 厘米、宽 1.3—3 厘米（图 9）。

（四）丝织品

种类包括幞头、袍、半臂、衫、裤、护膝、鞋、袜、靴等丝织品服饰，以及被、褥、荒帷、镜衣、物垫等丝织物品。

幞头 G:16—1—5，长方形，深褐色碎花纹罗制成。长 99 厘米、高 47 厘米。

袍 G:29—1，右衽，长袖。主体为紫色团窠对凤纹绮，袖口为黄地团窠对狮纹锦，内衬黄绢。衣长 135 厘米、通袖长 243 厘米（图 10；图 11）。

半臂 G:44，右衽，半袖状。上半部为深黄地缠枝团窠鹿纹锦，下半部为深蓝色菱格纹罗，内部整体衬有灰绿色重格菱形纹绮。长 93 厘米、宽 86—57 厘米（图 12）。

护膝 G:57，圆形。正面中间为黄地团花纹锦，四周以土黄色罗作缘，背面整体衬有黄绢。直径 30 厘米。

裤 G:66，短裤，单层散点菱花纹罗缝制。长 70 厘米（图 13）。G:55，长裤，外为土黄色散点菱花纹罗，内衬黄绢。长 93 厘米（图 14）。

鞋 G:24，尖头船形，鞋头微翘。鞋面及鞋

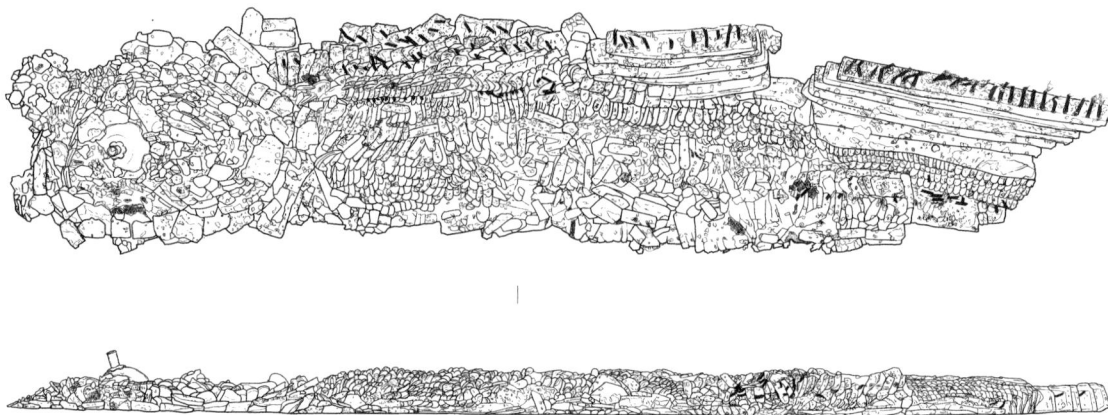

图 9　出土铁甲胄（MS:88）平面、立面

0　　　20厘米

图 10　丝织袍（G:29－1）

图 11　丝织袍（G:29－1）复原

图 12　丝织半臂（G:44）复原

图 13　丝织短裤（G:66）

图 14　丝织长裤（G:55）

帮为灰绿色罗，其上以黄、绿两种丝线绣出缠枝花卉。边沿以浅黄色绮作缘并制成鞋带。鞋头及鞋帮内部以浅黄色罗作衬，鞋跟处内衬为浅黄色锦。鞋垫为浅黄色菱形纹绮，并缝有绿地方胜纹织金缂丝带。鞋底用浅黄色绮制作，并用深黄色丝线分三段螺旋状纳底。长 27 厘米、底宽约 8.5 厘米、高约 6 厘米。

袜 G:33—1，土黄色团窠纹绮缝制。长 25 厘米（图 15）。

靴 G:53，长筒状。上半部为黄地团花纹锦，下半部为黄色菱花纹绮。长 90 厘米（图 16）。

镜衣 G:16—1—2，圆形。正面呈四瓣状，中心连接纽绊。正面主体为深紫地花瓣纹锦，四瓣边沿、镜衣边缘及背面主体为明黄地团花纹锦；内衬黄绢。直径 12.5 厘米。

丝织物垫 G:16—1—13，圆角长方形，黄地碎花纹锦缝制而成。长 24.5 厘米。

丝织物袋 G:16—1—11，圭形。土黄色碎花纹罗缝制而成，表面以黄、绿色丝线刺绣花鸟纹饰。长 14 厘米（图 17）。

图 15　丝织袜（G:33—1）

图 16　丝织靴（G:53），见第 90 页

图 17　丝织物袋（G:16—1—11）

四、小 结

武威唐代吐谷浑王族墓葬群考古，特别是慕容智墓的考古发掘，集中出土了一大批如胡床、六曲屏风、大型木质床榻、成套武器装备、列戟屋模型、笔墨纸、白葡萄酒实物、完整棺木等珍贵遗物，皆为国内同时期相关遗物首次或罕见的发现，还首次发现了吐谷浑文字，这对于吐谷浑史和唐代物质文化史的相关研究具有重要价值。在发现的珍贵遗物中，又以大批量丝织品的出土最为难得。这批丝织品绝大多数保存相对完整，年代明确，类型多样，形制清晰。其中绢、绮、绫、锦、罗、缂丝等传统丝织品种类兼备；团窠纹、对狮纹、翼马纹、对鹿纹、孔雀纹、麒麟纹等纹样兼备；扎染、刺绣等丝织品制作工艺兼备；幞头、袍、衫、裤、袜、靴等服饰兼备；被、褥、荒帷、镜衣、覆面等制品种类兼备。为国内外考古发现所罕见，甚至可以说是唯一，是极为难得的初唐丝织品类型标准器群，在考古、艺术、文化、科技等方面具有极高的研究价值。

总之，近年来武威唐代吐谷浑王族墓葬群的考古发掘和文物保护工作，通过多学科合作、系统区域调查和科学考古发掘，使人们对该墓葬群分布、结构、体系、内涵方面有了全新的认识。其中出土的大量精美遗物和墓志文字，为研究唐代吐谷浑王族谱系、吐谷浑墓葬及相关问题提供了重要材料，也为研究和复原唐代高等级墓葬及其葬制葬俗等提供了重要借鉴，还丰富和拓展了丝绸之路物质文化资料，对推动唐与丝绸之路沿线民族关系史、交通史、物质文化史、工艺美术史等相关领域的研究具有重要价值。

都兰系统金银器概说

四川大学历史文化学院　霍　巍

　　所谓"都兰系统金银器"，是指青海都兰热水吐蕃墓葬中出土的金银器系统，它和笔者过去讨论过的"吐蕃系统金银器"[1]在相当程度上是彼此重合的。这是因为，迄今为止在青藏高原所发现的唐代吐蕃时期金银器当中，绝大部分均为都兰热水墓地出土，而在西藏本地这一时期的古代墓葬中却发现其少。换言之，都兰系统金银器，从某种意义上而言可以代表和体现这个时期吐蕃系统金银器的基本面貌和工艺水平，也能较为全面地反映吐蕃系统金银器的文化特点。当然，无论如何，青海都兰吐蕃墓地由于其形成的历史背景，具有较西藏本地更为复杂的文化因素，与西藏本地的吐蕃金银器之间既存共性，也有特性。不过，在更多的西藏本地考古材料发现之前，透过都兰系统金银器来认识吐蕃系统金银器，如同给我们开启了一扇窗口，应是可行之道。

一、吐蕃人高超的金银器工艺

　　古藏族自称为"蕃"（Bod），汉文史书中将其记载为"吐蕃"，在中亚和西方史料中记载为"Tibet"。它几乎与中原唐帝国（618—

907）的同时兴起，吐蕃在其与周边各部族的兼并斗争中逐渐强大起来，形成雄踞于青藏高原的悉补野家族统治下的一个地方性政权，并于7世纪定都逻些（今拉萨），历史上称其为吐蕃王国。其在不断向外扩张中，将原属吐谷浑故地的青海地区也纳入统治范围。

　　吐蕃王国时期，随着与中原地区不同方式密切的交流，吐蕃深受汉文化的影响，同时由于其有效掌控了西域和丝绸之路，与中亚、南亚等周边各国的文化交流也在不断增进，其经济文化的发展逐步达到了较高的水平。在吐蕃的手工业产品当中，金银器制作成为吐蕃王国一个重要的手工业门类。由吐蕃制作生产的金银器，更是经常作为向唐朝贡献的礼品而见诸史料记载。吐蕃金银器不仅种类繁多，而且制作精美，广泛涉及吐蕃社会生活的各个方面。如同美国学者薛爱华（Edward Hetzel Schafer）在其名著《撒马尔罕的金桃》（中译本名为《撒马尔罕的金桃：唐代舶来品研究》）中所指出的那样："在对唐朝文化做出了贡献的各国的工匠中，吐蕃人占有重要的地位。吐蕃的金器以其美观、珍奇以及精良的工艺著称于世，在吐蕃献给唐朝的土贡和礼品的有关记载中，一次又一次地列举了吐蕃的大型金制品。吐蕃

---

[1] 霍巍：《吐蕃系统金银器研究》，《考古学报》2009年第1期，第89—128页。

的金饰工艺是中世纪的一大奇迹。"[1]

据汉文文献记载，唐太宗伐辽东还，吐蕃派遣使节禄东赞来贺，奉表称"夫鹅犹雁也，故作金鹅奉献""其鹅黄金铸成，高七尺，中可实酒三斛"（《册府元龟》卷九七〇《外臣部·朝贡三》）。吐蕃派遣使者前来唐朝朝贡，多以精心制作的金银器作为贡品，"吐蕃赞普遣使献金城，城上有狮子、象、驼、马、原羝等，并有人骑。并献金瓮、金颇罗等"（《册府元龟》卷九七〇《外臣部·朝贡三》）。吐赞使节前来唐朝请婚和亲，带来的特产中少不了金银器，"吐蕃赞普遣使来请婚，仍献金球阙及牦牛尾"（《册府元龟》卷九七九《外臣部·和亲二》）。吐蕃所贡献的金银器种类繁多，文献记载有"金胡瓶、金盘、金碗"（《旧唐书·吐蕃传》）等。在遣使求婚金城公主时"又别进金鸭盘、盏、杂器物等"（《旧唐书·吐蕃传》）。在与唐朝的交往当中，金银器常常被作为吐蕃的重要信物，"今奉皇帝金铛、马瑙、胡瓶、羚羊、衫段、金银瓶盘器等，以充国信"（《册府元龟》卷九七九《外臣部·和亲二》）。由于吐蕃贡献的金银器造型奇特、制作精良，不仅深得唐朝皇帝的喜爱，唐太宗时还专门举办了类似于今天的"博览会"以示群臣，"吐蕃遣使贡献方物，金银器玩数百事，皆形制奇异。帝令列于提象门外，以示百僚"（《册府元龟》卷九七一《外臣部·朝贡四》《旧唐书·吐蕃传》）。

唐朝使节在奉诏前往吐蕃时，也曾在吐蕃宫廷中目睹了吐蕃赞普（国王）大量使用金银器作为装饰的豪华场景。如唐使刘元鼎出使吐蕃，见"赞普坐帐中，以黄金饰蛟螭虎豹，身被素褐，结朝霞冒首，佩金缕剑"（《新唐

书·吐蕃传》）。类似的情况在藏文史料中也可见到。如敦煌古藏文写卷 P.T.1287 记载吐蕃赞普在攻下象雄之后，在与群臣宴饮时作歌云："在山谷里跑马，马不会把金鞍摔碎。"在同一写卷中记载吐蕃贵族噶尔家族受到赞普赤都松嫉恨，后者在歌词中唱道："在黄金箭筒里，有一支绿松石之箭，不射它，杀不死鹿，射出它，筒子就空了。"敦煌古藏文写卷 P.T.1042 是一份专门记载吐蕃时期苯教丧葬仪轨的卷子，其中在描写用于墓地中作为牺牲的"遮庇羊"时称："遮庇羊……装饰是右角上缠绕金链，左角上缠绕银链。"这类金马鞍、金箭筒、金银链条等很显然都与吐蕃民族的游牧、征战生活习俗有关，也从一个侧面反映出吐蕃金银器在其本民族中流行的情况。

虽然文献有如此丰富的记载，但真实的历史状况又是如何呢？在青海都兰热水墓地出土的金银器面世之前，一切都还隐藏在历史的烟云之中。

二、都兰系统金银器的发现

青海都兰热水墓地的发现，是 20 世纪中国边疆考古学的一项重大收获。据不完全统计，都兰县境内的吐蕃墓葬迄今为止已发现近千座，主要分布于热水墓地、英德尔墓地、夏日哈墓地等处，是青藏高原北部地区面积最大、数量最多的吐蕃墓群。其中等级最高的墓葬主要集中于都兰县热水乡的血渭草原，包括当地号称"九层妖楼"的"血渭一号大墓"[2]。由于盗墓严重，经科学考古发掘出土的金银器为数很少。较早见诸披露且数量较丰的一批金银器为香港某私人收藏家所藏，虽然当时并无任何关于这批金银器的背景和考古线索，但包

1　转引自［俄］B. A.李特文斯基：《唐帝国统治下的西域与吐蕃王国》，载《中亚文明史》，中国对外翻译出版公司，2003 年，第 350 页。

2　即"热水一号大墓"。许新国：《都兰吐蕃墓葬发掘与研究》，载《西陲之地与东西方文明》，燕山出版社，2006年，第 132—141 页。

括笔者在内的一些学者推测，其极有可能与青海都兰吐蕃墓群有关。[1] 近年来，在血渭一号大墓的东侧约 400 余米处又有一座大墓被盗，史称 2018 年"3·15 热水墓群被盗案"，大批盗掘所出金银器被公安机关缉获。其中一些金银器的器型、制作工艺甚至组件均与此前流传于市面上的金银器相似[2]，由此证明这两批金银器极有可能同出一地。这座大墓后经国家文物局批准后进行了正式的考古发掘清理，从中又出土了不少劫后余生的金银器，其中包括一枚驼印纹古藏文银质印章。这座被盗的大墓后来被命名为"2018 血渭一号墓"，并入选当年度的"全国十大考古新发现"，从而与另一座"血渭一号大墓"共同扬名于海内外。

依据这两座大墓中所出土的金银器，我们可以从中窥见都兰系统金银器的基本面貌和主要特点。首先，从器物类型上看，包括容器、马具饰片、牌饰、首饰等各种日常用品，也有专为丧葬制作的覆面、下颌托等物，在乌兰县的泉沟一号墓中，甚至还出土了暗藏在木制暗箱中的王冠，体现出金银器在吐蕃系统文化中使用的普遍程度。其次，这些金银器表面的纹饰，带有强烈的欧亚北方草原文化的特征，主纹常以飞马、翼兽、大角羊（原羝）等神灵动物为主体，同时也采用了北朝至唐代以来常见的卷草、忍冬、葡萄纹、缠枝花草等作为底纹或装饰纹样，集中展现了唐代吐蕃对豪放、粗犷的北方草原游牧民族文化和汉地高度发达、典雅的城市文化精髓的吸纳与再造。再次，从制作工艺和风格特色上看，广泛融合了当时唐代中原、北方突厥，以及中亚波斯萨珊、粟特等多种文化的因素，从金银器中折射出丝绸之

路文化的波澜壮阔和中外文化之间的交流互鉴。下面，我们试举出一些典型的例证略加说明。

（一）容　器

容器是以往出土金银器中保存最少的。在都兰系统金银器中，制作最为精美者，首推各类容器，常见的种类有瓶、杯、碗、盘等。2018 血渭一号墓中分别出土有金胡瓶、錾指杯、贴金银盘等物。四件金胡瓶为锤揲而成，器形侈口、细颈、圈足，颈腹部和圈足有套焊痕迹，表面光洁无纹。[3] 这种器物曾见于青海郭里木出土的吐蕃棺板画所绘制的宴饮场面当中，可能用作酒器（见图 1）。

錾指杯这种器形的祖型是外来的，属于西方常见的一种器形。热水墓地出土的金錾指杯胎体厚重，平錾上有简单的卷草纹饰，敞口、腹部有折棱一周，表面素洁无纹。从制作工艺上看，主要采用西方金银器中最为常见的锤揲法，器身布满锤揲纹，錾指和圈足系焊接而成。与之可以比较的是青海乌兰泉沟一号墓中出土的另一件錾指杯，这件精美的器物和一顶鎏金的银质冠饰同出于墓室的暗格木箱之中，朝向冠饰置放，显然系死者生前喜爱之物。杯口为四等分的花瓣纹，敞口、方唇，沿口沿外缘装饰一周金珠、錾刻绳索纹和镶嵌绿松石，器表雕刻组合为不同造型的叶脉花瓣，板面上也镶嵌了大量绿松石，外缘上焊金珠，外侧四面各以绿松石镶嵌出展翅的小鸟造型，中心底面以绿松石镶嵌出四朵花瓣。[4] 很显然，青海出土的这类錾指杯是在吸纳外来文化的基础上，融入了大量的本土因素，尤其是在器表镶嵌大

1　苏芳淑主编：《金曜风华·赤狨青骢——梦蝶轩藏中国古代金饰》卷 II，香港中文大学出版社，2013 年。

2　首都博物馆、青海省博物馆：《山宗·水源·路之冲——一带一路中的青海》，文物出版社，2019 年。

3　首都博物馆、青海省博物馆：《山宗·水源·路之冲——一带一路中的青海》，文物出版社，2019 年，第 219 页。

4　中国社会科学院考古研究所等：《青海乌兰县泉沟一号墓发掘简报》，《考古》2020 年第 8 期，第 29、32 页。

图 1 出土金胡瓶

量绿松石的做法，体现出唐代吐蕃金银器装饰工艺的一大特征。

还值得一提的，是热水墓地出土的一件人物鎏金银盘。这件器物原有圈足，但已逸失，图案上尚可辨识出三个人物，盘上部中心为一棵葡萄树[1]，这样的构图很容易让人想象到西方神话中的酒神形象。笔者推测这极有可能是这一神话在中土流传的遗痕。但在平底的银盘上加饰以圈足，则又显示出其制作和使用的过程中又都留下了本土化——亦即"中国化"的痕迹。此墓中与之同出的盘还有数件，其中一件"人物纹贴金锡盘"上的中心图案为设帐宴饮，周边饰有胡服人物牵马、骑射飞奔等图像，其间饰以山石、飞鸟、花草、奔狮等纹饰[2]，也让人联想到青海本土所出土的棺板画上的场景，很可能是用于吐蕃重大祭祀场合上的器物，其产地则为中国本土无疑。意大利学者康马泰（Matteo Compareti）在其有关青海吐蕃金银器的论文中，曾论及两件都兰墓群出土的金银器，分别是一件有翼人身鱼尾金饰片和一件鎏金银盘，他认为第一件金饰片虽带有强烈的伊朗色彩，但很可能是吐蕃当地的产品；第二件银盘体现了希腊装饰元素，可能是来自东罗马帝国或者巴克特里亚的舶来品[3]，可能忽略了银盘的一些细节。

（二）马 具

对于高原上的骑马民族而言，马具是游牧民族最为喜爱的物品，它们被用来精心装饰游牧民族心爱的宝马，使其更加雄健威武。将黄金使用在马具装饰之上，在吐蕃文献中早有记载。如敦煌古藏文写卷 P.T.1287 记载，吐蕃赞普在攻下当时西藏高原上最为强大的另一个部落联盟——象雄王国之后，兴奋之余与群臣宴饮作歌："在山谷里跑马，马不会把金鞍摔碎。"

---

1 首都博物馆、青海省博物馆：《山宗·水源·路之冲——一带一路中的青海》，文物出版社，2019 年，第 221 页。

2 首都博物馆、青海省博物馆：《山宗·水源·路之冲——一带一路中的青海》，文物出版社，2019 年，第 220 页。

3 [意]康马泰著、李思飞译：《青海新见非科学出土奢华艺术品：吐蕃统治区域的伊朗图像》，《敦煌研究》2020 年第 1 期，第 17—18 页。

可见使用"金鞍宝马"是吐蕃权贵们的流行时尚。那么，什么是金鞍？实际上大约就是指这种在马鞍表面用黄金饰片加以装饰的马鞍。从都兰系统金银器来看，这类饰片的上沿和下沿往往遗有若干圆形的小钉孔，可知其系用铆钉固定安装在马鞍的鞍桥外表。从有的鞍桥饰片上还可以观察到鞍桥的木胎残片与黄金饰片之间残余的丝绸，由此可知其具体的装饰方式，是将预制成的金质鞍桥饰片衬垫以丝绸再用钉子钉在马鞍的木胎之上。都兰系统金银器当中，这类马具饰片出土较多，可辨识出马鞍前、后桥上的装饰金片。除此之外，还有可能是施于马具带饰上的带銙和马体各部位的装饰物（如杏叶、缨坠、铃铛等），这类装饰物也较为多见，充分反映了游牧民族喜爱以黄金装饰宝马的传统习俗。

（三）牌　饰

都兰热水吐蕃墓葬中早年便出土过一批金银牌饰，制作工艺十分精美，分别采用了捶揲、掐丝、錾刻、钻孔、抛光、焊接、镶嵌等工艺，用金丝做成联珠纹、鱼子地纹，中央用金片做成金花，并在花瓣内镶嵌绿松石。在2018血渭一号墓中，又再次发现了多种类似的金银牌饰。其中造型为方形、长方形、几何形的一类金银牌饰多为饰片，在其边缘或四角上可以观察到可用来穿缀的小孔，由此可知其用途是用于装饰在其他物体表面。如墓中出土的贴金鹿纹银饰片、八角形缠枝金饰片、镂空方形大角鹿金牌饰等（见图2）。[1]

在这各类牌饰当中，不排除有些可能使用于帐篷、家具等表面装饰，可使其显得富丽堂皇。但还有一种可能性也值得重视，即其中是否有所谓吐蕃王朝官制中的"告身"之物，有待加以辨识。所谓"告身"，有些相当于今天的"委任状"和"军衔"标识，前者可以是纸质或其他材质，后者则多与金银等贵重金属有关。在汉藏文献古籍当中，对吐蕃贵族官员当中流行的所谓"官之章饰"与"告身制度"曾有不少记载。如《新唐书·吐蕃传》载，吐蕃王朝"其官之章饰，最上瑟瑟，金次之，金涂银又次之，银次之，最下至铜止，差大小，缀臂前以辨贵贱"。《册府元龟·外臣部·土风三》载，吐蕃"其设官，父死子代，绝嗣则近亲袭焉。……大略其官之章饰有五等，一曰瑟瑟，二曰金，三谓金饰银上，四谓银，五谓熟铜。各以方圆三寸褐上装之，安膊前以别贵贱"。同书又载："爵位则以宝珠、大瑟瑟、大银、小银、大瑜石、小瑜石、大铜、小铜为告身，以别高下。"藏文文献中也有类似的记载，如《敦煌吐蕃历史文书》载，吐蕃赞普朗日伦赞与韦氏义策等父兄子侄七人盟誓云："义策忠贞不贰，你死后我为尔营葬，杀马百匹以行粮，子孙后代无论何人，均赐以金字告身，不会断绝。"藏文典籍《德乌宗教源流》也载称吐蕃之"六告身"之制为："六告身即金、玉二；颇罗弥二；铜、铁二告身。又分为那储和乃储二类，乃储即六小告身：银、黄铜、青铜、铜、上等铁告身、水纹木牌告身。作战勇士授予铁文字告身，一般属民授予木纹木牌告身。"[2]长期以来，除了对于告身之制进行文献上的梳理考订之外，学术界一直期待能够有"告身"的考古实物出土。告身既然可以"褐上装之"，"安膊前以别贵贱"，在考古出土的吐蕃金银牌饰当中，这些可以缝缀在他物之上的牌饰，或许就隐藏有"告身"于其中。

1　中国社会科学院考古研究所等：《青海都兰县热水墓群2018血渭一号墓》，《考古》2021年第8期，第61—64页。

2　转引自陈波：《公元10世纪前西藏的黄金、黄金制品及相关问题的研究》，《中国藏学》2000年2期，第69页。

图 2　出土牌饰

（四）首　饰

都兰系统金银器中，发现过一批极为精美的首饰，如2018血渭一号墓中出土的一件双狮日月金牌饰，就是其中一件精品。这件金器为整体铸造，重达45克。中心图案各浮雕一座带翼蹲坐的雄狮，两狮相向，昂首张口，分衔日月，狮身上下各镶嵌一颗紫色水晶，向上的枝蔓和下方的一组团花上也镶嵌有大量的绿松石，造型极为优美。同墓还出土有一件镶绿松石的金凤钗，钗头饰有一回首翘尾的立凤，通体两面均镶有绿松石，也是首饰中的精品。最值得关注的是在此墓主室中还随葬有一条镶绿松石的金链，金链由三根链条组成，每根链条又由四股8条金线编织而成，编织的花纹呈"人"字形结构，工艺极为精细。金链的两端各有方形的搭扣，搭扣的一侧有扣环，搭扣上镶嵌绿松石。类似这样的金链，以往在欧亚草原所谓"斯基泰"系统的墓葬中也曾有过发现，金链的编织方法均为"人"字形结构，可见吐蕃工匠也已经娴熟地掌握了这项金链编织工艺，同时又融入了吐蕃人自身喜爱的镶嵌绿松石的做法。[1]

从文献记载来看，青藏高原可归入吐蕃系统的古代各部族，历史上都有喜爱以黄金作为首饰、服饰的习俗。如《册府元龟》所载"附国"条下："附国在党项西南数千里。其俗以皮为帽，形圆如钵，……王与酋帅金为首饰，胸前悬一金花，径三寸。"（卷九六一《外臣部土风三》）又"白兰国"条下："妇人以金花为首饰，辫发萦后，缀以珠贝。"（卷九六一《外臣部土风三》）又"东女国"条下："东女国，西羌之别种，在雅州西北。……其王服青毛绫裙，下领衫，上披青袍，其袖委地。冬则羔裘，饰

以文锦。为小鬟髻，饰之以金。耳垂珰，足履索鞞。"（卷九六〇《外臣部土风二》）都兰系统金银器当中出土的这些金银首饰，在实物形态上，远比文献记载的要丰富多彩。

三、独具特色的丧葬用器

都兰系统金银器当中，最具独特文化属性的，莫过于当中出土了一批明显是为丧葬行为制作和使用的金银器。早年香港梦蝶轩举办的展出中，便有一部分属于丧葬明器的金银器，十分引人注目，其中包括镶嵌宝石的黄金覆面、金质下颌托、金鞋、银缕头罩等物，都是用于死者殓尸的专用丧葬明器，对于研究吐蕃丧葬仪轨和丧葬习俗具有重要的学术意义。但遗憾的是由于当时没有考古出土背景，因此对许多问题的思考都还只能停留在推测阶段。在2018血渭一号墓的考古发掘清理过程中，出土了一批重要的实物资料，可与以往的传世品相互对照比较，科学价值大为提升。

首先是金面具上的五官组件。青海都兰热水墓地出土的这类面具的特点，是用金片与宝石镶嵌而成的单独的眉毛、眼、鼻、口等形态，可以拼合成为面部的五官。由于这类黄金面具的特点是由各自独立的五官拼合而成一套人脸面具，我们可以称其为"拼合型"面具。最早公之于世的这类黄金面具，是2013年在香港中文大学公开展出的"梦蝶轩藏中国古代金饰"中所见的三套黄金面具（展品说明中将其命名为"金覆面"），每套均分别由双眉、两眼、鼻子、口唇共计六件组合而成，制作方式是用黄金箔片为底，上面用金片制成不同的分格，在格内镶嵌以绿松石等宝石。[2]

2019年，首都博物馆举办了青海出土文物特展"山宗·水源·路之冲"，展品中有与上述

1　中国社会科学院考古研究所等：《青海都兰县热水墓群2018血渭一号墓》，《考古》2021年第8期，第61—62页。

2　苏方淑主编：《金曜风华·赤骍青骢：梦蝶轩藏中国古代金饰》，香港中文大学出版社，2013年，第115页，图24-A。

香港梦蝶轩出土的黄金面具形态几乎完全相同的一套黄金面具上的五官构件，分别由两眉、鼻子、嘴巴和双眼组合而成，只是这套黄金葬具中缺少了一只眼睛。[1] 在正式公布的 2018 血渭一号墓发掘简报中，披露了出土在该墓主墓室棺椁周围的一组两件"镶绿松石金覆面残件"，为残存的鼻和嘴两部分，在制作方法和造型特点上与此前见诸于世的同类器物相一致，均系用金片先铸成人面的鼻形和嘴形的框架，再用金丝依形状分隔成不同的空格，然后用各种形状的绿松石镶嵌于空格之内。[2]

虽然近年来在青藏高原考古中先后发现过多面金银制作的丧葬面具，但这类"拼合型"的黄金面具，据目前正式公布的资料还仅见于青海境内的都兰热水吐蕃墓地。另据媒体报道，近年来在西藏当雄吐蕃墓地的考古发掘中，也出土了一件这类拼合器金银面具组件的眉毛部分，这对于我们进一步深入探讨西藏本地和青海都兰地区吐蕃墓葬的源流关系及其丧葬习俗、丧葬制度方面的联系来说，无疑透出了一缕曙光。

新疆昭苏波马墓地中曾发现过一件年代下限在公元 6—7 世纪前后的黄金面具，很值得关注。它的衬底子是一件人脸形的黄金面具，上面捶拓出鼻、眼、口的大体轮廓，然后在双眼开出眼眶，在眼眶内镶嵌以珠宝。[3] 令人感兴趣的是，它的眉毛和胡子也采用了焊接镶嵌的方式，即"预制"好眉毛和胡子饰件，最后用焊接的方式连缀在面具的表面。这种将单独预制而成的黄金五官和某种特定材质的托底相互结合，最后形成一套完整面具的做法，与都兰

系统金银器中发现的金银面具颇有相似之处，两者之间的联系有待进一步观察。

我们注意到，在中国古代文献记载中，对于青藏高原古代部族当中黄金面具的制作与使用，也曾留下十分重要的历史线索，成为我们理解这一丧葬习俗所反映的文化意义的参照。如唐人杜佑所撰《通典·边防六》"大羊同"条下记载：

> 大羊同东接吐蕃，西接小羊同，北直于阗。东西千余里，胜兵八九万人。其人辫发毡裘，畜牧为业。地多风雪，冰厚丈余，所出物产，颇同蕃俗。无文字，但刻木结绳而已。刑法严峻。<u>其酋豪死，抉去其脑，实以珠宝，剖其五脏，易以黄金，假造金鼻银齿，以人为殉，卜以吉辰，藏诸岩穴，他人莫知其所，多杀牦牛羊马，以充祭祀，葬毕服除。</u>其王姓姜葛，有四大臣分掌国事。自古未通，大唐贞观十五年，遣使来朝。[4]

这段文献中所提到要对死者施以外科手术式的处理，要"抉去其脑，实以珠宝，剖其五脏，易以黄金，假造金鼻银齿"。结合近年来在西藏西部阿里地区故如甲木墓地、曲踏墓地等古墓中出土的黄金面具来看，这种古老的习俗的确流行一时。[5] 都兰系统金银器当中出土的这类与"金鼻银齿"吻合度极高的面具组件，大致上也应放到这个历史背景之下来考虑。

为何要在死者的面部覆盖以黄金面具？考古学者和人类学者都有过不同的解释，有的认

1　首都博物馆、青海省博物馆：《山宗·水源·路之冲——一带一路中的青海》，文物出版社，2019 年，第 223 页。

2　中国社会科学院考古研究所等：《青海都兰县热水墓群 2018 血渭一号墓》，《考古》2021 年第 8 期，第 64—65 页。

3　安英新：《新疆伊犁昭苏县古墓葬出土金银器等珍贵文物》，《文物》1999 年第 9 期，第 5—6 页。

4　转引自霍巍、霍川：《青藏高原发现的古代黄金面具及其文化意义》，《敦煌学辑刊》2019 年 3 期，第 146 页；原文出处为：(唐)杜佑撰，王文锦等点校：《通典》卷一九〇《边防典六·大羊同》，北京：中华书局，1988 年，第 5177—5178 页。下划线为霍巍、霍川所加。

5　仝涛、李林辉：《欧亚视野内的喜马拉雅黄金面具》，《考古》2015 年第 2 期，第 92—95 页。

为是代表着死者的地位与身份，也有的认为可能和企图保护死者遗容有关，还有的认为可能是为了避免死者生前的某些禁忌（如面容残损等）。都兰热水吐蕃墓地出土的黄金面具上，尤其突出了死者的五官。可以想见，这些用黄金制成的镶嵌着珠宝、绿松石的眉毛、鼻子、双眼和嘴唇，恰如文献中所记载的"金鼻银齿"，会让死者的面容得以重新塑造，不仅金碧辉煌，而且庄严可敬，既维护了死者最后的尊严，也体现出如同黄金和宝石一般永生不朽的深长意义。

香港梦蝶轩公开展出的金银器当中，和上述黄金面具组件中的五官同时展出的，还有一组也是用黄金箔片拓捶而成的下颌托，共计四件，包括额带、项圈、指环和下颌托。[1] 如果我们推测这组金器也出土于都兰热水墓地之中，则可将都兰系统金银器纳入一个更为广阔的时空框架之下，给我们提出了更多的思考和探索的空间。为死者制作和使用下颌托这种葬俗，从现有的考古资料来看，在西亚和中亚都曾十分流行。北朝至隋唐时期，这一墓俗在我国西北和中原地区也屡有发现，如大同南郊北魏墓群、宁夏固原九龙山、宁夏固原史道德墓等都有过此类器物出土。其中出土在宁夏固原史道德墓中的一套下颌托，由金额带与下颌托共同组成，下颌托的托部有开口，额带上有日月等图案，形制和宁夏固原九龙山唐墓所出者相似。死者史道德生前任唐给事郎兰池正监，是昭武九姓之后，其先祖曾居西域，后迁至固原。在史道德墓中出土的这组下颌托的额带上方，有新月和日轮的图案，带有浓重的域外色彩，在波斯萨珊和粟特人的装饰图案中十分流行。上述这些迹象均表明，都兰热水墓地出土的黄金面具和黄金下颌托这类丧葬明器，和在丝绸之路沿线的宁夏、山西等地区发掘的丧葬明器一样，已经受到更多的来自丝绸之路上多种文明的影响。[2]

综上所述，都兰热水墓地所在的柴达木盆地，既是吐谷浑故地，也被唐代吐蕃统治长达 170 多年，我们更能够从中观察到唐代吐蕃时期以吐蕃、吐谷浑等为体，古代多民族在青海地区交往、交流和交融的生动、鲜活而具体的若干历史场景。此外，从公元 5 世纪到 9 世纪，这一地区事实上已经成为中西交通的中心区域和"陆上丝绸之路"的主要干线之一。如同著名历史学家周伟洲先生所言："从青海向北、向东、向西、向西南，都有着畅通的交通路线，联系着中原与漠北、西域、青藏高原、印度等地的交往，其地位之重要，可想而知。"[3] 从历史上看，无论是吐谷浑人还是吐蕃人，都不仅不曾中断过这些对外交流的通道，而且还积极参与了丝绸之路上的各种政治、经济、文化、商贸、宗教活动，维护了这些通道的畅通，这在文献和考古两个方面都留下了大量丰富的证据。从这个意义上去透视都兰系统金银器，它们很显然都被打上了"高原丝绸之路"与外界交流、交通、交往的历史印迹，是东西方文明交汇于此所遗留下来的考古实物，弥足珍贵。

1　苏芳淑主编：《金曜风华·赤貂青骢：梦蝶轩藏中国古代金饰》，香港中文大学出版社，第 121 页，图 26。

2　霍巍、霍川：《青藏高原发现的古代黄金面具及其文化意义》，《敦煌学辑刊》2019 年 3 期，第 146—149 页。

3　周伟洲：《吐谷浑史》，广西师范大学出版社，2006 年，第 144 页。

都兰丝绸的品种、图案与分期

中国丝绸博物馆　赵　丰

　　1982 年至 1985 年，青海省文物考古研究所在都兰县热水乡和夏日哈等地发掘了一批唐代墓葬，墓葬中出土了大量丝绸文物，令人震惊和瞩目。其中最为重要的是热水一号大墓（DRM1、DRM1PM2）及其附近的一批小墓（DRM6、9、10、12、20、21、25、26 等）、夏日哈（DXM1）和露斯沟墓（DRLM1）等地出土的丝绸。此前，这一时期的丝绸重要的出土地首推新疆吐鲁番阿斯塔那和哈拉和卓墓葬群，其次为敦煌藏经洞及莫高窟 K130 等处，再次为陕西扶风法门寺地宫。此外，日本正仓院亦保存了大量传世的唐代丝绸。与上述四处相比，都兰所出丝绸文物有其特殊的重要性，其数量之多，品种之全，图案之美，技艺之精，时间跨度之大，均属罕见，并不乏新的发现和新的启示，具有重要的学术价值。

　　1985—1987 年，我受青海省文物考古研究所所长暨都兰考古队领队许新国先生的委托，对这批丝织品的品种、图案的类型和分期及相关的问题做了全面的整理和初步探讨，于 1991 年与许新国先生联名发表一篇论文。[1] 近 40 年之后，中国丝绸博物馆与青海相关文物考古机构合作举办了"西海长云：6—8 世纪的丝绸之路青海道"展览，关于都兰热水大墓的年代等问题得以深入探讨。也正是此时，甘肃武威慕容智墓出土了大量同时期精美丝绸服饰[2]，青海省文物考古研究所与阿贝格基金会合作的《都兰纺织品珍宝》[3] 一书及时面世。所以，我借此机会对早年的论文进行修订并重新发表。

一、品种与组织

　　丝织物品种主要根据丝织物的组织结构、织造工艺及外观效果来区分。唐代织染署中的织纴之作分为布、绢、绝、纱、绫、罗、锦、

1　许新国，赵丰：《都兰出土丝织品初探》，《中国历史博物馆馆刊》1991 年第 15—16 合刊，第 63—81 页。这一项目始于我 1985 年第一次来到青海都兰和时任都兰考古队领队的许新国先生的见面。1986 年暑假，我正式在西宁开始工作一个多月。1987 年，许新国先生来杭州工作一个多月。我和袁宣萍、郑巨欣一起完成了所有丝绸残片的初步整理、编目、绘图、分析、制表，并写成了都兰考古报告（拟）中的相关内容，以及《都兰出土丝织品初探》一文的丝绸部分。

2　甘肃省文物考古研究所：《王国的背影：吐谷浑慕容智墓出土文物》，文物出版社，2023 年。

3　青海省文物考古研究所编著，许新国：《都兰纺织品珍宝》，文物出版社，2023 年。

绮、绸、褐等十作[1]，这就是当时对纺织品种的一种分类法。十作中除布为麻织品、褐为毛织品外，其余均属丝织品，这一分类与今天基本接近。在此，我按锦、绫、罗、缂丝、平纹类织物（绢、纱、绝、绸）、绸与绊的次序做一概要的介绍。

1. 锦

颜师古说"织彩为文曰锦"[2]，这一概念至今仍是我们鉴定汉唐织锦的主要标准。都兰出土丝织品中以锦最为丰富，从组织结构上来说，可以分为平纹经锦、斜纹经锦、斜纹纬锦和织金锦等。

经锦依靠多彩的经丝表里换层而显花。它在中国出现的年代极早，在春秋战国时期已相当成熟，但当时都是平纹经锦。平纹经锦在都兰出土物中的实例不多，最有特色的是红地云珠吉昌太阳神锦（DRM1PM2:S109），以红、黄两种色彩的经丝构成1：1的经二重组织（见图1a）；数量较大的是斜纹经锦，这是一种隋代前后才出现的新型组织，此类锦往往以4—5种色彩的经丝通过分区排列，并以1：2的经二重组织显花（见图1b），使织锦图案上出现色条效果，其代表作有黄地对波牵驼狮象纹锦（DRM1PM2:S149-1）、橙地对波联珠狮凤龙雀纹锦（DRM1PM2:S150-2）、橙地小窠联珠镜花锦（DRM1PM2:S127）、黄地簇四联珠对马纹锦（DRM1PM2:S17）等。

除经锦之外，都兰还出土了大量的纬锦。纬锦采用纬丝的表里换层进行显花，其组织结构基本都是斜纹纬二重，这其实就是斜纹经二重的90°转向（见图1c）。经二重中的夹纬，在纬二重中就是夹经，但在纬经中除少数采用单夹经如黄地大窠联珠狩虎锦（DRM1PM2:S102）等外，绝大多数纬锦均采用双夹经，如黄地大窠联珠花树对虎锦（DRM25:S1）、黄地大窠宝花锦（DRM1P2:S212）、红地中窠联珠对牛锦（DXM1:S5）等，而且夹纬都加有强捻，前三者为S捻，后者为Z捻。

较为特殊的纬锦是红地中窠含绶鸟锦（DRXM1PM2:160-1），这类锦以花瓣、小花或联珠等作图案，通常以紫红色为地，藏青、橘黄、墨绿等色显花，在色彩变换频繁处，所有纬丝全部织入，是1：3的斜纹纬二重组织，而在色彩变化不多的地部，就单织某两种或三种纬丝，是1：1或1：2的斜纹纬二重组织。多余的纬丝在织物背面抛梭而过，不织入织物而浮在织物背面。这种锦无论是从图案看还是从织法看都是西域地区的产物，但从名称上来看，却与唐宋文献中常见的"绒（茸）背锦"或"透背锦"相吻合。[3]

值得指出的还有一件蓝地龟甲花织金锦带（DRM1PM2:S125），宽2.8厘米，在1：1基础平纹地上再以隔经的人循环平纹金箔显花，在地部则把金箔剪去，这一织法明显地依靠了手工编织技术（见图1d）。在我国史料中，丝织物使用金箔的记载早在三国时已经出现，曹丕《与群臣论蜀锦书》云："自吾所织如意、虎头、连璧锦，亦有金箔，蜀薄来自洛邑，皆下恶。"[4]但织金锦的最早实物，在目前来看国内应数此件了。

1　（唐）玄宗御撰，（唐）李林甫等注：《大唐六典》卷二二《少府军器监》，中华书局，1983年。

2　（汉）史游撰，（唐）颜师古注：《急就篇》，岳麓书社，1989年。

3　（清）董诰等编：《全唐文》卷四七，中华书局，1983年。代宗《禁断织造淫巧诏》中提到"透背锦"，《咸淳临安志》中提到杭州官营织造中的上品是"绒背锦"，当时进金人礼物中亦有"茸背锦"。

4　（清）张澍：《蜀典》。

图 1a   1∶1 经二重组织结构
图 1b   1∶2 经二重组织结构
图 1c   斜纹纬二重组织结构
图 1d   织金组织结构

a	b
c	d

2. 绫

　　绫在都兰也有大量的发现，按其组织可分为下列三类：平纹地暗花绫、斜纹地暗花绫和素绫。

　　平纹地暗花绫又包括以下几种：一是平纹地上斜纹显花，这种组织即以前考古界通常称的"绮"的组织，是对汉代之后绫织技术的直接继承。这种组织的绫发现极多，约占全部出土绫的 80%，如各种团窠双珠对龙绫（DRM1PM2:S243）、各种柿蒂绫（DRM1:S4、DRM1PM2:S7-1）、人字纹绫（DXMl:S3）、山形斜纹黄地绫（DRLM1:S11-4）等（见图 2a）；二是以平纹为地、在花部则由方平或变化方平组织提花与平纹地配合形成变化斜纹，我们称之为嵌合组织。如方纹绫（DRM1:S135）的一种花组织就是由平纹与 2×2 方平配合而成的，而黄色龟甲绫（DRM1PM2:S62）的显花组织，则是由平纹与 2×4 的变化方平配合而成的（见图 2b）。

图 2a　平纹地暗花绫组织结构
图 2b　平纹地嵌合组织结构
图 2c　同单位异向绫组织结构
图 2d　异单位同向绫组织结构
图 2e　2/2 斜纹组织结构

2a	2b	2c
2d	2e	

　　斜纹地暗花绫的组织有两种：其一是四枚异向绫，称同单位异向绫，即以 1：3 的左斜纹和 3：1 的右斜纹互为花地组织（见图 2c），如黄色对波葡萄花叶绫（DRM9:S6-2）即为一例；其二是同向绫，又称异单位同向绫，如黄色大花卉绫（DRM1:S57）就是一件同向绫，它以 1/2 右向斜纹为地，1/5 右向斜纹显花（见图 2d），花纹不清，似乎是写生纹样。

　　素绫的组织是 2/2 斜纹（见图 2e）。这一组织结构在新石器时代的草、竹编织物上就已经十分常见，但它应用在丝织物上却很晚。DRM6 中发现了不少这一类的残片（DRM6:Sl），这是 2/2 斜纹组织同时也是素面（无纹）斜纹丝织物的首次发现，或可以与唐

代史料中的"无纹绫"相对应[1]。

　　3. 罗

　　我们把经丝纠绞、纬丝平行交织而成的织物统称为纱罗织物。都兰出土的绞经织物无一例外地采用传统的四经绞组织，属无固定绞组类型，可称之为罗（见图 3）。这类织物数量不多，图案均为小几何纹，其中以绿色九点罗（DRM9:S11-1）为最佳。

　　4. 缂丝

　　缂丝又称克丝、刻丝，其名出现于宋代，但在唐代已经具备织造技艺。缂丝是一种通经断纬的织物，以平纹为基本组织，依靠绕纬换

---

1 （宋）欧阳修、（宋）宋祁：《新唐书》卷二四《车服志》，中华书局，1975 年。

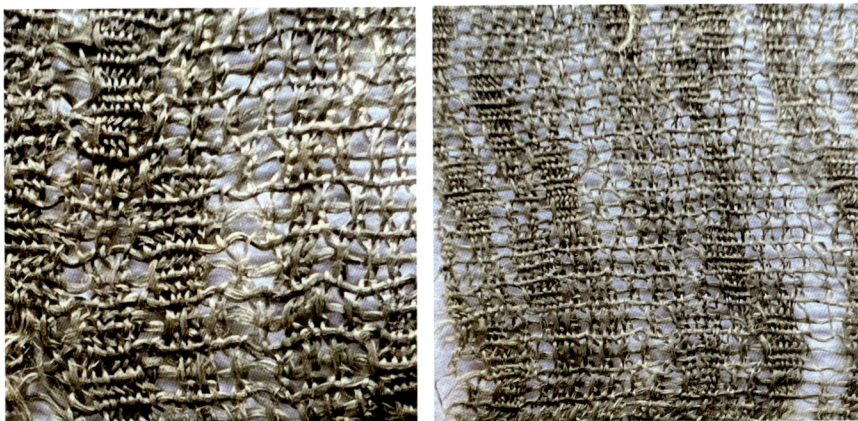

图 3　四经纹罗组织结构

图 4　缂丝组织结构

彩而显花（见图 4）。都兰出土的蓝地十样小花缂丝（DRM1PM2:S70）是目前所知极少的唐代缂丝中有特别价值的一件，其纬向宽度为5.5 厘米，还不是通幅，说明它有别于唐代其他的缂丝；但它的风格又与宋代缂丝有较大区别，并不严格按照换彩需要进行缂断，有时在同一色区内亦呈镂空之状。这表明了这件缂丝在缂织技术发展史上的地位。

5. 平纹类织物

平纹类织物是最普通的织物，它又可以根据经纬丝的原料、纤度、密度等变化产生许多品种。

绢是一般平纹类织物的通称。都兰出土平纹类织物中最为常见的是绢，根据经纬密度的不同分为两个小类：一类密度较大，织造致密，经密约为 65—70 根／厘米，纬密约为40—50 根／厘米，这类绢或可称为缣；另一类密度较小，经密在 40 根/厘米、纬密在 30 根/厘米上下，此类丝线较粗的或可称为绌，虽然密度小，但纤度粗，最后的效果仍是厚密。

透孔性好，轻薄的平纹类织物属于纱，或称轻容。DXM1 出土一件纱袍（DXM1:6），袍面用黄纱，袍里用绿纱，黄纱的经纬密度分别为 46 根／厘米和 27 根／厘米，绿纱的经纬密度分别为 32 根／厘米和 27 根／厘米，密度较小，丝线的纤度更小，故其透孔性较好，确有轻如烟雾、薄如蝉翼之感。

都兰出土丝织物中还有一类较为粗放，纤

度不均，密度不匀，经纬丝原料采用纺捻而成的锦线平纹类织物，可称作绸。如 DRM9 所出的黄绸（DRM9:S5）即为一例，其经密约 13 根／厘米，纬密约 10 根／厘米，经纬线均加有强 Z 捻。

6. 絪与絣

以上几个大类的丝织物品种主要根据织物组织结构的不同来区分，但絪与絣的情况较为复杂。从工艺上来看，它们属于"织采为文"的范畴，故常被人们称作"絪锦""晕絪锦""絣锦"等，但从组织结构来看，它们分别采用经二重、斜纹、是平纹组织，其变幻的装饰效果主要来自经丝色彩排列的变化或经丝本身色彩的逐段变化。

絪原是一种染缬效果，故《续日本纪》云："染作晕絪色，而其色各种相间，皆横终幅。假令白次之以红，次之以赤，次之以红、次之以白、次之以缥、次之以青，次之以缥、次之以白之类，渐此浓淡，如日月晕气杂色相间之状，故谓之晕絪，以后名锦。"[1] 这段话已把晕絪的来历说得十分清楚。都兰出土物中有黄褐相间及青黄相间的染缬晕絪产品，是丝织晕絪的原型。唐代织纴十作中有絪作，当是专门织絪的作坊。都兰出土的絪采用斜纹经二重和山形斜纹两类组织。晕絪小花锦（DXM1:S6-1，见图 5）属于前者，经丝的地部色彩排列为橙—黄—绿—蓝—绿—黄—橙等反复，其上再显小花，表现出锦上添花的效果，这或许就是唐代史料中所见的"晕絪锦"；后者常由两种色丝间隔排列，形成明显的两种色道，可称为"间道"。都兰出土有褐黄间道（素绫）（DRM1PM2:S56，见图 6）和绿褐间道（DRM1:S90），都采用 1/3 山形斜纹。间道与晕絪的主要区分在于没有晕色

过渡。

此外，都兰还发现了平纹组织的扎经染色织物，其工艺是先将经丝分组扎经染色，然后合而织之，我们可以称其为絣锦（DRM9:S6-1，见图 7）。絣是日本学者对这类扎经染色织物的通称，但论其词源，实际来自中国。《说文》中已有"絣"字，"氐人殊缕布也"。段玉裁引《华阳国志》注，"殊缕布者，盖殊其缕色而相间织之"[2]，扎经染色织物正是分组把经丝（缕）扎染形成殊其缕色的效果后再并起来相间织之（絣），故而用"絣"来命名扎经染色织物完全恰当。都兰唐代絣织物在国内是首次发现，除热水一号大墓外，还在 2018 血渭一号墓和香加莫克力沟 M14 中有发现。[3]

都兰出土的丝织物品种几乎包括了目前已知的唐代所有的丝织物品种，而且，其中如抛梭织法的纬锦、织金锦带、嵌合组织的显花绫、素绫、宽幅缂丝、絣锦等品种在国内均属最早实例，对研究唐代丝绸生产技术成就有着重要的意义。

二、锦绫图案的类型

都兰出土的丝织物中大量的是锦绫织物，其上有着丰富的图案类型，带有鲜明的时代风格。从图案学的角度来看，图案具有三要素：纹样、排列和色彩。纹样是题材的造型，排列是题材的布局，色彩则是题材的呈现。我们认为，尽管纹样和色彩千变万化，但图案具有时代特征。从都兰丝织物中可以看出，无论是主题纹样，还是辅助纹样，都富于变化，可以成为划分类、型的因素。我们以图案排列为标准将都兰主要的锦绫图案分成两大类：一类是

1　［日］狩谷棭斋：《笺注倭名类聚抄》卷三《布帛部》，全国书房，1943 年。

2　（汉）许慎撰，（清）段玉裁注：《说文解字注》，上海古籍出版社，1981 年。

3　高志伟：《关于青海考古所一件所藏织物的商榷》，《青海考古》2020 年第 16 期，第 48—57 页。

图 5　晕繝小花锦

图 6　褐黄间道

图 7　丝绷锦（ikat）

具有明显骨架构成的排列，称为骨架式排列；一类是两点交错排列的团窠纹样，称为团窠式排列。

1. 骨架式排列

骨架式排列是指整幅图案由一些相互连接、明显的几何形骨架决定，然后在骨架中填以主题纹样或以骨架为主体构成图案的排列形式。骨架式排列中又可根据骨架形状的不同，构成骨架的纹样的不同以及主题和风格的不同再进行细分。

（1）对波骨架

普通的对波骨架仅由简单的线条构成骨架，常以小花为联纽，各骨架内填以象、驼、狮、人物等形象，诸形象以纬向分布，经向重复，这是由于当时片综织机的特殊技术所决定的。

标本1：黄地对波牵驼狮象纹锦（DRM1PM2: S149-1，见图8）

组织为1∶2的平纹经二重，基本色彩是红与黄，此外，分别由蓝和绿在各区域显花，红色为地、蓝、绿显花，黄色勾勒，均有幅边。整个图案可根据四件残片复原。整幅图案应是由七个完整的和一个被分割成两半置于两边的对波圈构成的，构成对波骨架的为单纯的带状线条，在两条对波线之间用六瓣小花连接。自一边始各对波圈中图案分别是一坐二立人物、对象、对狮、对牵驼、对兽。最边上的对兽纹样已经不清，为纬视纹样（纹样方向与纬向相同）；其次为牵驼纹，一胡服装束的牵驼者牵了一头双峰驼，作健步行走状，为经视纹样（纹样方向与经向相同）；对狮的变形较大，作蹲踞状，张口、扬尾、鬃毛竖立，亦为经视纹样；大象形象十分明显，以蓝色显示花纹，象鼻垂至地面，背上搭着坐垫，象牙亦清晰可见；居中的对波圈中是一殿堂式建筑，一交手人物盘坐于座台上，两旁为手持三叉戟立姿人物，然后又是对象、对狮、对牵驼和对兽等圈。

标本2：绿地对波联珠狮凤纹锦（DRM1PM2:S85，见图9）

以联珠纹构成对波骨架，以小花为联纽。这类的残片出土较多，组织为1∶1斜纹经二重，残存有两个对波圈，一圈对狮，一圈对凤，纹样较为清晰，对狮蹲踞，是全侧面形象，对凤的形象十分优美。

标本3：对波葡萄枝绫（DRM1PM2:S66、DRM1:S113-1，见图10）

由植物蔓藤构成骨架，主要是对波缠枝忍冬或葡萄藤，并直接装饰花叶，如此反复连续、循环，形成一个连续的葡萄绫，其经纬向循环为3.5厘米×5厘米，组织为斜纹经二重。

（2）套环骨架

套环骨架是指数圆相套接而成的结构，一般指二方连续的套环结构。唐代还有一种四方连续的套环结构，应称作毯路结构，在日本正仓院有保存，被称作七宝纹。在此介绍都兰出

图8　黄地对波牵驼狮象纹锦及残片

图 9   绿地对波联珠狮凤纹锦

土的一件锦。

标本 4：黄地套环云珠人物锦（DRM1PM2:S63，见图 11）

该锦为残片，套环圈由卷云和联珠构成，卷云在外，联珠在内。每环大小已很难判定，现存一环仅有一弦，弦高为 4.5 厘米，弦长为 18 厘米，由此推算此圆环直径约为 22.5 厘米。据现藏中国丝绸博物馆的同类织锦推测，此锦主题纹样应为驾驭马车的太阳神纹锦。

套环骨架把套环内的空间切割成两种形状的小空间：一是由两环的外侧和一环的内侧构成的类似三角形的锥形空间，二是由两环内侧构成的梭形空间。在锥形空间的主要纹样是一人物，交脚坐于一台座上，头戴宝冠，身穿露领的紧身衣，双手曲臂上举，两侧还有两朵灵芝状云彩，人物留有络腮大胡，是胡人形象。

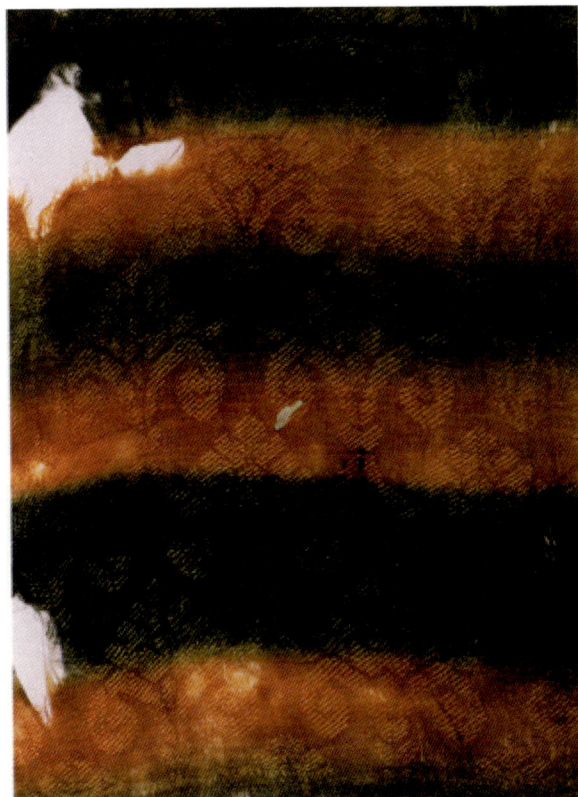

图 10   对波葡萄枝绫及纹样复原

图 11　黄地套环云珠人物锦

而梭形空间已残，其上部有一华盖顶，顶上有花状饰物。华盖下有三个人物，中间一人取正面形象，头戴宝冠，显得较为尊贵，旁边两人取侧身形象，脸均面向中间的人物，人物下身残损。

（3）几何形骨

这里主要是指方形或菱形的骨架排列形式。这种图案不多见。

标本 5：橙地方格联珠小花锦（DRM1PM2:S53、DRM1PM2:S95，见图 12）

其组织为 1：2 的斜纹经二重。图案以联珠形式的直线通过小团花点连接成骨架。地为橙色，白色勾边显珠，蓝、绿两色交替显示主要花纹，方格之内的四角上均饰有忍冬状花，方格中心是十四瓣的小团花，团花外沿还有白色的联珠圈。

（4）簇四型骨架

簇四结构，是一种由圆环相互搭接而成的四方连续的骨架排列形式。这种图案以往常被人们称作毬路纹，但从对当时情况的考证来看，将这种图案称作簇四更为合适[1]。

1　赵丰：《毬名织锦小考》，《丝绸史研究》1987 年第 1—2 期合刊。

标本 6：黄地簇四联珠对马纹锦（DRM1PM2:S17，见图 13）

系斜纹经锦，以黄色作地，浅黄色勾勒，各区域中再由蓝、绿分区换色显示主要花纹，由八瓣小花把联珠圈连成簇四骨架。联珠圈之间由十样小花填充，在主圈内为对马图案，马身有翼，颈上系一对后飘的绶带，头上饰小花，马的前一足和后一足提起，作疾步前行的姿态，马下为莲蓬状花草图案。

标本 7：黄地簇四联珠对羊锦（DRM1PM2:S59，见图 14）

这件锦两面幅边均存，幅宽 52.5 厘米，组织是 1：3 的斜纹经二重。基本色彩是：在联珠圈和圈外以黄色作地，联珠圈内以紫色为地，蓝和绿变区交替显示主要花纹。用白色勾边和作联珠。由于色彩的使用上有独到之处，使得该锦的风格也有些特殊。联珠圈由于用深色勾边显得十分明显，联珠本身却由于黄、白反差较小而不引人注目；用以连接各圈的是八出小花，由于花瓣方向变化及色彩有紫黄两种而显得有些更像蝴蝶；圈内的小羊不是中亚和西亚地区常见的带长角的羚羊，更像是小绵羊，回首张口，呦呦而鸣。两只小羊已充满了联珠圈内的绝大部分空间，加上羊足下的忍冬纹饰，

图 12　橙地方格联珠小花锦

图 13　黄地簇四联珠对马纹锦

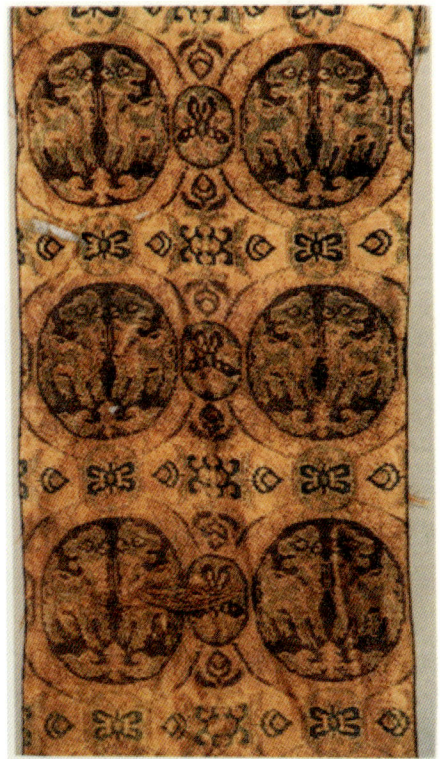

图 14　黄地簇四联珠对羊锦

更增加了图案的和谐。联珠圈之间的十样小花也有些特殊，用深色的蓝、紫、绿色显示，几何味很浓。

　　从技术角度看，该锦亦具有特点，其纬线加有较强的S捻，约500捻/米，较之于一般的经锦有较大差别，可能产于受纬锦织造技术影响之后。

2. 团窠式排列

　　团窠式排列是一种主花与宾花以二点交错排列而成的形式，纹样之间无直接交接点。因此，我们以唐代十分流行的"团窠"一词作为此类纹样的总称。唐代有独窠、两窠、四窠纹和大科纹罗、小科纹罗的称呼[1]，说明了唐代团窠图案的流行。团窠排列亦属于散点式排列大类中，由于其种类极多，我们将其从普通散点排列中分出来，同时分成环形团窠和独花团窠两类来介绍。

（1）环形团窠

环形团窠是指团窠本身可以明显地分成内层和外层两个区，内层纹样和外层纹样有着明显的不同，外层以环状纹样作骨架，内填主题纹样的排列形式，包括以下几类：

团窠联珠：其环由联珠构成，这一排列形式其实是对簇四联珠圈的解散。又可分为三种。一是散点珠圈，其主题纹样往往是带有较强的几何意味的小团花，例如：

标本 8：小窠联珠瑞花锦（DRM1PM2:S61，见图 15）

该锦甚少，但图案基本完整，在以 28 颗散状珠联成的团窠环中，有着几何味甚浓的小花，较抽象、简洁，有点类似于后世的云头花，联珠环之间的十样小花也是以交瓣小花为中心然后四向伸出四朵花蕾。这种图案尚未有同样的产品出土。

二是带状的联珠圈，例如：

标本 9：橙地小窠联珠镜花锦（DRM1PM2:S127，见图 16）

"镜花"一词来自《新唐书·地理志》，志载兖州土贡镜花绫。到宋代锦名中又有宝照锦和鉴花等名[2]，当指同类纹样。因此，我们称作联珠镜花锦。该锦有完整的幅边，实测得 44—44.5 厘米，即是幅宽。橙地，白勾，绿和紫交替分区显花，组织是 1：2 的斜纹经二重。其联珠团窠环由 26 颗圆珠联成，中间小花是四出花

蕾，然后转 45°角是四处叶尖，而团窠之间的十样小花只是以六瓣小花为中心的四出花蕾。

三是四面带有"回"形纹的带珠圈。前两种团窠往往是循环较小，且以斜纹经锦为主，而后者不仅图案有大小，而且组织也有经锦纬锦之分。分别举例说明：

标本 10：黄地小窠联珠对凤锦（DRM1:S128，见图 17）

共出两件，实为同一织物上的不同裁片。均留一幅边，是明显的 1：1 的斜纹经锦，质地比较致密。黄色为地，白色勾勒及显珠色，蓝和绿分区交替显示主要纹样。联珠环的外径不大，纬向较大，为 4.5 厘米，经向稍短，为 4 厘米。环内对凤是较简单的形式，凤身带有汉代朱雀的风格，但凤冠呈火焰状，已是吸收了外来的因素和风格。两凤头之间的小花似被衔着，两凤足之下亦有花盘，开花如圆珠形，颇引人注目。其十样小花作为联珠环之间的宾花，是最简单的形式之一，中间一圆点，向四面伸出四个花蕾，形成十字形的花纹。

标本 11：黄地大窠联珠树下对虎锦（DRM25:S1，见图 18）

这一件是所有大窠联珠纹中保存最好的一件，虽然已残碎，但通过拼凑、复原，还能显出原来的图案概貌。拼接之后，可以看出，织锦原大为 110 厘米×110 厘米左右的大张锦，幅宽 110 厘米，存有幅边，上下均有裁边，为较典型的斜纹纬二重组织。以黄色作地，紫、棕色勾描出联珠圈和花树对虎的主要纹样轮廓，以棕黄色作树干色和虎斑上的一些层次色，绿色为树叶及虎身的层次色，整个色调较为平和，已没有任何分区换色的现象。

大联珠圈由上下左右的四个回纹和五个一组的二十个珠组成。圈内居中一树，树上绿叶黄花，分成四簇，树下似为山石状物，左右对虎作相扑状，一足着地，三足腾空，张口瞪

1 （宋）欧阳修、（宋）宋祁：《新唐书》卷二四《车服志》，中华书局，1975 年。
2 孔祥星等：《中国古代铜镜》，文物出版社，1984 年，图 79。

图15　小窠联珠瑞花锦

图16　橙地小窠联珠镜花锦

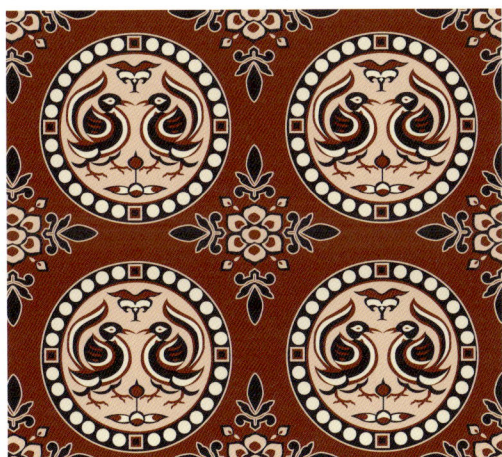

图17　黄地小窠联珠对凤锦及纹样复原

目，虎尾上翘。虎的造型采用半侧的立体写实，与普通全侧的有所不同，虽不及全侧法使用得那么娴熟，但已达到相当水平。圈外宾花十样花也较为复杂，与宝花相类似。团窠直径达38厘米。

团窠花式联珠：是指在联珠圈的内外加了装饰性的其他纹样，或将联珠再进行花式变形，如团窠双联珠是由两层的联珠构成，团窠花瓣联珠是在联珠圈内外再加上花瓣，团窠联珠联花是联珠圈内加联珠式的小花一圈。

团窠宝花：由变形的、类似于宝花外圈花卉纹样作团案环，但又可细分成两种不同的形式：一种是由花叶和全侧的花蕾组成；另一种是由花苞式的变形苞案组成，这一类锦多出现在斜纹纬锦上。例如：

标本12：紫红地中窠宝花含绶鸟锦（DRXM1PM2:160-1，见图19）

据残片复原，图案中心是一个略显椭圆形的花瓣团窠，中间立一含绶鸟，该鸟身、翅上均有鳞甲状羽毛，且有联珠圈带，两足立一平台上，颈后生飘带，所衔绶带环为联珠纹，下有璎珞状物。宾花为十样花，复原之后的纹样循环为经向 17 厘米，纬向 13 厘米。织物组织基本是 1∶3 的纬二重，有的有局部抛接现象。

团窠卷草：由极为流畅的卷草作团窠环，内填禽兽纹样，例如：

标本 13：黄地中窠卷草对鹿锦（DRM1:S25-1，见图 20）

该锦色彩已褪得相当厉害，但还能看出是以绿色为主显花，以棕黄色与白色辅助显花。从纬线中也能分辨出它是 1∶3 的斜纹纬二重。团窠环的外径约为 20 厘米，它由四组卷草环组成，卷草较流畅，基本形是 S 形，再用蔓藤相连，上面开满了小花。环中对鹿，似共同衔着一花，鹿的前一足提起，三足着地，身上显有四瓣的梅花斑纹，头上有鹿角。足下有云形花。此锦的纬向共有两个团窠，一个幅宽中应该有两个团窠。

（2）独花团窠

独花团窠主要包括柿蒂花和宝相花（又称宝花）两类，在当时的丝织物上应用极广，青海都兰出土的织物中这类例子不少。

柿蒂花：它采用团窠的排列形式，其图案循环极小，纹样简单，大多呈四瓣花状，应是唐代常见的柿蒂花图案。均见于绫织物上，应与白居易诗中"红袖织绫夸柿蒂"一句相吻合，例如：

标本 14：绿色柿蒂绫（DRM1:S141）

绿色，四瓣花中间是以大瓣小梅花作花蕊，平纹地上 3/1 右斜纹花，经纬向循环为 2.5 厘米×12 厘米，有明显幅边。

宝花：可分为简单宝花和中型宝花等几种，例如：

标本 15：黄地中窠宝花锦（DRM9:25，见图 21）

组织是 1∶3 的斜纹纬二重组织，黄地、显蓝、棕等色花。宝花外圈由八朵侧花组联成，四四相异，间隔排列，花外还有叶子陪

衬，主花直径约 20 厘米，其纬向循环为约 24.5 厘米，宾花是由所谓的变体宝花或称显蕾的十样花构成的。

大型宝花，仍由变形的花瓣和花蕾组成，但造型更加复杂，刻画更加细致，充分运用褪晕手法来描绘花叶的正反和明暗，与中型宝花相比显得更为写实，效果显得更为富贵，循环有大到几十厘米的，一般采用纬二重组织。例如：

标本 16：黄地大窠宝花锦（DRM1PM2:S21-1，见图 22）

基本组织为 1∶3 斜纹纬二重，黄地上显蓝、白、棕色花，纹样保存尚属完好，比较清晰，花窠甚大，主花图案直径达 33 厘米，经向循环为 34.5 厘米。主花中心是蓝色圆，周围绕以白色联珠纹，然后是六出巨大的蘑菇形花心，在蘑菇形花心之间伸出六朵侧面的花，其外包有卷状花瓣，花瓣之间从后面又生出朵花，层叠反复，显得较为浑厚，可惜宾花图案已不甚完整，仅露出花瓣的尖角。

三、锦绫的年代分期

都兰墓地总体均为吐蕃灭吐谷浑之后、在吐蕃统治下的吐谷浑人的墓葬，其中出土丝绸各墓葬虽然缺乏明确的纪年，但目前其年代总体已较为清晰。

关于热水一号大墓的主人和年代，目前以仝涛和韩建华的观点较为可靠，即墓中的男性主人应该是吐蕃统治下的第一代吐谷浑王垄达延墀松，他在 694 年去世。[1] 而女主人应该为下嫁吐谷浑的赞蒙墀邦公主，她于 689 年嫁于吐谷浑王，假设她活到 60 岁，则约在开元二十七年（739）前后去世。

王树芝曾对 2000 年青海考古研究所发掘

1　仝涛：《青海都兰热水一号大墓的形制、年代及墓主人身份探讨》，《考古学报》2012 年第 4 期，第 467—488 页。

图 18 黄地大窠联珠树下对虎锦纹样复原

图 19 紫红地中窠宝花含绶鸟锦

图 20 黄地中窠卷草对鹿锦纹样复原

图 21 黄地中窠宝花锦纹样复原

图 22　黄地大窠宝花锦及纹样复原（周晨滢绘图）

的 10 座都兰古墓进行了木材取样，并对其中 7 座墓中的木材进行了年轮研究，确定其中只有一座墓的年代是在 611 年，尚属隋代；另一座为 784 年，属于中唐。其他 5 座墓的年代则分别为 685 年、691 年、713 年、732 年、753 年，均在盛唐时期。[1] 可见，都兰出土丝绸显然从北朝晚期到盛唐各个时代的产品都有，我们通过与吐鲁番、敦煌、正仓院等有关资料比较，将这批织物做一大概的分期。

1. 分期标杆的确定

要进行分期，首先要选择一些具有代表性的标本作为确定年代的标杆。这批丝织物的很大一个特点是与唐代其他的出土或传世织物关

系密切，因此，我们可通过比较将一些可以确定年代的锦绫织物作为分期标杆，见表 1（若同样的织物有较多的年代数据，则主要选择较早的年代，因为较早的年代能反映流行的开始或生产的时间，而较迟的年代则很可能仅是沿用而已）。

除表 1 中所列有直接对应者以外，我们还可以从图案、技艺的风格上做出一些断代说明：

（1）都兰所出对波牵驼狮象锦无论从题材、造型、组织、风格等来说均与吐鲁番所出牵驼胡王锦相似，仅骨架小有区别，从而对波亦为较早之骨架形式，应为同一时间之物。后者伴出延昌二十九年（589）墓志，故可定为北朝晚期至隋初之物。

1　王树芝：《青海都兰地区公元前 515 年以来树木年轮表的建立及应用》，《考古与文物》2004 年第 6 期，第 45—50 页。

表1 都兰与吐鲁番、敦煌、慕容智墓相同图案锦绫的年代比较（此表还会修改图案类型名称）

丝织品名	图案类型	年代	出土或收藏地点	资料来源
胡王牵驼对狮联珠纹锦	骨架式、对波	589 年	64TAM18:5	《新疆出土文物》
菱格狮凤纹锦	骨架式、对波	隋代	敦煌 K427 壁画	《敦煌研究文集》
套环"贵"字纹绫	骨架式、套环	596 年	69TAM48	《文物》1972（1）
对波缠枝葡萄印花绢	骨架式、对波	665 年	59TAM336	《新疆出土文物》
方格联珠小花锦	骨架式、规矩	隋代	敦煌 K427 壁画	《敦煌研究文集》
簇四联珠对马锦	骨架式、簇四联珠	625—653 年	吐鲁番TAM	《考古学和科技史》
小窠联珠镜花锦	团窠式、环式联珠	653 年	吐鲁番TAM	《中国美术全集、工艺美术编》
小宝花锦	团窠式、独花简单	715 年	吐鲁番TAM	《文物》1984（6）
中窠宝花锦	团窠式、独花大型	706 年	吐鲁番TAM	《文物》1973（10）
戴胜衔绶鸾鸟联珠纹锦	团窠式、环式联珠	665 年	59TAM332	《新疆出土文物》
团窠对羊纹经锦	团窠式、环式联珠	691 年	慕容智墓	《王国的背影》
棕地鸾鸟纹纬锦被		691 年	慕容智墓	《王国的背影》
大团窠孔雀纹锦	团窠式	691 年	慕容智墓	《王国的背影》
宝花纹锦	团窠式	691 年	慕容智墓	《王国的背影》
黄地四瓣花缂丝带	独花	691 年	慕容智墓	《王国的背影》

（2）对波联珠狮凤锦的流行时代可以敦煌 K427 隋代菩萨塑像胸衣上的"菱格狮凤纹锦"图案作比较，不仅骨架类似，特别是狮与凤的造型也极为相似，故可定为隋代前后。

（3）套环骨架在吐鲁番仅出现在隋代的绫织物上，但从套环的流行年代和所用卷云联珠来看，当属隋代前后。

（4）对波缠枝葡萄绫在敦煌也有发现，据称为盛唐时物[1]，又据吐鲁番阿斯塔那 M214 所出对波缠枝葡萄印花绢，它与麟德二年（665）墓志同出[2]，故可定在武周与盛唐之间。

（5）方格联珠小花锦在日本正仓院有收藏，色彩稍有不同[3]，根据记载，日本学者称其为"蜀江锦"，其确切年代却不甚清楚。这一难点可以在敦煌壁画的人物服饰图案中得到解决。莫高窟 K427 隋代洞窟中发现多种大同小异的方格联珠团花锦[4]，与此锦十分接近，据此可以将此锦的年代断在隋代前后。

（6）簇四联珠对马纹锦，在吐鲁番出有同类织物，年代亦较为明确，应为初唐。

（7）簇四联珠对羊锦，这一件在其他地点没有找到同类的出土物，在图案上缺少比较的参考。但从技术角度来说，其纬线加有较强的 S 捻，较之一般的经锦有较大的差别，有可能

1 樊锦诗，马世长：《莫高窟发现的唐代丝织物及其他》，《文物》1972 年第 12 期，第 55—67 页。
2 武敏：《唐代的夹板印花——夹缬》，《文物》1979 年第 8 期，第 48 页。
3 ［日］松本包夫：《正倉院裂と飛鳥天平の染織》，紫红社，1984 年。
4 常沙娜：《中国敦煌历代服饰图案》，万里书店有限公司、轻工业出版社，1986 年。

是产于受纬锦织造技术影响之后，又从簇四骨架联珠纹来看，其年代可能是初唐时期。

（8）镜花锦在吐鲁番阿斯塔那有同样织锦出土，年代在 653 年前后。[1] 故其年代应为初唐。

（9）小窠联珠瑞花锦虽无出土物可资参考，根据其图案断在初唐时期当无大错。

（10）小窠联珠对凤锦的年代应主要流行于高宗、武则天时期。

（11）大窠联珠树下对虎锦，这一类大窠联珠纹纬锦出土极少，新中国成立后仅见一例（被命名为"大窠马大球"）[2]，但具有较明确的年代（武德三年，620）可资参照。吐鲁番还出有团窠联珠翼马纹锦，我把这类织锦与隋代何稠仿制的一批具有波斯锦纹样风格相关联，称他们为唐式斜纹纬锦[3]。在正仓院也藏有属于大窠联珠的犀牛纹锦和"四天王狩狮锦"[4]，据日本学者考证，其年代当不晚于武周时期，可以将这一类图案的织锦断在初唐时期。

（12）从正仓院所存相似图案来看，卷草对鹿锦中的卷草团窠图案均可定为盛唐时物。

（13）独花团窠的演变序列并不清楚，但从敦煌壁画和彩塑的服饰图案中可以找出一些线索：在隋与初唐时，宝花艺术尚不成熟，大多简单而带有几何味，简单宝花和中型宝花大多属于这一时期。武周及盛唐时，丝织宝花艺术已经成熟。吐鲁番 TAM64 所出大窠宝花纬锦是其代表，属 8 世纪初之物[5]，因此，都兰

出土的大窠宝花纬锦可列入盛唐时期。

（14）关于柿蒂绞，在敦煌莫高窟 K130 洞窟中曾出土这一类图案的绫，如 K130:14 中有柿蒂绞，而 K130:25 中有四瓣花的纹样，其丝织物年代属开元时期，证明此种纹样的年代应断在盛唐时期。

（15）关于含绶鸟锦，除新疆出土的一件属 7 世纪中叶以外，在苏联中亚地区发现的 7 世纪中到 8 世纪中的片治肯特壁画中，也有较相似的图案，故其流行期可至盛唐时期。

2. 具体分期

通过以上的讨论，都兰出土的锦绫织物大体上可分为四期；第一期是北朝晚期，时间约相当于 6 世纪中叶；第二期是隋代前后，约在 6 世纪末到 7 世纪初；第三期为初唐时期，约相当于 7 世纪初到 7 世纪中叶；第四期为盛唐时期，时间约在 7 世纪末到开元天宝时期。

下面我们对都兰锦绫图案在四个时期中的发展过程作一简要的说明：

第一期　北朝晚期

主要流行骨架式排列中的对波型和簇四型等类。这一时期的锦绫织物主要有三个来源：一是传统菱形骨架的继承，二是西亚簇四和团窠的全盘引进，三是对波、套环等新型骨架的构成。对波和簇四骨架基本都来自异域，图案的主题也多是狮、象、驼等中原并不常见的兽类。对波骨架还较多地保留了汉魏以来的一些风格，主题纹样经向对称、经向视觉等也都是中国固有的传统。

第二期　隋代前后

隋代织物图案的主要形式也是骨架式排列，计有对波、套环、簇四、簇二、方格等型，其中还是以对波和簇四为主。同时，风格与此类似的联珠环形团窠也已出现。其图案的主题纹样通常还是动物类和人物类，也开始出现少量的团花类纹样，如方格联珠小花锦中的

1　武敏：《吐鲁番出土蜀锦研究》，《文物》1984 年第 6 期，第 70—80 页。

2　武敏：《唐代的夹板印花——夹缬》，《文物》1979 年第 8 期，第 48 页。

3　赵丰：《唐系翼马纬锦与何稠仿制波斯锦》，《文物》2010 年第 3 期，第 71—83 页。

4　［日］松本包夫：《正倉院裂と飛鳥天平の染織》，紫紅社，1984 年。

5　李征：《吐鲁番县阿斯塔那—哈拉和卓古墓群发掘简报（1963—1965）》，《文物》1973 年第 10 期，第 7—27、82 页。

小团花。隋代的时间不长，其丝绸图案与北朝相仿，是以吸收外来因素、流行骨架式排列为主动物图案为特征的阶段。

第三期　初唐时期

初唐时期堪称丝绸图案的转变期。在这一时期中的图案，一方面保存着骨架式排列的形式，尤其是簇四骨架，还新增加了一些龟甲骨架等；另一方面逐渐地把用于连接这些骨架的钮打开，让簇四骨架散开成为环形的团窠排列。然而，这些团窠环直接脱胎于骨架式排列，多流行联珠环，从表面效果来看确是还有不少骨架风格的成分。初唐时期还开始出现较多的花卉图案，部分是以联珠环中小花的环形团窠的面貌出现，部分是以柿蒂花的形式出现。其中又以柿蒂花最为重要，一是其延续时间较长，二是由它发展而成为宝花。在初唐时期，一方面继承了传统的骨架式排列并有所变化，另一方面花卉图案急剧兴起，因此这一时期应是一个转折期。

第四期　盛唐时期

这一时期是转折的完成期。一方面，骨架式排列已基本绝迹，尤其是那些外来色彩特浓的对波与簇四骨架，仅存的团窠联珠环也主要是那些大型的，加以变化的组合环，环外的十样小花越变越丰富。另一方面，宝花团窠的发展极快，而且还为团窠环的变化提供了启示。盛唐时期的团窠环大量应用花卉环，当与宝花图案的兴起有关，在缠枝图案中也渗入了结构的思想，从而又产生了四方展开的缠枝团窠。

盛唐是唐代经济文化的顶峰时期，是一个百花齐放的时期，在丝绸图案中也出现了写生式的折枝花鸟、鹊衔瑞花图案。从组织上看，斜纹经锦虽仍使用，但纬锦迅速兴起，盛极一时，配色有多列到1：4的，无明显彩条。绫仍以平纹类暗花织物为主。这一时期锦绫图案总的风格是富丽、雍容。

四、唐代丝织品种相关问题的探讨

在都兰出土的丝织品中，许多问题有待作专门的研究。本文仅就与丝织品种密切相关的几个问题作一初探。

1. 经锦和纬锦的区别

在鉴定北朝至唐代丝织品的过程中，往往会遇到经锦与纬锦——主要是斜纹经锦与斜纹纬锦的区别问题。这一问题在过去的研究中颇具争议，夏鼐先生指出这是一个重要问题，应早日解决[1]。现在，我们通过对都兰丝织物的鉴定可以对这个问题取得比较明了的看法。

如前所述，斜纹经锦和斜纹纬锦的显花原理和显花方法均是相同的，仅在显花丝绒上有经纬之别。因此，鉴定经锦和纬锦的关键就是鉴别经线和纬线，最可靠的标准是确定幅边，与幅边平行者为经线，与幅边垂直者为纬线。

都兰出土织锦中有很大一部分都带有幅边，由此我们可以看出经锦幅边与纬锦幅边的区别。经锦由于是经线显花，经线密而多，纬线疏而少，在幅边处则通过减少经线层数而与纬线交织成单层三枚斜纹组织，因此，经锦的幅边细密、平整；纬经则由纬线显花，纬密经稀，在幅边处纬线无法依靠其他手段得到减稀，因此，纬锦的幅边往往用较粗的麻线作经与高密度的纬线交织，以承受大量纬线的挤拉，其外观也就较为粗糙。值得指出的是，尽管纬锦无法改变经密，但却可以任意改变纬密，如红地中窠花瓣含绶鸟锦上的纬线显花就有1：3和1：4的改变。在许多纬锦上，还经常出现一条宽约1—3厘米的1：1纬二重组织的界边，这条边把整匹的纬锦图案分成若干段，从实物使用情况来看，此边主要是为了便

1　夏鼐：《新疆新发现的古代丝织品——绮、锦和刺绣》，《考古学报》1963年第1期，第45—76、156—170页。

于剪裁，故而可称其为裁剪界边。这种情况不但出现在都兰出土丝织品中，而且在吐鲁番出土丝织品中屡见不鲜，甚至在敦煌画塑中也有所映。有人认为，纬锦上粗麻线的幅边应为轴头，而把剪裁界边定作幅边[1]。其实，幅边的特征相当明确，纬丝在幅边处应有转绕，而裁剪界边却不具有这个特点，轴头在一般情况下亦无此例，故而经锦与纬锦是不难鉴别的。

通过幅边的确定，我们可以把一大批经锦和纬锦区别开来，通过对这些经锦、纬锦进行织造技术和外观效果上的分析比较，我们又可为没有幅边情况下的经锦纬锦鉴别提供依据：

（1）纬锦的表层显花丝线密度远远小于经锦。据我们实测，纬锦表层显花丝线密度一般在20—30枚/厘米上下，不超过40枚/厘米；而经锦的表层显花丝线密度均大于40枚/厘米，一般在50—60枚/厘米上下。

（2）经锦显花丝线很少超过三组，即多为1∶1和1∶2显花，而纬锦常在四组到五组之间，即为1∶3或1∶4显花。其原因是经锦多用一组色丝要引起经密增加50—60根/厘米，会超出一般的穿综能力，影响开口清晰；而纬锦若增加色丝组数最多只影响生产速度而已，并无技术难题。

（3）经锦的显花丝线在显花处呈梭状，覆盖不严，导致色彩不纯，而纬锦的显花丝线粗而平整，表面具有台面效果，覆盖严实，色彩统一。

（4）绝大部分纬锦都采用双夹经甚至是三夹经，少数采用单夹经，但所有这些经线均加有强捻，而经锦均用单丝作夹纬。因此，凡采用双根作夹丝并加以强捻的锦一般均可定为纬锦。这种双夹经的技术对于保证纬锦的台面和平整起到了重要的作用。

2. 东西方织锦的区别

都兰位于丝绸之路青海道上，受到东西方文化的影响，在唐代，丝绸生产已遍及丝绸之路沿途，故而在都兰同一墓群中出土来自东、西方的织锦也是很自然的。

我们所说的东方，主要是指阳关以内的唐朝中原疆土，西方主要是指西域，以中亚地区为主，甚至包括西亚。这两个地区的历史条件不同，风土人情有别，从纺织文化的角度来看应分属于两个不同的文化圈。因此，它们生产的织锦也肯定有所区别。这一问题早已引起人们的重视，但要分辨清楚却非易事。我们主要从都兰出土织锦鉴定所得的体会来探讨东西方织锦区别的要点（图23）。

（1）东方织锦的传统是平纹的经显花，后来才有斜纹和纬显花，而中亚地区的传统织法则是纬显花。这一点已为众多的学者所证实[2]，因此，一般可以把经锦列入东方织锦之列。我们的任务主要就是把纬锦中的东方织锦和西方织锦区别开来。

（2）从大效果来说，纬锦都具有厚实、平挺、覆盖严实的特点。但相比之下，西方织锦这一点更好，表层出现的色丝几乎呈长方形，整个形成一个台面，露出的明经斜向整齐，说明织造技术相当高。

（3）纬锦多采用双夹经，或采用单夹经，但夹经均加强捻，捻向有S捻和Z捻两种。据研究，中国的传统是采用S捻，而中亚地区的特点是采用Z捻，这是一个相当普遍的现象[3]。因此，我们在都兰纬锦的鉴定中，可以把此点作为区别东西方织锦的一个重要标志。

1　武敏：《吐鲁番出土蜀锦研究》，《文物》1984年第6期，第70—80页。

2　夏鼐：《新疆新发现的古代丝织品——绮、锦和刺绣》，《考古学报》1963年第1期，第45—76、156—170页。

3　国外有不少人如太田英藏、斯坦因、西尔凡等均持此观点，国内有贾应逸：《新疆丝织技艺的起源及其特点》，《考古》1985年第2期，第173—181页。

图 23   西方斜纹纬锦的组织与结构（a 为正面局部，b 为背面局部）   a｜b

（4）东西方织锦的色彩差异很大。中亚织锦的配色对比强烈、鲜明，染色的色牢度特别佳，保存也较一般织锦好。东方织锦的配色显得较为明快，清秀、协调，染色色牢度明显不如西方织锦。具体的色调差别也很大，如中亚地区用紫红、藏青（有时近黑）、暗绿、血牙黄、白等，在都兰出土物中尤以紫红地为多；而东方用红多呈橙红（或称退红）、普蓝、草绿、褐黄，尤以黄地为多，效果明显不同。

（5）东西方织锦的图案题材也有很大区别。在纬锦中，东方织锦主要是织宝花团案或写生折枝花纹样，很少有联珠纹等直接摹仿西方织锦的产品。而中亚织锦采用较多的还是团窠中安置含绶鸟、对牛、对马、灵鹫等主题纹样，而且其纹样造型特别生硬和几何化，轮廓鲜明，不像东方织锦那样明显地具有绘画写实风格。此外，中亚织锦的图案较为复杂，联珠中也寻求色彩的变换，团窠之间的间隔极少，几乎靠在一起，这与东方团窠的花地分明、自由从容、明快淡雅形成鲜明的对比。

东西方织锦的区别大致可分，但产地研究更难。东方织锦中心不外四川和中原两大地区，西方织锦的产地却尚无结论。新疆虽有于阗锦，高昌锦、龟兹锦、疏勒锦等名，但从技术和质量上来看可能没有达到我们所见这批西方织锦那样高的水平，在今苏联境内阿姆、锡尔两河流域撒马尔罕附近的阿弗拉古城（即古代昭武九姓国之一康国的都城）的宫殿、住宅遗址中，在片治肯特古城（即米国的都城）的寺庙、住宅遗址中，在布哈拉之西阿拉赫沙（即安国的都城）的宫殿遗址中，都发现了大批壁画，其年代约在 7 世纪中到 8 世纪初，也有的估计早到 5—6 世纪。[1] 其壁画中人物服饰即有含绶鸟锦，与都

1 ［俄］M. M. 梯亚阔诺夫：《边吉坎特的壁画和中亚的绘画》，佟景韩、张同霞译，《美术研究》1958 年第 2 期；长广敏雄：《中央アジアの美術》，《世界美術全集》第十四卷，角川書店，1968 年。

兰所出极为近似。看来，这批锦的原产地应该到今苏联、中亚地区去寻找。[1]

3.绫和绮的关系

绮这一品种名称在战国历史上出现很早，我国秦汉时期的著作中一般以锦、绣、绮三者并称丝绸之精者，然而绮的概念及涵盖的范围却模糊不清。考古界通常把平纹地上显花的普通暗花丝织物称为绮[2]，但这一观点至少已不符合魏晋南北朝隋唐时期的考古发现和历史情况[3]。

绮字出现频率最高的时期是在战国至汉初。当时的绮至少包括三大类品种：一是平纹地暗花织物，这一点已为许多学者所论证；二是绞经织物，马王堆和凤凰山汉墓出土遣册中均有"绮"字记载与出土的绞经织物明确对应；三是色织物，如刘熙《释名》中记载了长命绮、棋纹绮、五彩杯纹绮等均为色织物。如此广泛的概念使我们意识到绮在当时几乎包括了除锦以外的所有花织物，把这样的泛称用于今日考古中的专业命名显然不妥。

到魏唐之际，除诗赋小说中能见到"绮"字外，在正式的记载中"绮"字已大大减少，而罗、绫两种名称则迅速增多。我们认为，在这一时期中，绮的概念范围已大大缩小，平纹地暗花织物和绞经织物的名称已分别为绫和罗替代。罗为绞经织物的争论不大，但把平纹地暗花织物与绫对应起来却与以前的结论不同，现就后者作一简单的说明。

（1）魏唐时期出土的平纹地暗花织物是如此众多，同时期的出土文书或正史记载中出现的"绫"字又是如此频繁（绮极罕见），从概率的角度看，平纹地暗花织物与绫对应顺理成章。

（2）反映唐宋时期浙江丝绸生产技术的《蚕织图》中绘有一台仅有两片地棕素经素纬的提花机，它只能织制平纹地暗花织物，从唐宋时期的浙江大量产绫而不产绮的记载看，这是一台绫机[4]。同时，这也说明绫的组织包括平纹地暗花组织。

（3）还有一些直接的例子更证实了我们的看法。吐鲁番曾出土平纹地暗花的团窠双珠对龙纹织物，其中明确写有"景云元年（710）双流县折调细绫一匹"的题记[5]；另在日本正仓院所藏平纹地暗花的宝花织物上有"近江国调小宝花绫一匹"的题记[6]。这两个例子有力地说明平纹地暗花织物在唐代被称作绫。

（4）古代对于丝织物的命名以外观效果为主要依据，平纹地暗花和斜纹地暗花织物均有着类似的效果，用白居易的话来说就是"地铺白烟花簇雪""异彩奇文相隐映，转侧看花花不定"[7]。花地同色、隐映成纹、光照显花是绫织物的最大特色。因此，单把绫组织限于斜纹地暗花织物而把平纹地暗花织物归类于绮的命名方法确是不妥。

从上述理由来看，把平纹地暗花织物归入绫类至少能够符合魏至隋唐时的情况，因而我们把都兰出土的大量的平纹地暗花织物全部称作绫。

但是，绮在唐代毕竟还是存在的，唐代织纤之作中有专门的绮作，唐代诏令中也有二色绮的记载。不过，当时对绮的解释是"用二色

1　［俄］A. Иъeuhuuknǔu，Иъ. ðechmobr:《中亚丝织史》（俄文），《苏联考古学》1962年第2期。

2　夏鼐:《新疆新发现的古代丝织品——绮、锦和刺绣》，《考古学报》1963年第1期，第45—76、156—170页。

3　袁宣萍:《唐绫略说》，《浙江丝绸工学院学报》1986年第3期。

4　赵丰:《〈蚕织图〉的版本及所见南宋蚕织技术》，《农业考古》1986年第1期，第345—359页。

5　武敏:《吐鲁番出土蜀锦研究》，《文物》1984年第6期，第70—80页。

6　［日］松本包夫:《正倉院裂と飛鳥天平の染織》，紫紅社，1984年。

7　（唐）白居易:《全唐诗》卷四二七《缭绫》，上海古籍出版社，1986年。

彩丝织成，文华次于锦，厚于绫"[1]；接受了唐代文化的日本也说"绮，似锦而薄者也"。[2] 由此看来，绮在唐代仅指一种较锦为次的色织物，但很难与实物相对应。日本有人把一种用两色丝线加捻成线再进行平纹交织的织物称作绮，这种织物类似于吐鲁番出土的北凉时期的木纹锦[3]，这或许有一定道理，但这种织物在唐代极为少见，或许正意味着绮的衰落。

4. 织物的幅宽

唐代丝织物的规格在当朝律令中有着严格的规定，"皆阔尺八寸，长四丈为匹"[4]。以前曾有人验之于敦煌契约文书，基本是吻合的[5]，今验之于都兰出土的丝织物，亦较吻合。

都兰出土织物许多均有双幅边，能测出完整的幅宽。其中最多的是绢，幅宽均在53—58.5厘米之间，以唐尺一尺合今30厘米计，幅宽为1.77—1.95唐尺，与一尺八寸的标准相差无几。特别是一类棕色绢（DRM1PM2:118）被割成许多件，约有20件均有双幅边，实测其平均幅宽为55.7厘米，折唐制为1.86唐尺。经锦和绫织物中亦有双幅边者，但从实测情况看，除紫色方纹绫（DRMIPM2:S117）幅宽为57.5厘米超出标准，以及黄地簇四联珠对羊锦（DRMIPM2:S59）幅宽为52.5厘米接近标准外，其他均在50厘米以下，离唐代标准幅宽约差2寸，最大的差4寸，这可能是因为锦绫的织造工艺较为复杂，偷工减料所得的利益颇大之故。

唐代还有一种丝织物的计量单位是"张"，主要流行于中亚地区，后被中原所仿效。吐鲁番文书证实，这一计量单位在当地使用甚早，具体尺寸是长约8—9.5尺，宽约4—4.5尺[6]。北朝时期的尺度标准略小于唐朝，可知张的幅宽约为匹的幅宽的2倍稍多些，在1米左右，而在长度上则大大小于匹，约为2米。张的尺寸的实例在都兰出土织物中可以找到，黄地大窠联珠花树对虎锦（DRM25:S1）属于唐式纬锦，虽已残破严重，但仍可测得其幅宽约为110厘米，折唐制3.7尺，就是一张的宽度。其使用长度为90厘米，折唐制3尺，这大约是半张锦长度的尺寸。甘肃武威慕容智墓出土的棕地鸾鸟纹锦的规格为长278厘米，宽125厘米，这件织锦是典型的中亚式织锦[7]。

其实，张与匹的规格区别最初曾是西方织锦与东方织锦、纬锦与经锦的重要区别标志。但随着东西纺织交流的深入，纬锦中也有采用经锦幅宽的，中原纬锦也有采用张作尺度的。唐代诏令中曾提及"大张锦"[8]之名，就是指此；广陵郡贡"锦被五十张"[9]，或可探知大张锦在当时的用途。在日本正仓院，著名的缥地大唐花纹锦的幅宽在110厘米上下，法隆寺所藏国宝四骑狮子狩纹锦的幅宽则达135厘米左右，都是张的规格的表现。[10] 当然，纬锦并不都以张为计量单位，但我们可以说，以张为计量单位的都是纬锦。

---

1 （唐）释慧琳：《一切经音义》卷一《绮饰》，上海古籍出版社，2008年。

2 ［日］狩谷棭斋：《笺注倭名类聚抄》卷三《布帛部》，全国书房，1943年。

3 木纹锦现陈列于吐鲁番地区文物管理所。

4 ［日］仁井田陞著，栗劲、王占通译：《唐令拾遗》第二十三《赋役令》，长春出版社，1989年。

5 王进玉：《敦煌遗书中的丝织物》，《丝绸史研究》1987年第1—2期，第12—27页。

6 《义熙五年（409年）道人弘度举锦券》［75TKM 99:6（0）］和《承平五年（447年）道人法安第阿奴举锦券》［75TKM88:1（b）］。

7 甘肃省文物考古研究所：《王国的背影：吐谷浑慕容智墓出土文物》，文物出版社，2023年。

8 （唐）董诰：《全唐文》卷四七《禁断织造淫巧诏》，上海古籍出版社，1990年。

9 （唐）杜佑撰，王文锦等点校：《通典》卷六《赋税下》，中华书局，1988年。

10 常沙娜：《中国敦煌历代服饰图案》，中国轻工业出版社，1986年。

表 2　都兰出土丝绸文物及编号对照

序号	文物名	考古编号	藏品编号	《都兰纺织品珍宝》	《纺织品考古新发现》	《织绣珍品》	《丝路之绸》
1	红地云珠吉昌太阳神锦	DRM1PM2: S109	QK001863	74—78	74—77		119—121
2	黄地对波牵驼狮象纹锦	DRM1PM2:S149-1	QK002038	52—60		104—105	
3	橙地对波联珠狮凤龙雀纹锦	DRM1PM2:S150-2	QK001864A	61—65	84—85	98	117—118
4	橙地小窠联珠镜花锦	DRM1PM2:S127	QK002793	231—233			
5	黄地簇四联珠对马锦	DRM1PM2:S17	QK002033 上 QK002842 下	87—88	82—83		
6	黄地大窠联珠狩虎锦	DRM1PM2:S102	QK002911	117—120			
7	黄地大窠联珠花树对虎锦	DRM25:S1	/				
8	红地中窠联珠对牛锦	DXM1:S5	QK002036	237—239	95		
9	蓝地龟甲花织金锦带	DRM1PM2:S125	QK001895	154—156	100—101	125	126
10	团窠双珠对龙绫	DRM1PM2:S243	/				
11	紫色柿蒂绫	DRM1:S4	QK002875	182—183			
12	黄色柿蒂绫	DRM1PM2:S7-1	QK002882	148—149			
13	人字纹绫	DXMl:S3	/				
14	山形斜纹黄地绫	DRLM1:S11-4	QK002887	186—187			
15	方纹绫	DRM1:S135	/				
16	黄色龟甲绫	DRM1PM2:S62	QK002835	151—153			
17	黄色对波葡萄花叶绫	DRM9:S6-2	QK002039	177—179			123—124
18	黄色大花卉绫	DRM1:S57	/				
19	素绫	DRM6:Sl	/				
20	绿色九点罗	DRM9:S11-1	/				
21	蓝地十样小花缂丝	DRM1PM2:S70	QK002020	159—161	98—99	132	127
22	纱袍	DXM1:6	/				
23	黄䌷	DRM9:S5	/				
24	晕繝小花锦	DXM1:S6-1	QK002052	166—169	87		
25	绯锦	DRM9:S6-1	QK002039	174—176	106—107		123—124
26	褐黄繝道	DRM1PM2:S56	QK002919	184—185			
27	绿褐繝道	DRM1:S90	/				

续表

序号	文物名	考古编号	藏品编号	《都兰纺织品珍宝》	《纺织品考古新发现》	《织绣珍品》	《丝路之绸》
28	绿地对波联珠狮凤纹锦	DRM1PM2:S85	QK002034	48—49			
29	黄地对波葡萄枝绫	DRM1PM2:S66	QK002023	144—145	105		
30	黄地对波葡萄枝绫	DRM1:S113-1	QK002027	146—147		102—103	
31	黄地套环云珠人物锦	DRM1PM2:S63	QK002849、QK002053	79—81			
32	橙地方格联珠小花锦	DRM1PM2:S53	QK002905	82—83			
33	橙地方格联珠小花锦	DRM1PM2:S95	QK002801	82—83			
34	棕色绢	DRM1PM2:118	/				
35	紫色方纹绫	DRMIPM2:S117	/				
36	黄地簇四联珠对羊锦	DRM1PM2:S59	QK001855	106—108	86	108	
37	小窠联珠瑞花锦	DRM1PM2:S61	QK002796	85—86			
38	黄地小联珠对凤锦	DRM1:S128	/				
39	紫红地中窠宝花含绶鸟锦	DRXM1PM2:160-1	QK001859	271—273	88—90	114—115	175—177
40	黄地中窠卷草对鹿锦	DRM1:S25-1	/				
41	绿色柿蒂绫	DRM1:S141	/				
42	黄地中窠宝花锦	DRM9:25	/				
43	黄地大窠宝花锦	DRM1PM2:S21-1	QK002361A	215—217		134—135	181

注:

此表由东华大学博士研究生赵艾茜整理。表中相关编号及页码分别来自如下文献。

1.青海省文物考古研究所编著,许新国:《都兰纺织品珍宝》,文物出版社,2023年。

2.赵丰:《纺织品考古新发现》,艺纱堂/服饰出版,2002年。

3.赵丰:《织绣珍品:图说中国丝绸艺术史》,艺纱堂/服饰出版,1999年。

4.赵丰:《丝路之绸:起源、传播与交流》,浙江大学出版社,2015年。

第二部分

图 录

PART II

CATALOGUE

第一章　雄踞海西

　　吐谷浑本属于辽东慕容鲜卑族，于4世纪初到达青海，建立吐谷浑国。吐谷浑强盛时拥有东西四千里、南北两千里国土面积，完全控制了青海地区，为丝绸之路青海道的开拓和经营，以及东西方贸易和文化交流做出了卓越贡献。663年，吐蕃大举进攻吐谷浑，吐谷浑可汗诺曷钵携妻弘化公主及残部数千帐逃入凉州，吐谷浑灭国。吐蕃将留在青海吐谷浑故地的亲蕃势力纳入统治，占领青海地区和青海道。

Chapter 1　History of Tuyuhun

Originally belonging to the Murong Xianbei nomads, Tuyuhun arrived in Qinghai in the early 4th century A.D. and established the Tuyuhun Kingdom. In its heyday, it occupied the land of 4,000 *li* from east to west and 2,000 *li* from north to south, and completely controlled the Qinghai region, making outstanding contributions to the development of the Qinghai Path, as well as to trade and cultural exchanges between the East and West. In 663 A.D., Tuyuhun was attacked by Tubo. Nuohebo, Khan of Tuyuhun, fled into Liangzhou with Princess Honghua, his wife, and thousands of clan members. Tuyuhun Kingdom was conquered. The Tubo took over control of the Qinghai region and the Qinghai Path.

第一节　来自鲜卑

　　吐谷浑，系出慕容鲜卑，也被称为吐浑、退浑等，其祖先可追溯到东胡。曹魏初年（3世纪初），东部鲜卑慕容部首领莫护跋率领部族向东南移动，进入辽西，子慕容木延征高丽受封左贤王，孙慕容涉归（一名弈洛韩）正式成为辽东鲜卑单于。涉归有二子，嫡子慕容廆，庶长子慕容吐谷浑。因兄弟失和，吐谷浑率部西迁，约于313年到达青海东部等地，侵逼氐羌，成为强部。

A Tribe from Xianbei

　　Tuyuhun, from Murong Xianbei tribe, have ancestors that can be traced back to the Donghu. In the early 3rd Century A.D., Mohu Ba, the head, led his tribe to the southeast and entered western Liaoning, his son Murong Muyan conquered Goryeo, and his grandson Murong Shegui (other name Yiluohan) officially became the monarch of the Xianbei in Liaoning. Murong Shegui had two sons, the legitimade son Murong Gui, and the eldest illegitimade son Murong Tuyuhun. Due to brotherly disagreement, Tuyuhun, led the westward migration and reached the eastern part of Qinghai in about 313 A.D., invading the Di and Qiang tribes and getting strong.

图版1.1　折箭传说

　　吐谷浑人长于猎射，与其他游牧民族相同，成年男性部落民平时都是生产者，或放牧或狩猎，一旦有战事发生，或有戍卫需要，上马即为战士。其主要兵器为弓、刀，尤其倚重弓箭。第九任国王阿豺生命垂危之际所做的"折箭遗教"，被人们称颂千年。

　　据《魏书·吐谷浑传》记载：426 年，阿豺病重，召集 20 个儿子各取一支箭。命同母弟慕利延取一支箭折之，遂折断；又命他取 19 支箭折之，不能折断。于是阿豺说："汝曹知否？单者易折，众则难摧，勠力同心，然后社稷可固。"言终而死。

图版1.2　弓弭和箭镞使用法

弓箭是人类最早使用的兵器之一，距今应该已有3万多年的历史了。最原始、最简单的弓箭是弧形单体弓，"弦木为弧，剡木为矢"，即用单片的木头或竹材制成弓，用削尖了的木棍或竹竿做箭。为加强弓箭的杀伤力，人们不断地对弓箭进行改良，将简陋的单体弓发展为复合弓，在竹、木箭的前端加装更为坚硬锐利的箭头——镞，同时为增强稳定性，添加了尾羽。

古代文献中常说的"良弓劲弩"就是对复合弓的美誉。结合历史文献和考古资料可以发现，中国复合弓的制造技术在东周至秦代时期就臻于成熟。复合弓制作工艺复杂，弓体可分为弓弣、弓渊、弓弭、弓弦四大部分。弓弣是弓体中部把握的部分，多为木干，弣部左右侧贴附角、骨片。弓渊是弓弣与弓弭之间连接的弧形部分，用弹性优良的薄木为干体，内以好胶粘贴角片，外粘贴制好的筋，再外缠附生丝线、桦树皮等胶性好、防潮的材料。

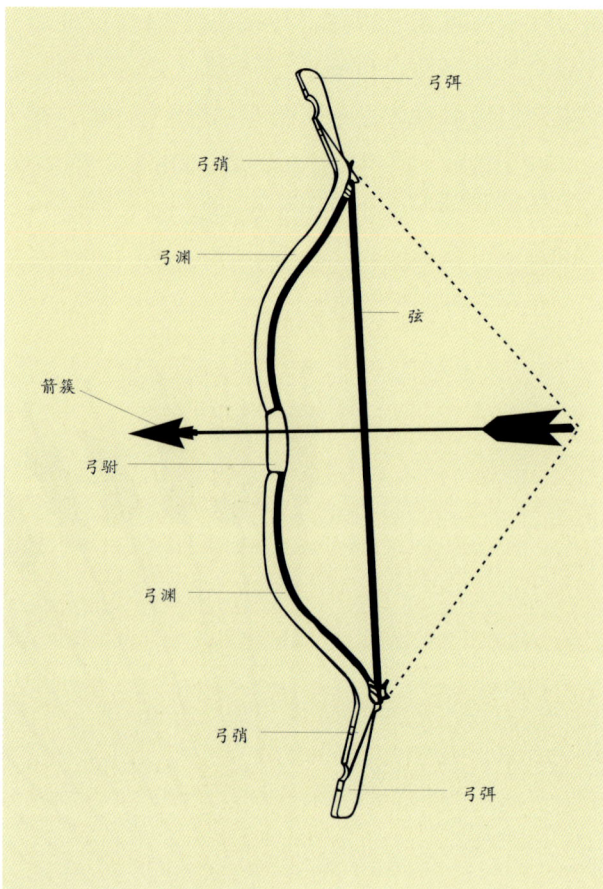

弓箭各部分示意图
（弓、箭各部分名称图依据于志勇《汉长安城未央宫遗址出土骨签之名物考》所绘）

弓弭是在弓弰细挺的弓体左右两侧粘贴的骨片、角或耐摩擦铜、玉石类的材料，并刻出半月形勾弦锲口为弦槽以系结弓弦。目的是增加牢度，使弰部更加结实牢固，且能使弓弰更为细挺。弓弰越细挺，射击时弹性就越大，减小阻力，而使箭射得更远。弓弭大多为长条刀形，上端呈圆弧状，一侧有挂系弓弦的弦槽，下端呈长条锐状。完整弓弭一般长22—33厘米、宽1.6—3厘米。[1] 新疆的尼雅遗址、黑龙江的凤林古城遗址、山西的大同东信国际北魏墓地等均有骨弓弭出土。

箭是搭在弓上发射的武器，包括箭镞、箭杆和箭羽。箭镞是箭的前端尖峰处，是弓箭中最具杀伤力的部分。目前考古学界发现最早的箭镞为1963年在山西朔县旧石器时代晚期遗址中发掘出的石制箭镞，经测定其年代为2.8万年前。[2] 箭镞所用材料跟不同时期的工艺水平有关，有铁镞、铜镞、骨镞、石镞，甚至还有用兽角、蚌壳等制造的镞。其形态也不断演进，翼式、棱式、矛式和扁平式等等，不一而足。

1　于志勇：《汉长安城未央宫遗址出土骨签之名物考》，《考古与文物》2007年第2期，第49—52页。

2　杨泓：《中国古兵器论丛》（增订本），文物出版社，1985年，第190页。

a
—
b

1.1 骨镞与骨弓弭 Bone Arrow and Bone Notch of a Bow

a.骨镞　Bone Arrow
b.骨弓弭　Bone Notch of a Bow

北魏（386—534）
a长6.5—8厘米；b长13厘米、宽2.3厘米、厚0.1厘米
山西省大同市交通苑北魏墓群出土
大同市博物馆藏
文物号：M180-4、M180-5；B14180

　　骨镞为有铤四棱形镞，以兽骨磨制而成。镞身扁平，锥形铤。骨弓弭素面。兽骨磨制。整体略呈弧形，顶端略宽呈半圆形，由上至下渐细，下部残断。上部内侧有小豁口，为弓箭拉弦之用。（段晓莉）

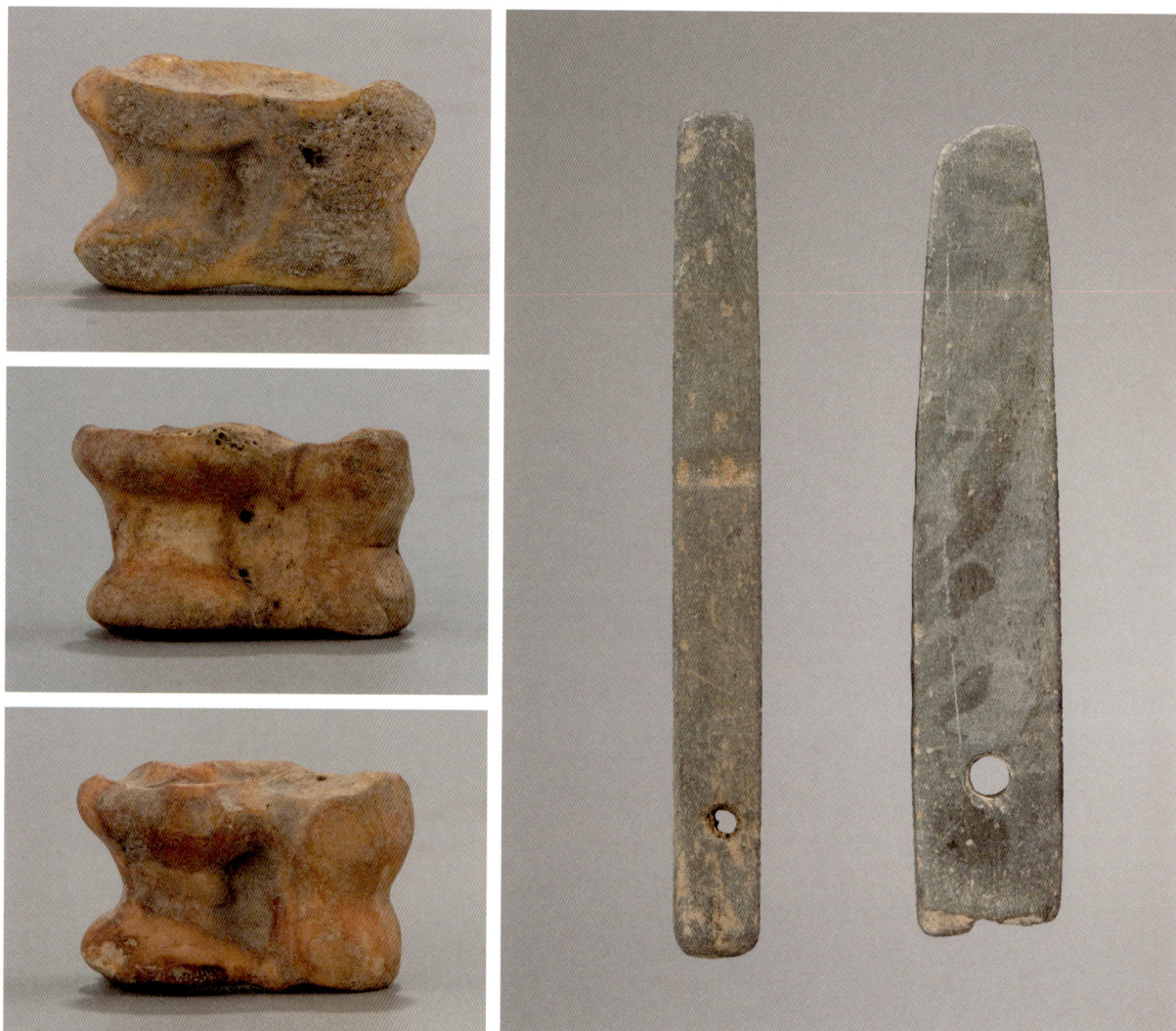

a | b

1.2 羊距骨与石磨条 Sheep Ankle Bones (*Shagai*) and Millstone

a.羊距骨 Sheep Ankle Bones (*Shagai*)
b.石磨条 Millstone

北魏（386—534）

a 长 3.2 厘米、宽 2 厘米、高 1.4—1.7 厘米；b 长 8.8—8.9 厘米、宽 0.9—1.5 厘米、高 0.6—0.8 厘米
山西省大同市开源街北东信国际北魏墓出土
大同市博物馆藏
文物号：B14620、B14621、B14622；B14826、B14567

　　羊距骨又称"嘎啦哈"。素面，部分有钻孔、打磨痕迹。羊距骨最早出土于我国甘青地区的新石器时代遗址中，战汉时期多出土于新疆地区的匈奴、乌孙墓葬中。东汉魏晋以后，其在内蒙古东北部、中部和山西北部的鲜卑墓中大量出现。这是一种具有殉牲、随葬、装饰、占卜、祭祀、棋局军事模拟、计数、玩乐等功能的器物。羊距骨是具有匈奴文化风格的遗存，后受匈奴影响的族群如乌孙、鲜卑等墓葬中均有羊距骨出土，象征了草原族群的文化交流。石磨条呈窄长条状，上部略宽，有孔。为生产工具，用于打磨各类器物，也用于祭祀。（段晓莉）

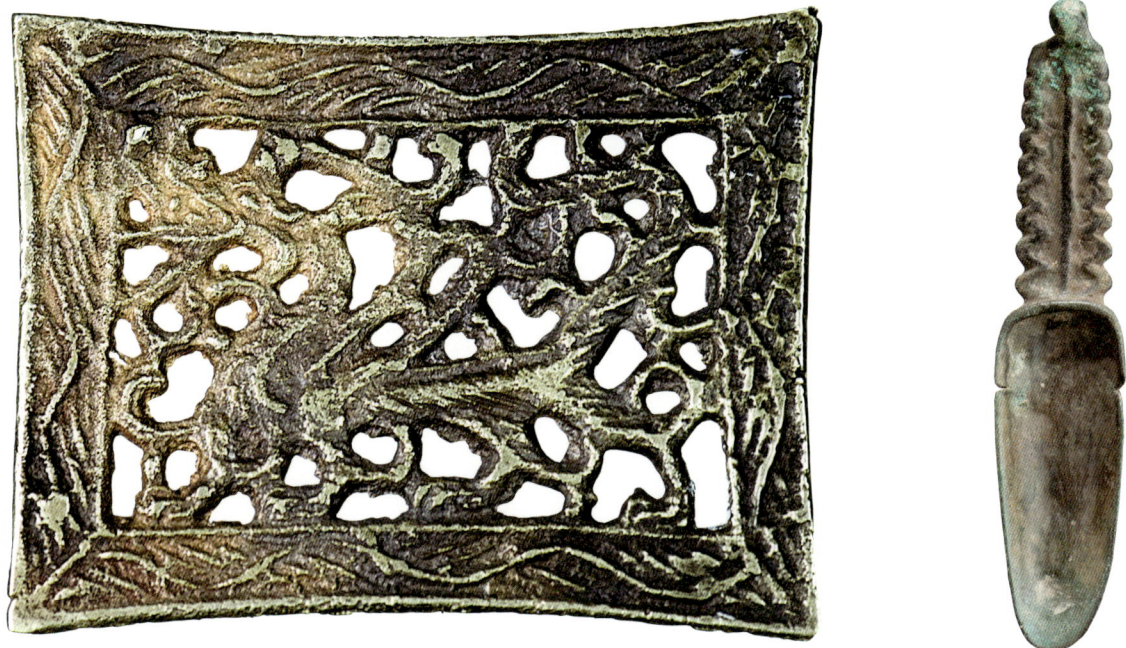

1.3 龙纹金牌饰 Golden Plaque with a Dragon

北魏（386—534）
长 4.8 厘米、宽 3.5 厘米
山西省大同市齐家坡北魏墓群出土
大同市博物馆藏
文物号：B24888

　　文物整体近长方形，四边向内微弧，条形边框上装饰水波纹。框内镂雕一条飞龙，鬃毛卷翘，昂首作前行状，形态威猛。（段晓莉）

1.4 铜勺 Bronze Spoon

北魏（386—534）
总长 10.5 厘米，其中柄长 4.8 厘米、宽 1.5 厘米，前端长 5.7 厘米、宽 2.0 厘米
山西省大同市南郊北魏墓群出土
大同市博物馆藏
文物号：B4894

　　勺呈弧状长方形，勺头略宽，勺近柄处两侧有两个缺口，系人为所致。柄两侧做凸起的锯齿纹，中有凸脊道，上下两面相同，柄端弯曲成圆环。（段晓莉）

第二节　建业山南

329 年，吐谷浑孙叶延正式建立政权，以祖父吐谷浑为其族名、国号，吐谷浑正式建国。此时正处于十六国民族大融合时期和分裂割据时期。吐谷浑在各政权之间纵横捭阖，疆域一度"东至叠川，西临于阗，北接高昌，东北通秦岭，方千余里"[1]。

Establishment of the Kingdom

In 329 A.D., Tuyuhun's grandson Yeyan established the regime, and determined the name of the tribe and the kingdom as "Tuyuhun", named after his grandfather. Tuyuhun was then officially founded. It was the period of great national integration and division of the Sixteen Kingdoms. Tuyuhun spread out among the various regimes, and its territory once reached almost 520,000 km².

1　（唐）姚思廉：《梁书》卷五四《诸夷传》，中华书局，1973 年，第 810—811 页。

图版1.3　伏俟城考古

伏俟城遗址，位于青海省海南州共和县铁卜加村，东距青海湖约 7.5 公里，传为吐谷浑的都城，也是古代连接东西交通的重镇。"伏俟"为鲜卑语，汉意"王者之城"。伏俟城中有小城、宫殿，布局受汉地影响较多。近年，青海省考古研究所和西北大学文化遗产学院组成的联合考古队对其进行考古调查，取得了突破性发现。

伏俟城内城航拍（刘卫鹏提供）

伏俟城遗址，上方为青海湖（刘卫鹏提供）

1.5 文字板瓦及拓片 Tile and Rubbings with Characters

北朝（386—581）
瓦厚 0.7—1.5 厘米，现长 26 厘米、宽 18.3 厘米
青海省海南州共和县伏俟城遗址出土
青海省文物考古研究所藏

　　文字板瓦呈青灰色，残，凸面模印文字"天"，现存 4 列，其中中间两列保存相对完整，每列 4 字，两侧每列各残存 2 字。凹面饰较粗的麻点纹，中部有一道横向浅槽，似为绳索类所致。瓦厚 0.7—1.5 厘米，现长 26 厘米、宽 18.3 厘米。伏俟城内城西北部出土。文字瓦拓片均为伏俟城内城采集，其中 004、009、018 均为模印文字，019、020、023、024 为刻写文字，文字均残缺，笔画有粗细变化，可以看出均为"天"字。（刘卫鹏）

a | b
‾‾‾
　| c

1.6 陶片一组 A Set of Pottery Fragments

a.盘口壶残块 Fragment of *Hu*-jar with Dish-shaped Mouth
b.罐（瓮）口沿残块 Pot Fragment
c.细绳纹板瓦 Tile with Cord Mark

北朝（386—581）
a高 16.5 厘米，复原口径 15.6 厘米；b复原口径 36 厘米；c厚 2—2.5 厘米，残长 14—17 厘米、残宽 9.5—11 厘米
青海省海南州共和县伏俟城遗址出土
青海省文物考古研究所藏

　　盘口壶残块于伏俟城东部北城东墙附近采集，口、颈部残块。青灰色，侈口，平沿，尖唇，束颈，颈部有两道凸棱，夹少量粗砂。残高 16.5 厘米。复原口径 15.6 厘米。罐（瓮）口沿残块于伏俟城东部北城东墙附近采集，青灰色，侈口，圆唇，唇上有一周轮制浅槽，束颈较粗，溜肩，肩部饰篮纹。复原口径 36 厘米。细绳纹板瓦于伏俟城东部南城中部的夯台出土，残，前端呈波浪形，厚 2.3—2.4 厘米。凸面细绳纹中有横向细线纹，凹面饰较大麻点纹，凹凸不平，有植物印痕。侧边切面到底，切面厚 2.5—3 厘米。瓦厚 2—2.5 厘米，残长 14—17 厘米、残宽 9.5—11 厘米。（刘卫鹏）

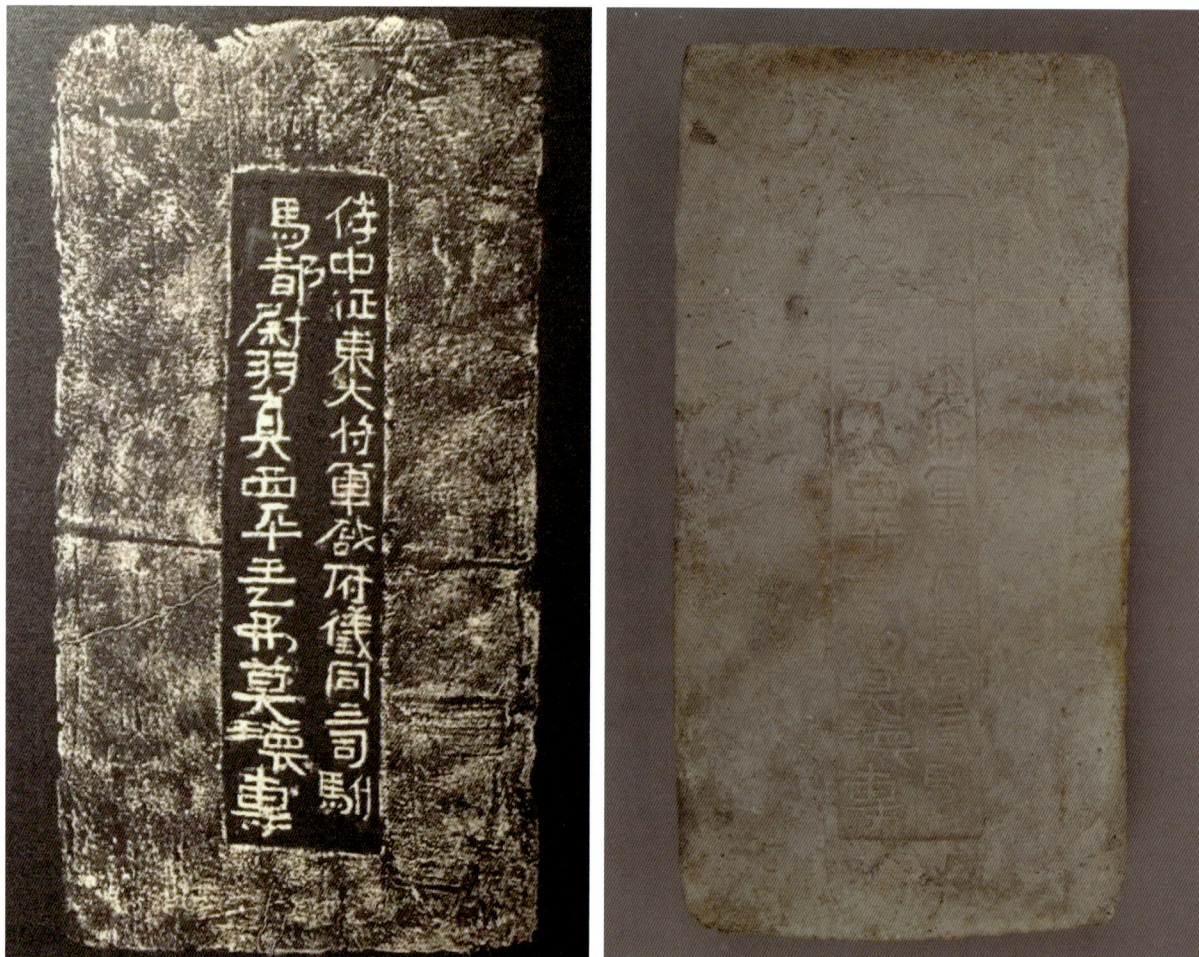

1.7 "西平王乙弗莫瓌"墓砖

Tomb Brick with the Inscription on Dedicatee Mo Gui (tribal chief of Yifu)

魏—晋（220—420）

长 31 厘米、宽 20 厘米

青海省博物馆藏

　　乙弗也是鲜卑部落，约于 395 年自蒙古草原西迁至青海湖一带，在征服当地羌族部落后建立了乙弗勿敌国，地域大致包括今青海省共和、刚察、海晏等县，以及海西州乌兰、天峻县东部地区，南隔黄河与吐谷浑相望。"勿敌"在鲜卑语中是一个尊号。

　　431—437 年，乙弗勿敌国降并于吐谷浑，其首领拜为渠帅。444 年，北魏太武帝拓跋焘大败吐谷浑，乙弗部首领匹知遣子乙瓌入贡北魏。乙瓌即莫瓌，体力过人，善骑射，深得魏世祖拓跋焘信任，娶上谷公主为妻，封西平公。死于魏文成帝和平年间，年仅 29 岁。[1]

　　"西平王乙弗莫瓌"墓砖正是这一历史的见证。（陆芳芳）

---

1 （南北朝）魏收：《魏书》卷四四《乙瓌传》，中华书局，1974 年，第 991—992 页。

1.8 双马形铜牌饰 Double Horse-Shaped Bronze Plaque

魏晋十六国（220—439）

长 7 厘米，宽 5 厘米

青海省海东市互助县丹麻泽林土洞墓出土

青海省博物馆藏

文物号：QB9794

　　此件文物青铜质。马呈轮廓状，整体造型为大马呈跪伏状，马背上有一小马，腹部有一对马镫，双马颈部、尾部、腿部镂空，马表面连珠纹、太阳纹和几何纹银锭。其有可能为佩戴在衣服、腰带、人或车马具上的青铜佩饰件。镂空模铸而成，是典型的匈奴文化遗物，为研究汉代匈奴文化提供了可靠的实物资料。（黄志成、才忠吉）

1.9 力士人物模印砖 Moulded Brief Brick with Warrior Figure

南北朝（420—589）
长 16.5 厘米，宽 17 厘米，高 5.5 厘米
青海省海东市平安区东村汉墓出土
青海省博物馆藏
文物号：QB1018-8

　　2000 年，西宁市湟中县徐家寨村村民在本村会龙山脚取土时挖开了一座画像砖墓，随后青海省文物考古研究所与湟中县博物馆对该墓进行了抢救性发掘。该墓的墓室四壁镶嵌有画像砖 200 多块。画像砖题材丰富多彩，排列整齐有序，共有力士、兽面、胡人牵驼、人物故事、骏马房舍、莲花、对凤、仙人八个类型。[1]

　　此件画像砖中的形象为托梁力士。力士作双手举起托梁状。额头上处有一对小尖角，脸部现出用力的神态，双目紧锁、暴凸，鼻翼鼓张，呲嘴露牙，须毛怒发，表情生动。上身裸露，胸前的肌肉发达。穿紧身裤，显出深凹的脐眼。双腿作蹲踞状。徐家寨画像砖墓力士造型受到了佛教艺术的影响，有着辟邪、镇守、护魂的含义。[2]（陆芳芳）

1　记者杨展望、通讯员赵英：《湟中出土魏晋画像砖墓》，《青海日报》2000 年 8 月 9 日第 002 版。

2　孙杰：《佛教初传"湟中"研究——以"湟中"画像砖墓出土佛教图像为例》，《佛学研究》2019 年第 1 期，第 300—301 页。

1.10 "空马房舍" 模印砖 Moulded Brief Brick with House and Horse

南北朝（420—589）
长 16.5 厘米、宽 17 厘米、高 5.5 厘米
青海省海东市平安区东村汉墓出土
青海省博物馆藏
文物号：QB1018-3

　　徐家寨画像砖中出土了湟水流域目前发现的最早的反映佛教内容的图像，"空马房舍" 即为其中一个典型。"空马" 既无缰绳鞍鞴，又无载物，在佛教中象征着佛的出家，是前佛像时期流行的佛教象征图案。此件文物对于研究早期佛教在青海河湟地区的影响与传播有着重要的意义。[1]（陆芳芳）

1　俞长海：《青海湟中徐家寨画像砖墓中的佛教题材》，《青海师范大学学报（哲学社会科学版）》2015 年第 5 期，第 44—50 页。

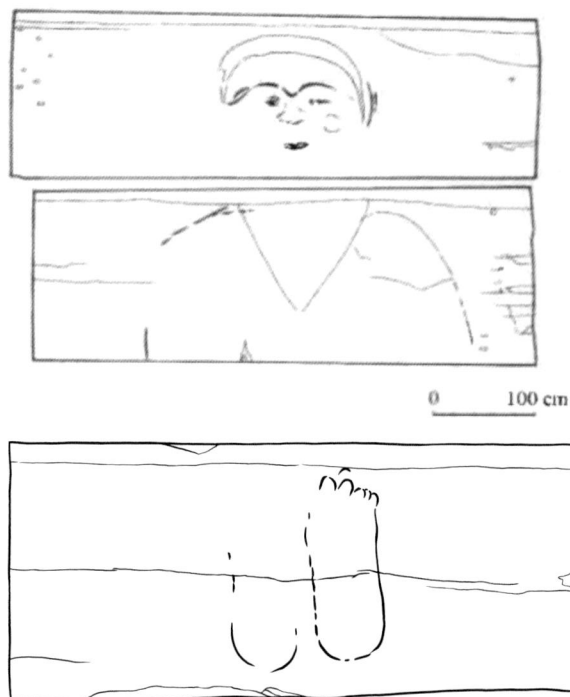

0　　　　100 cm

ZB-M007（中）、ZB-M008（上）、ZB-M010（下）
线描图（张建林、才洛太绘图）

1.11　人物棺板画人脸图与脚印图　Coffin Drawings with Portrait and Footprint

晋—南北朝（390—460）
ZB-M007 长 52.5 厘米、宽 17.6—18.6 厘米、厚 4.5—4.8 厘米
ZB-M008 长 52 厘米、宽 16—17 厘米、厚 4.5—5 厘米
ZB-M010 长 37 厘米、宽 16—16.7 厘米、厚 4.5 厘米
青海藏医药文化博物馆藏
文物号：ZB-M007、ZB-M008、ZB-M010

　　ZB-M007 平面呈长方形，正面绘一交领人物胸像，墨线简拙，黄色交领内着红色圈领衫。此板与
ZB-M008 合为同一幅人物胸像，此板为下半部。ZB-M008 平面呈长方形，正面绘一短发人物头部，
脸颊部有涂红。与 ZB-007 可拼合，应为上半部。两侧有浅钉眼 8 个，背面有纤维残痕。上部边缘有
一条明显曾被遮盖的痕迹。

　　ZB-M010 平面呈长方形，正面用墨线绘一封脚掌。上方边缘有明显的一条曾被遮蔽的痕迹。此板
可能为前（或后）挡板的上半部图。

　　根据 C14 测年以及对棺板拼合的样式分析，这三件文物所属墓葬的年代应该是在 4 世纪末至 5 世
纪末之间，正是吐谷浑占据青海大部、由初期开拓发展到壮大兴盛的重要阶段。[1]（张建林、才洛太）

1　本页图文：Zhang Jianlin, Tshelothar (Cai Luotai), Painted Wooden Coffins in the Tibatan Medival Culture Museum（张建林、才洛
　　太：《青海藏医文化博物馆藏彩绘棺板》）, in *Early Medieval North China: Archaeological and Textual Evidence*（《从考古与文
　　献看中古早期的中国北方》）, Edited by Shing Müller, Thomas O. Höllmann, and Sonja Filip, (Wiesbaden: Otto Harrassowitz GmbH
　　& Co. KG, 2019), pp.261-282.

棺板画 ZB—M008

棺板画 ZB—M007

棺板画 ZB—M010

第三节 族分两脉

唐高宗龙朔三年（663），吐谷浑国为吐蕃所灭。可汗诺曷钵携妻弘化公主及残部数千帐逃入凉州，吐谷浑故地悉数被吐蕃占领。吐蕃为统治被征服的吐谷浑境内各部，扶植亲蕃的吐谷浑王族协助处理民族与政治事务。从此，吐谷浑这个民族被分成两条脉络，大部分为吐蕃所统治，小部分归顺于唐朝，散居在今青海、甘肃、陕西、宁夏等地。

After the Fall of the Kingdom

In 663, the Tuyuhun Kingdom was defeated by Tubo. Khan Nuohebo fled into Liangzhou with Princess Honghua, his wife, and thousands of clan members, and all of Tuyuhun's former territories were occupied by Tubo. From then on, the Tuyuhun, as a tribe, belonged to the Tang dynasty and Tubo rule respectively, and lived in present-day Qinghai, Gansu, Shaanxi, Ningxia and other places.

图版1.4　"外甥阿柴王之印"银金合金印章

2018血渭一号墓主墓室棺板附近出土印章一枚，编号2018DRXM1ZD1:178，方形，鼻钮，钮穿呈圆形，穿内残存印绶痕迹。印面边长约1.8厘米，通高约1.8厘米。[1]

该印章表面通体腐蚀，印面覆盖棕灰色锈蚀层。为避免对印面印文造成不可逆的损害，印章出土后采取无损分析的手段对其材质、腐蚀状况和印面内容进行系统科学分析。材质成分分析使用阿美特克（Ametek）公司EDAX Orbis型微束X射线荧光光谱仪，得出印章基体主要成分为银和金（含微量铜）。而印面内容识别先后通过X射线成像、160千伏X射线显微CT和450千伏X射线工业CT等无损分析，最终采用中国科学院高能物理研究所自主研发的450千伏X射线工业CT分析较为完整地获取了印面内容信息——阴刻的骆驼和古藏文。[2]最终由藏文权威专家西藏文物考古研究所夏格旺堆副所长、中国藏学研究珠峰奖获得者陈庆英先生识读出印文为"外甥阿柴王之印"。[3]

这是热水墓群40年考古第一次得到明确的族属信息。阿柴王即吐谷浑王。根据树木年轮的测年，2018血渭一号墓的年代是744±35，明显是吐蕃统治时期。吐蕃为加强对吐谷浑王的笼络与控制，以和亲形式强化与吐谷浑王族的甥舅关系，授其可以承袭"莫贺"之号，统辖吐谷浑各部。根据印章的内容，结合敦煌文书《阿柴纪年》记载，考古学家初步推定墓主人可能是吐蕃统治下的吐谷浑王莫贺吐浑可汗，他的母亲正是一位吐蕃公主。

"阿柴王"银金合金印章　　　　　　　　　　　印章上的藏文

1　中国社会科学院考古研究所、青海省文物考古研究所：《青海都兰县热水墓群2018血渭一号墓》，《考古》2021年第8期，第60—61页。

2　刘勇、许琼、韩建华、李默涵、梁宏刚、白文龙：《热水墓群2018血渭一号墓出土印章的科学分析与相关研究》，《江汉考古》2022年第6月，第104—110页。

3　韩建华：《一场由盗墓引发的抢救性发掘——2018血渭一号墓印章出土手记》，《中国土族》2021年夏季号，第32页。

图版1.5　弘化公主墓志

　　弘化公主（622—698）为唐朝宗室之女，640年与慕容诺曷钵完婚，成为大唐嫁与少数民族政权的第一位公主。663年5月，吐谷浑为吐蕃所灭，弘化公主随诺曷钵逃至凉州。672年，唐高宗设安乐州（今甘肃同心县），由诺曷钵任刺史，由其自治管理。688年，诺曷钵去世，其子慕容忠继位并被封为青海王。690年，武则天称帝，改封弘化公主为大周西平大长公主。弘化公主死后葬于武威南营乡，其长子青海王慕容忠等亦葬于附近。

弘化公主墓所在地青嘴喇嘛湾

弘化公主墓志拓片

图版1.6 慕容智墓及出土文物

　　2019年9月27日，甘肃省天祝藏族自治县祁连镇岔山村所在的山顶上发现一座唐墓，东距武威市中心约35公里。墓葬为带斜坡墓道的单室砖室墓，由封土、墓道及壁龛、封门、照墙、甬道和墓室等组成，其中照墙上、甬道及墓室内绘有壁画，内容主要为门楼、人物及星象。墓室设棺床，并放置棺木一具。墓葬总体保存较好，出土大量精美文物，包括数量较多的彩绘陶、木俑群，大型彩绘木质床榻、胡床、成套武器装备（包括铁甲胄、马鞍、弓、箭箙等）、木质饮食乐舞模型以及数量较多的精美丝织品等。其中还包括国内目前所见唯一的唐代毛笔（两支）、国内首次出土的唐代铁甲胄等。墓内出土甬道正中出土石质墓志一方，墓主为"大周云麾将军守左玉钤卫大将军员外置喜王"慕容智，因病于"天授二年三月二日薨"，终年42岁。墓志载慕容智系跋勤豆可汗慕容诺曷钵第三子。该墓为国内发现和发掘的时代最早、保存最完整的唐吐谷浑王族墓葬，为研究后期吐谷浑王族谱系、葬制葬俗及相关问题提供了重要材料，是吐谷浑墓葬考古研究的重要发现。该墓的发掘丰富和拓展了丝绸之路物质文化资料，对推动唐代与丝绸之路沿线民族关系史、交通史、物质文化史、工艺美术史等相关研究具有重要价值。[1]

墓葬远景

墓室侧视图（由东向西）

墓道东壁龛内随葬品

1　甘肃省文物考古研究所、武威市文物考古研究所、天祝藏族自治县博物馆：《甘肃武周时期吐谷浑喜王慕容智墓发掘简报》，《考古与文物》2021年第2期，第15—39页。

1.12 慕容智墓志 Epitaph of Murong Zhi

唐（7世纪下半叶）
志盖：底边长 54.5 厘米、宽 54.2 厘米、顶边长 39.6 厘米、宽 39.6 厘米、厚 8.8 厘米
墓志：边长 53.7、厚 9.2 厘米
甘肃省武威市天祝藏族自治县慕容智墓出土
甘肃省文物考古研究所藏

　　慕容智墓志青石质，方形，由盖、志两部分组成。志盖盝顶，正面中间阴刻篆书"大周故慕容府君墓志"，周围饰以缠枝卷草花卉纹。正面楷书志文，20 行，满行 17 至 21 字，除 4 处与皇帝相关称谓的词前各留一空格外，共刻 392 字，其中"天""地""日""月""年""授"等为武周新字。左侧面纵刻两行文字，约 36 字，其中部分字体具有和汉字相同的偏旁部首，或偏旁部首的合成字，暂无法释读。侧面还有两行文字，无法释读，疑为吐谷浑文。

　　墓志主要介绍了墓主人的姓氏、籍贯、先祖、世袭、入仕为官情况、逝世时间、迁葬之地等，其中使用了大量典故和溢美之词，概括了慕容智从入仕宫禁到灵州病逝的一生。墓主人为"大周云麾将军守左玉钤卫大将军员外置喜王"慕容智，其"父诺曷钵，尚大长公主，驸马都尉、跋勤豆可汗"，为"可汗第三子也"。慕容智于永徽元年（650）生于吐谷浑王城（伏俟城），在其 14 岁时国中巨变，慕容智随父母逃亡至今武威地区，在武威生活一段时间后，与其父母部族移居今宁夏吴忠。大约在武威生活的少年时代或成年后，至唐都长安，入侍宫廷，担任禁卫军职，宿卫皇帝，因出身高贵且尽忠职守，官至"守左玉钤卫大将军"。慕容智其人，智勇双全，望重边亭，誉隆藩邦，其在吐谷浑族中封号为喜王。691 年三月，因病在宁夏吴忠病逝，同年九月其灵柩运至武威，归葬于其父诺曷钵的"大可汗陵"区。

　　慕容智墓志出土信息明确，首次提到慕容氏除"阳晖谷"之外的又一陵园"大可汗陵"的存在。"大可汗陵"应当是慕容氏家族在阳晖谷之前的先茔所在。在当时唐蕃相互征伐的历史大背景下，自弘化公主始，慕容氏家族建设了新的陵园"阳晖谷"。之后归葬于凉州地区的慕容氏家族成员，便皆以阳晖谷为先茔之所在，大可汗陵逐渐荒废。这一发现为下一步的考古工作指明了方向。（刘兵兵、陈国科）

正面志文：

大周故云麾将军守左玉钤卫大将军员外置喜王慕容府君墓志铭并序
王讳智，字哲，阴山人。跋勤豆
可汗第三子也。原夫圆穹写象，珠昴为夷落之墟；方
礴凝形，玉塞列藩维之固。其有守中，外沐淳和，贵诗
书，践仁义，则王家之生常矣。廓青海，净湟川，率荒陬，
欽缶朔，则主家之积习矣。故能爪牙上国，跨蹑边亭，
控长河以为防，居盘石而作固。灵源茂绪，可略言焉：
祖丽杜吐浑可汗。父诺曷钵，尚大长公主，驸马都尉、
跋勤豆可汗。王以龟组荣班，鱼轩懿戚。出总戎律，敷
德化以调人；入奉皇猷，耿忠贞而事主。有制
曰：慕容智，鲜山贵族，昂城豪望，材略有闻，宜加戎职，
可左领军将军，俄加云麾将军，守左玉钤卫大将军。

望重边亭，誉隆藩邦。西园清夜，敬爱忘疲，东阁芳晨，言
谈莫倦，诚可长隆显秩，永奉宸居！岂谓齐桓之痾，
先侵骨髓，晋景之瘵，已入膏肓。天授二年三月二日，
薨于灵府之官舍，春秋卌有二，即其年九月五日迁
葬于大可汗陵，礼也。上悬乌兔，下临城阙，草露朝清，
松风夜发。泣岘山之泪，隋悲陇水之声，咽呜哀哉！乃
为铭曰：丹乌迅速，白兔苍茫，两楹流奠，二鉴经殃。
崩城恸哭，变竹悲伤，一铭翠琰，地久天长。

墓志盖

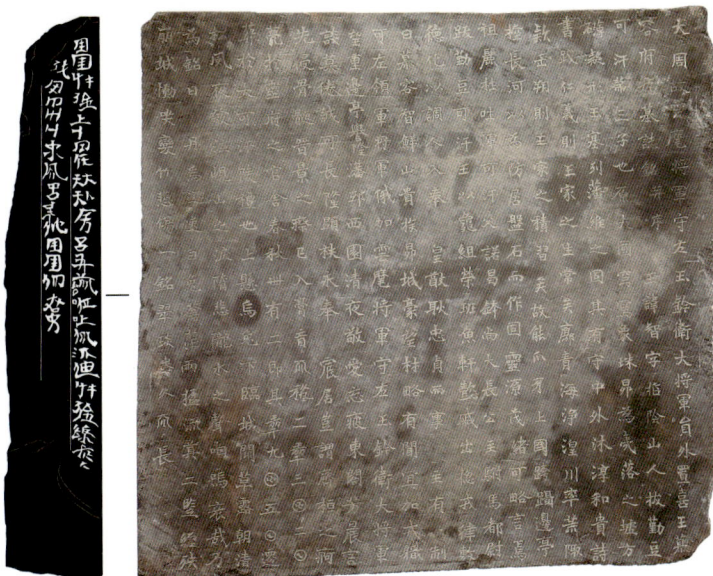

墓志

1.13 a./b.木风帽男俑 Tomb Male Figurines with Headdress

唐（7 世纪下半叶）

a 高 20.5 厘米；b 高 20.8 厘米

甘肃省武威市天祝藏族自治县慕容智墓出土

甘肃省文物考古研究所藏

文物号：2019TQCM1MS:21；2019TQCM1MS:22

　　甘肃武威慕容智墓墓道东、西侧
壁龛出土一批彩绘陶俑和木俑，其
中有 7 件为风帽披袍俑。木风帽男俑
a 头戴橘红色尖顶披肩风帽，内衬黑
色窄袖束带长袍，外披橘红色交领窄
袖曳地大衣（双襟交叠于颔下，即合
口套衣），袖长及膝下。双手叠合拱
于胸前，交抱处留有小孔，原持物已
失。木风帽男俑 b 面部涂白彩，彩绘
基本完整。浮雕出鼻部、唇部，并以
黑色颜料画出眉目、胡须。五官清晰
可辨，弯眉细目，宽鼻小口，双唇紧
闭，八字胡下撇。头戴前低后高斜面
状垂肩风帽，内着黑色窄袖长袍，未
系腰带，外披曳地合口套衣。双手
右上左下，呈握物状，原持物已失。
（陈国科、刘兵兵）

1.14 **陶双髻女俑** Tomb Female Figurine with Double Bun

唐（7世纪下半叶）
通高 24.5 厘米
甘肃省武威市天祝藏族自治县慕容智墓出土
甘肃省文物考古研究所藏
文物号：2019TQCM1MDK1:2

　　慕容智墓出土的陶俑主要有人物俑和动物俑两类，人物俑有文官俑、武官俑、男侍俑、女侍俑、骑马俑。陶俑以泥质红陶为主，多为合模制作而成，内部中空。此件陶双髻女俑呈站立状，身躯瘦削，亭亭玉立。头束黑色双发髻，面部较为丰满，面颊处涂橘红彩。以黑色颜料绘出眉眼，五官清晰可辨，弯眉细目，小鼻小口，朱唇微启。上半身着蓝色交领阔袖衫，内衬黄色衣物；下半身着白色束腰露足长裙。右侧发髻稍有残缺，彩绘完整。双手握木质仪刀，刀身通体施黑彩，刀首为圆饼形，通体施黄彩，中心涂黑，表示环形。因陶俑和木仪刀分开制作，仪刀尺寸与陶俑手中所预留的小孔并不相配，仅刀鞘尖部分可以插入孔内。

　　类似随葬俑或图像亦见于河北、山西、河南、陕西等地北朝至隋唐墓葬，披袍形象形态丰富，自成一体，动态演变，似为随葬俑像中较为固定的组成部分，与西亚波斯、中亚粟特及其他游牧民族有一些渊源关系，呈现了多民族文化交融的特征。而风帽这种带有明显的鲜卑风格的服饰，也反映了吐谷浑在"在政治礼制、文化面貌上已整体纳入了唐王朝的统治体系当中，汉化明显，同时也保留了部分本民族文化特征"[1]。（陈国科、刘兵兵）

---

[1] 杨瑾：《甘肃武威慕容智墓披袍俑的多元文化渊源探析》，《中原文物》2022年第4期，第56—66页。

第二章　锦衣肉食

　　吐谷浑以游牧经济为主，狩猎业、手工业、农业和商业多种经济并存。其中，游牧业为吐谷浑人提供了基本的生产资料和生活资料，是吐谷浑最主要的经济类型。狩猎业在吐谷浑也有着特殊的地位，除补充衣食之需外，还具有娱乐和军事训练的功能。手工业为吐谷浑人提供了生产工具、生活用品和军事装备，农业和商业占比较低。在鲜卑文化、汉文化、羌氐文化、西域文化的影响下，吐谷浑人在长期的生产生活实践中，逐渐形成了具有鲜明特色的文化习俗，饮食以肉酪为主，杂以其他食物，服饰既有鲜卑特色，又混杂吐蕃、西域和中原风格。

Chapter 2 Living of Tuyuhun

　　Tuyuhun, the nomads, lived on herdings, while they also do hunting, handicrafts, agriculture and trading. Among them, hunting could also serve the function of recreation and military training. Under the influence of Xianbei culture, Han culture, Qiang culture, and culture of China's Western Regions, the Tuyuhun people gradually formed distinctive cultural customs. For example, their diet was mostly based on meat and cheese, and their costumes had the characteristics of Xianbei, as well as those of Tibetan, Western Regions and Han.

第一节　服　饰

　　吐谷浑人是慕容鲜卑后裔，其服饰具有明显的鲜卑服饰风格。其男子首服有贵贱之分，普通民众头戴"长裙帽"，王公贵人多戴"幂䍦"。男装为小袖袍，小口袴；女装为襦裙，恪尊还有披锦大袍。吐谷浑国灭亡后，其人或内徙入唐，或成为吐蕃治下的属民。内徙入唐的吐谷浑人服饰逐渐与汉人趋同，留在故地的吐谷浑人的服饰则逐渐吐蕃化，与之相融合。

Wearing Apparel

　　As Murong Xianbei descendants, Tuyuhun people's apparel has obvious Xianbei style. The men's headdresses were distinguished by their nobility. The men's clothes were small-sleeved robes and slim-fit pants, while the women's clothes were short jackets and skirts, and there were also large robes of brocade for Khan's wife. After the fall of the Tuyuhun Kingdom, its people either migrated to Tang or were ruled by Tubo, and their costumes gradually converged with local people.

2.1 陶纺轮 Pottery Spinning Wheel

唐（8世纪）
a 直径 6.4 厘米、孔径 1.3 厘米、厚 0.85 厘米；b 直径 6.4 厘米、孔径 1.3 厘米、厚 0.85 厘米
青海省海西州都兰县哇沿水库官却和遗址出土
青海省文物考古研究所藏
文物号：M23:53；M23:59

　　哇沿水库坝址位于青海省都兰县热水乡扎麻日村东南约 2 公里处的察汗乌苏河上。2014 年 4—9 月，为配合哇沿水库工程建设，经国家文物局批准，在海西州博物馆与都兰县文管所的协助下，由青海省文物考古研究所与陕西省考古研究院共同对水库建设涉及区域内的 25 座古代墓葬和 5 座殉马坑进行了抢救性发掘。

　　其中一座木椁墓 M23 虽然被盗严重，依旧出土了共 564 件随葬品，包括 15 件陶纺轮。[1] 此次展示的两件均为夹砂灰陶，由陶片磨圆改制而成，圆形，素面，一件中间穿孔，一件中心对钻孔未钻通。（王玥、陆芳芳）

2.2 打纬刀 Wooden Weft Beater

唐（8世纪）
残长 30.7 厘米、宽 4 厘米、厚 0.5 厘米
青海省文物考古研究所藏
文物号：QK003502

　　此木刀可能为打纬刀，由整木制成，通体磨光，中心厚边缘薄，一头残断，另一头为尖头，有使用痕迹，应为纺织时使用的实用物品。（张启珍）

2.1a | 2.1b
2.2

1　青海省文物考古研究所、陕西省考古研究院：《青海都兰哇沿水库 2014 年考古发掘报告》，科学出版社，2022 年，第 30、41 页。

2.3 鎏金人物银饰件 Gilt Silver Figurine Ornaments

唐（7—9 世纪）

a 高 32 厘米、宽 10.5 厘米；b 高 32.5 厘米、宽 11.3 厘米

青海藏医药文化博物馆藏

文物号：ZB-Y（饰品）00004；ZB-Y（饰品）00005

　　吐蕃制作的金银器以其美观、珍奇以及精良的工艺著称于世。此批饰件采用锤揲工艺制作，人物神态严肃，直鼻小口，面相饱满，饰件人物头缠高筒状头巾，身穿三角形大翻领长袍，衣领、袖口、衣边均镶饰花边，腰系饰带，脚穿半靴，为典型的吐蕃时期风格服饰。（索南吉）

2.4　小团花纹锦袍 *Jin*-Robe with Rosette Pattern

唐（618—907）
衣长 140 厘米、通袖长 130 厘米
中国丝绸博物馆藏
文物号：2011.7.6

　　此件锦袍偏衽、翻领、两侧开衩，半袖，应为常见的胡服半臂款式之一。锦以土黄色为地，以深蓝、浅蓝两色经线显花，并以白色丝线勾边，图案为小团花纹，每一团花由三对开放的瓣叶组成，有瓣形花芯。浅蓝色和深蓝色两列团花相间交错排列。三瓣的花朵造型在织物上非常罕见。其渊源或许来自北朝时期的三圈结，这种三圈结纹样较多地出现在北朝晚期的平纹纬锦上。

　　法国吉美博物馆所藏敦煌幡中有一组深绿地朵花纹斜纹经锦，在深绿色地上以米白色和红色（现已褪色）两色经线显花，三瓣朵花纹样，内装饰有三瓣花芯，二二错排。[1]（薛雁）

深绿地朵花纹斜纹经锦，盛唐时期，
法国吉美博物馆藏

1　赵丰主编：《敦煌艺术全集·法藏卷》，东华大学出版社，2010 年，第 166 页。

2.5 宝花纹锦袍 *Jin*-Robe with Floral Medallions

唐（618—907）

衣长 142 厘米、通袖长 134 厘米

中国丝绸博物馆藏

文物号：2019.33.2

此袍经修复，偏衽、翻领，两袖残缺，半袖还是长袖不详。织物组织为黄色作地的斜纹纬锦。图案是典型的唐代团窠宝花纹，大窠的宝花以八朵正面花瓣为芯，再以八朵盛开的侧式宝花为第二层，最外层也为八朵花叶兼存的宝花，层层宝花开，十分华丽富贵。（薛雁）

2.6 团窠联珠花树对鹿纹锦帽
Headdress with Confronted Deer and Floral Pattern in Pearl Medallion

唐（618—907）
长 32.5 厘米、宽 50 厘米
中国丝绸博物馆藏
文物号：2013.16.2

　　整件帽子的款式与笠帽较为相似，其中帽冠部分共有四片圆三角形织物拼缝而成，帽檐采用的面料与帽冠部分相同，但由于残留下来的织物较为细碎，图案全貌已难知晓，可推测出其主题图案为一拱形的联珠窠，中间是一棵花树，两侧各有一直立的鹿，两前腿高举，搭在树上。在花树上方是两头奔跑的野兽，相向而跑。同时，在帽檐和帽冠相交处还缝有 35 根垂带，其分布十分规律，以 4 根浅米黄色、1 根深褐色垂带的规律排列。浅米黄色垂带采用菱格纹暗花罗和暗花绫制成，深褐色垂带则采用菱格纹暗花罗制成。（徐铮）

2.7 **套环宝花纹绫风帽** Damask Headdress

唐（618—907）
长 45 厘米、宽 33 厘米
中国丝绸博物馆藏
文物号：2728

　　此顶风帽以黑色暗花绫为面料，其图案是套环宝花纹；衬里为红色暗花绮，交波花卉纹样。帽头整体呈圆盘状，以六片三角形面料连缀缝合而成，每两片面料间有少量捏褶，以使四周收量匀称。帽子两侧及后部有垂至颈肩的帽披，具有御寒保温、遮风挡沙之功能，因而称为"风帽"，在鲜卑族中十分流行。但自北魏孝文帝改制冠服后，部分鲜卑男子渐改编发习俗为束髻，同时又因居住地南迁，帽后的披幅逐渐失去存在的必要。进入隋唐以后，虽然仍有头戴风帽的人物形象出现，但比例已逐渐减小。

（徐铮）

2.8　红地宝花刺绣靴袜 Embroidered Sock with Floral Medallion

唐（8世纪）
长 27 厘米、宽 23 厘米
青海省海西州都兰县热水墓群出土
青海省文物考古研究所藏
文物号：QK001854

　　这件保存完好的锦袜出自青海都兰热水墓地。整个袜子共分三个部分，即袜筒、袜背和袜底。

　　袜筒以斜纹经锦作为基本组织，蓝地黄花。花纹是当时十分流行的小型宝花和十样花纹，两者呈交错排列。同类织锦在吐鲁番和敦煌等地均有发现，花纹的色彩较此稍为复杂。袜背以红色方格纹绫为底，上用黄、蓝等色丝线以锁绣针法绣出小型宝花纹样。宝花作六瓣状，中心是六瓣小朵花，再是六个弧形环，为花蕾的简化，花蕾外有六片叶穿插。各朵宝花不完全一致，排列也较为自由。袜底以几何纹绫为地，其上以跑针绣出矩形格子纹。三个区域之间的连接处用黄线使用了极为罕见的绕环编绣。

　　这样的唐代锦袜还是第一次出土，可能是西北少数民族在帐篷内穿着的。（赵丰）

2.9 皮靴 Leather Boots

青海省海西州都兰县哈日赛墓地
唐（8 世纪）
靴靿高 44.7 厘米
青海省文物考古研究所藏

　　2010 年 8 月至 10 月，经青海省文物局批准，青海省文物考古研究所与都兰县文物管理所联合组成发掘队，对都兰县香加乡哈日赛沟内的两座古墓进行了抢救性发掘和清理。其中规模较大的 M2 中出土了漆器、陶罐、铜锅、铜铃、铜钉、皮靴、嵌宝石金戒指、银筷等随葬品，同时也出土了多件皮靴残件。

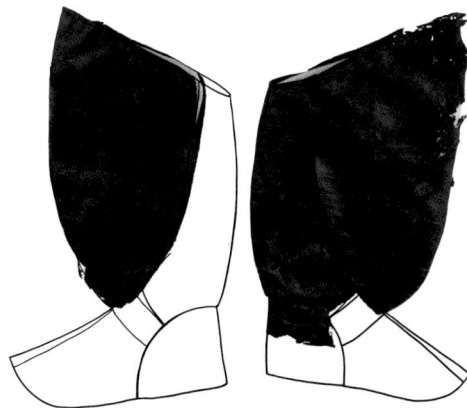

复原图

　　皮质物因为经过处理，其保存相对比较容易，所以在都兰墓地发现较多。1999 年，北京大学考古文博学院与青海省考古研究所合作对都兰热水沟南岸四座吐蕃时期的墓葬进行了发掘，在 DRNM1 中发现一批皮制品，其中 72—76 以及 81 共六件均可认定为皮靴的残件[1]。皮靴由前靴靿（或称靴筒）、后靴靿、靴面、靴底组成。哈日赛沟墓中出土的皮靴残件已经由青海省文物保护人员处理，部分已经修复拼合。这里的两件均为靴靿，其中一件只有前靴靿。（张启珍、赵丰）

1　北京大学考古文博学院、青海省文物考古研究所编著：《都兰吐蕃墓》，科学出版社，2005 年，第 28—30 页，图版一二、图版一三。

展开

2.10 浅黄色团窠纹绫半臂 Half-Sleeve Silk Top

唐（7 世纪下半叶）
衣身长 107 厘米
甘肃省武威市天祝县慕容智墓出土
甘肃省文物考古研究所藏
文物号：G:64

　　半臂是唐代十分常见的服饰。五代冯鉴《续事始》引《实录》曰："隋大业中内官多服半襟，即今之长袖也。高祖减其半，谓之半臂。"完整的唐代半臂出土和收藏要数慕容智墓和日本正仓院。慕容智墓中共出土三件半臂，其中缠枝团窠鹿纹锦半臂（G:44）为右衽半袖，衣身总长 93 厘米、两袖宽 86 厘米，下摆宽 57 厘米。另一件绿地缠枝团窠凤鸟纹锦半臂，衣身总长 96 厘米、两袖和下摆宽应与上件接近。这件绫面半臂的款式也是右衽半袖，以单层的团窠纹绫作面，整个衣身分为上下两部分，上部身高 69 厘米，下半部为摆高 38 厘米，即衣身合长 107 厘米。而其半臂的短袖宽为 81 厘米，下摆宽为 64 厘米。此外，这件绫面半臂左右两侧还各有一根系带，宽 5.5 厘米，外襟的一根稍长，为 88 厘米，内襟的一根稍短，为 57 厘米。日本正仓院所收藏的半臂数量也不少，有浑脱半臂（长 86 厘米、宽 52.5 厘米）、茶蜡缬半臂（长 104 厘米、宽 77 厘米）、夹缬罗半臂（长 90 厘米、宽 72 厘米）等，其裁剪和制作方式应该均应十分相似[1]。

---

1 ［日］关根真隆：《奈良朝服饰の研究》（图录编），吉川弘文馆，1974 年。

正 面

背 面

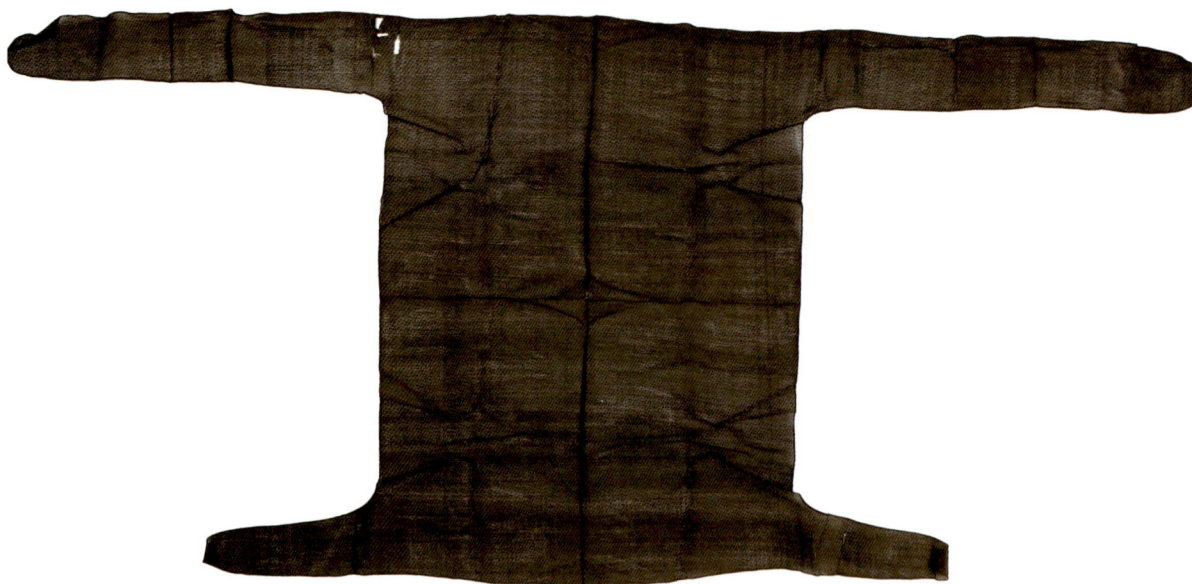

2.11 深褐色散点纹罗幞头
Futou-Headpiece

唐（7世纪下半叶）
长 99 厘米、宽 47 厘米
甘肃省武威市天祝县慕容智墓出土
甘肃省文物考古研究所藏
文物号：G:1-1-512

　　这件幞头出土时折叠放于一小盒之中，摊平后呈"工"字形，长侧系带长为 99 厘米，短侧系带长为 62 厘米。整件幞头由单层深褐色散点罗制成，罗的纹样循环为经向 0.7 厘米，纬向 0.4 厘米。

　　这是考古出土的第一件完整的幞头，其用法此前孙机先生已有研究（从幞头到头巾，《中国古舆服论丛》修订本，p.210 页，作页下注），也有许多传统服饰爱好者有过复原实践。但这件罗幞头的发现为这一时期的幞头形制提供了确凿依据，就能还原更为可信、更为准确的穿戴过程。

　　幞头的使用方法是先将头发挽成髻，在髻上用巾子固定。随后将幞头放置到头顶，长带子在前，短带子在后。先系二后脚（长带子）于脑后，反系二前脚（短带子）于髻前。（王淑娟）

慕容智墓室壁画上的幞头形象

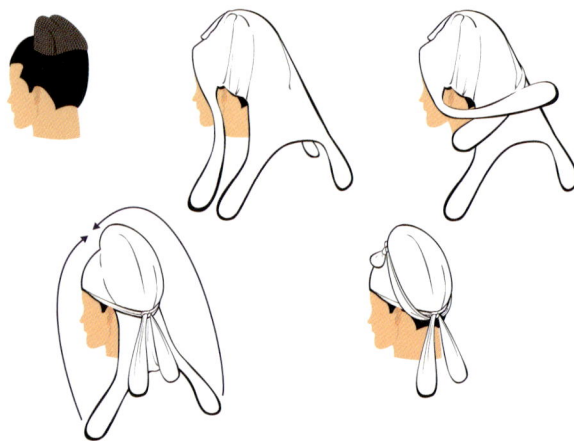

唐代幞头带系过程示意图
（许李逍绘图）

鞋面　　　　　鞋底

慕容智墓出土绣鞋线描图

2.12 绣鞋 Embroidered Shoes

唐（7世纪下半叶）
长27厘米、宽约8.5厘米、高约6厘米
甘肃省武威市天祝县慕容智墓出土
甘肃省文物考古研究所藏
文物号：G:2421

　　尖头船形，鞋头微翘。鞋头与后面的鞋帮间有空隙，以鞋环相连。鞋面和鞋帮均以灰绿色罗为地，上面以彩色丝线采用劈针绣出缠枝花卉，但由于丝线色彩已褪，目前看起来接近黄色。鞋口边沿内侧以浅黄色纬锦作缘，鞋环亦由纬锦卷绕而成。鞋头及鞋帮内部以浅黄色罗作衬，鞋跟处内衬以浅黄色纬锦。鞋垫为浅黄色菱形纹绮，并缝有绿地织金缂丝带。鞋底以浅黄色绮为之，并以深黄色丝线分三段螺旋状纳底。

　　鞋内最为引人注目的是缂丝带。每只鞋内底部均由三条缂丝带装饰，先是从鞋头到鞋跟一条在下，再是横向两根在上。每根缂丝带宽约0.7-0.8厘米，以蓝色纬线织出地部色彩，再以黄色纬线织出两个菱形，或许可以称为方胜，或双胜。双胜之间有两个小点装饰。纹样单元长约2.3厘米。缂丝带的边侧有金线织入。

　　这样的缂丝，在敦煌莫高窟藏经洞中有出发现，在新疆阿斯塔那墓地张雄墓中也有出土，其尺寸、材质、造型、风格等均很相似。特别说明丝绸之路青海道与河西走廊道两地之间的交通往来十分频繁，两者之间也有着此起彼消的互动规律。（赵丰）

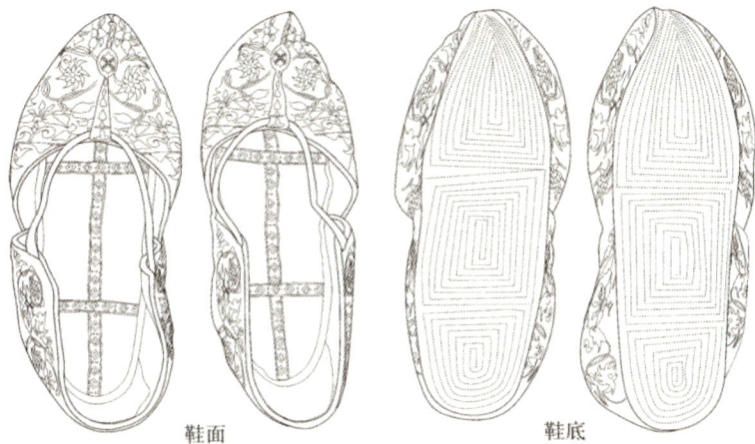

正面

背面

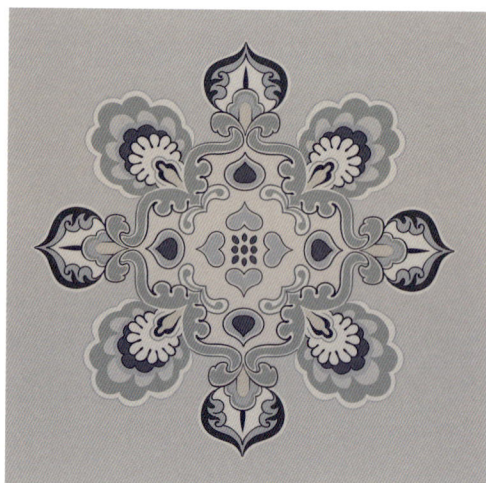

纹样复原（潘冠静绘图）

2.13 深紫地宝花纹锦镜衣 Mirror Cover

唐（7世纪下半叶）
直径 12.5 厘米
甘肃省武威市天祝县慕容智墓出土
甘肃省文物考古研究所藏
文物号：G:16-1-226

　　这件深紫地宝花纹锦镜衣呈圆形，直径 12.5 厘米。正面呈四瓣状，中心处可以打开，并有纽绊扣合。正面主体为深紫地花瓣纹锦，四瓣边沿、镜衣边缘及背面主体为黄地小宝花纹锦，内衬黄绢。

　　黄地小宝花纹锦为 Z 向三枚斜纹纬二重组织，局部斜向有变。黄色为地，浅褐色为花。此图案的宝花排列较为少见，只有一种纹样单元进行二二错排，宝花直径约为 6 厘米，图案循环约经向 9 厘米，纬向 7 厘米。另一件深紫地花瓣纹锦其实为一大宝花纹锦的局部，宝花纹样除中心部位外基本可以还原，估算其宝花纹的直径为 16.5 厘米。织物属 S 向三枚斜纹纬二重组织，起码有紫、蓝、绿、黄、白五种色彩的纬线，其中紫色为地和勾边，其它各色显花。（赵丰）

正面

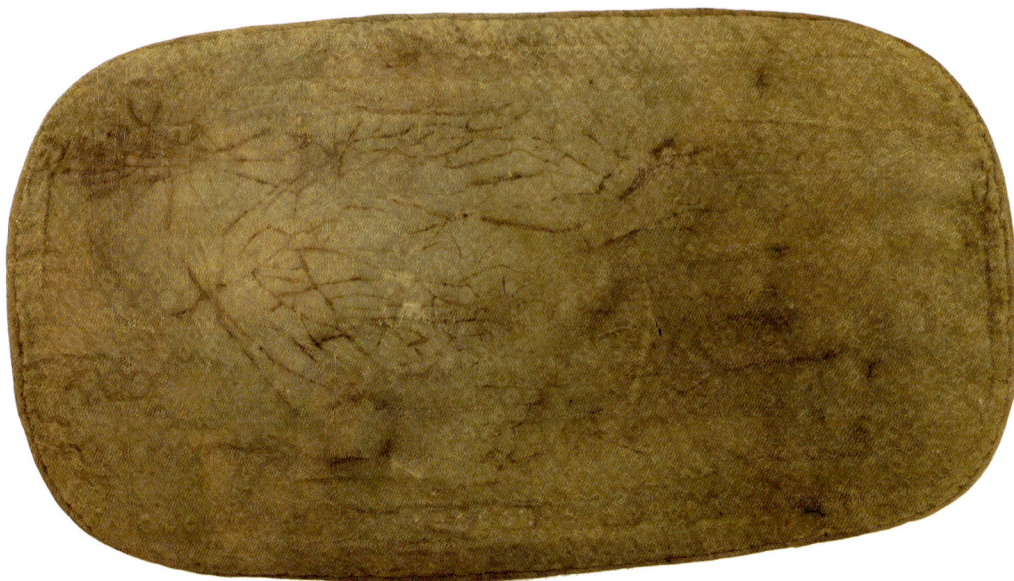

背面

2.14 深黄地碎花纹锦垫 Silk Mat

唐（7 世纪下半叶）

长 24.5 厘米

甘肃省武威市天祝县慕容智墓出土

甘肃省文物考古研究所藏

文物号：G:16-1-13

　　此锦垫圆角长方形。正面以深黄地碎花纹锦缝制，背面为浅绿色菱形纹绮。出土时位于一长方形漆盒内，漆盒内置铜镜等化妆用具，此件锦垫用作衬垫。（陈国科）

2.15 镶松石金带具 Gold Belt Fragments Inlaid with Turquoise

唐（8世纪）

金带首长 7.5 厘米、宽 5 厘米；金带銙长 3.6 厘米、宽 2.7 厘米

青海省海西州都兰县热水墓群出土

都兰县博物馆藏

　　此带具由带扣、带銙两部分组成。文物暂未做清洗处理，器身遍布泥土，不过仍能看出器物的精美。带銙形制多样，用金片组成形状各异的框体，有方形和多曲形，均带有古眼。纹饰装饰有花草形并用大量绿松石镶嵌，背部用金板和铆钉加以封固。（张杲光）

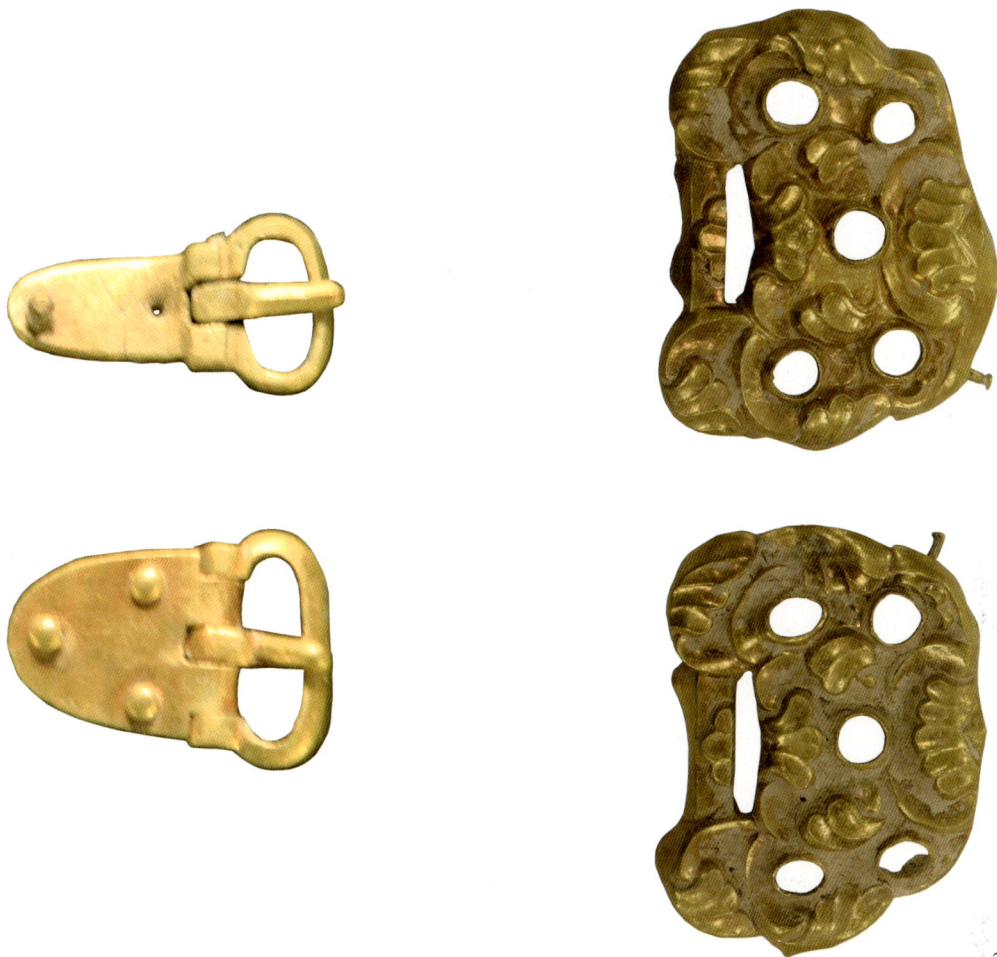

2.16 金带扣 Gold Buckle

唐（8世纪）
长 2.4 厘米、宽 1.8 厘米，重 0.6 克；长 2.5 厘米、宽 1.4 厘米，重 0.5 克
海西州民族博物馆藏
文物号：DL-44

    带扣主要由环孔和扣舌（舌针）两部分组成，装于带头，便于解结。我国古代的带扣最早出现于春秋时期，最先是在马具中使用的。进入南北朝之后，这种装活动扣舌的小带扣已在腰带上广泛使用。带扣可以由多种材料制成，金、银、铜、铁、骨，均有出土。[1] 此两件金带扣器型小巧，扣身呈三角形，上有 1—3 枚乳钉状凸起。（陆芳芳）

2.17 金带銙 Gold Belt Ornaments

唐（8世纪）
长 3.4 厘米、宽 4.4 厘米、厚 0.04 厘米
都兰县博物馆藏

    整器较为轻薄，采用捶揲法，花草纹精致小巧，带有长方形古眼。每件器物上均匀排布的 5 处孔洞应用于镶嵌宝石或绿松石，不过已全部脱落。器物背部四角保留焊接的金钉。（张杲光）

---

1 王仁湘：《善自约束——古代带钩与带扣》，上海古籍出版社，2012 年，第 123、131—134 页。

2.18 镶嵌绿松石金带銙 Gold Belt Ornaments Inlaid with Turquoise

唐（8世纪）

长 3.3—3.4 厘米、宽 2.8—2.9 厘米、厚 1—1.1 厘米

青海省海西州都兰县热水墓群出土

海西州民族博物馆藏

文物号：DL-027-2、DL-045-3

　　带銙是腰带正面安装的饰牌。文物暂未做清洗处理，器身遍布泥土。纹饰装饰有花草形并用大量绿松石镶嵌，有一件带銙中有长方形古眼，剩余三件没有古眼，背面由金片制成的底板已脱开。这类方形或长方形牌饰在吐蕃服饰中很常见。（陆芳芳）

a | b

2.19 金铊尾 Gold Belt-End

唐（8 世纪）

a 长 3.9 厘米、宽 2.4 厘米、厚 0.5 厘米；b 长 3.0 厘米、宽 2.2 厘米、厚 0.7 厘米

海西州民族博物馆藏

文物号：DL-039-1

  铊尾是带具的收尾构件，用以保护带鞓末端，同时兼具美化带具整体的作用。一般铊尾的材质和装饰根据带銙而定。铊尾分为单尾和双尾，双尾即在带鞓两端安装，单尾则只安装于带鞓一端。[1]

带 扣	不附环的銙	附 环 的 銙	不附环的銙	拱形銙	铊 尾
1	2	3	? 4	4	（缺失）
5	6	7	8	9	10
11	12	13	14	15	16

单带扣·单铊尾带具示意图（孙机绘图）

  此两件金铊尾为被盗追回文物，暂时无法得知是否属于同一条带具。纹样精美，饰以卷草纹，表面镶嵌的绿松石基本都已脱落。（陆芳芳）

---

1 孙机：《华夏衣冠——中国古代服饰文化》，上海古籍出版社，2016 年，第 160—193 页。

a

b

2.20 镶松石金带銙 Gold Belt Ornaments Inlaid with Turquoise

唐（8 世纪）

a 长 2.9—3.9 厘米、宽 2.7—4.1 厘米、厚 0.4—0.6 厘米；b 长 3.4—3.7 厘米、宽 2.9 厘米、厚 0.4—1.0 厘米

海西州民族博物馆藏

文物号：DL-038-4；DL-025-2

　　此批带銙呈方形，捶揲出宝象花纹样，中央镶嵌绿松石，有一件带銙上的绿松石脱落不见。饰片背面焊接有四根金线，应是用来固定到带具上的。带銙呈多曲形，捶揲出花草纹阳，有多处绿松石装饰，有古眼，背部有金片底板。（陆芳芳）

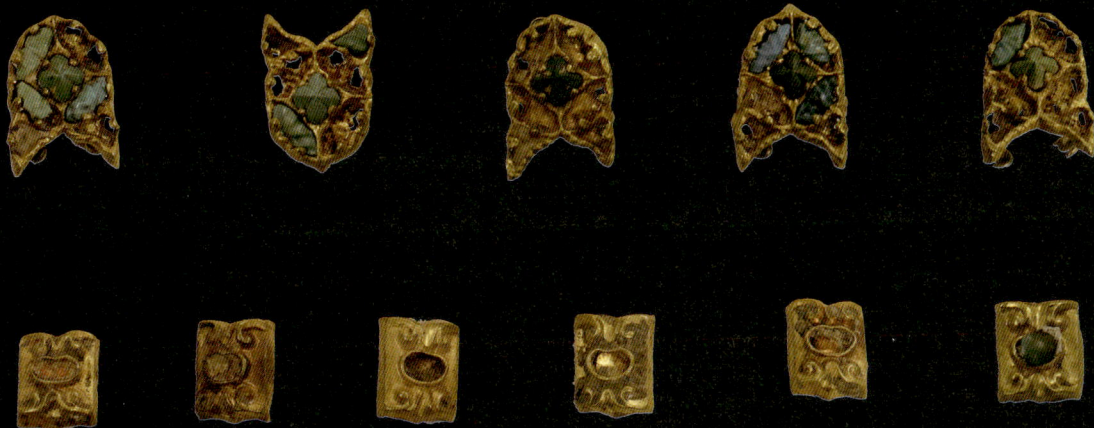

2.21 镶嵌宝石小型金饰 Gold Plaques Inlaid with Gems

吐蕃（633—842）
均高 2.2 厘米、均宽 1.7 厘米
青海省海西州都兰县热水墓群出土
青海藏医药文化博物馆藏
文物号：ZB-J1（饰品）00052、ZB-J1（饰品）00055

　　这组金带饰共有 11 件组成，采用了捶揲、钻孔、抛光、焊接、镶嵌等工艺制作而成，并用绿松石镶嵌点缀，部分镶嵌物现已脱落。图案细腻而不纷乱，纹饰精细、工艺精良、制作精美，背面带有扣饰，似乎均可以缀系于衣物、皮带之上，是一种用于服饰的饰件，抑或是古籍中记载的吐蕃贵族官员的"官之章饰"与"告身制度"的象征暂不定论。黄金与绿松石的搭配巧妙而新颖，尽显金牌饰的雍容华贵。而仅仅从工艺而论，这方寸之间尽显匠心之独运、构思之巧妙、工艺之精湛。（索南吉）

第二节 饮 食

　　游牧始终是吐谷浑主要的生产生活方式。以牛、羊、马、驼等牲畜加工制成的肉食品和奶食品始终是人们赖以生存的主要食物。同时，吐谷浑人还从事狩猎活动，其治下的羌人从事农业，种植大麦、菽（豆）、粟、芜菁（蔓菁）等农作物。此外，吐谷浑人还从事渔业。

Diet

　　Nomadic herding has always been the main mode of production and life of the Tuyuhun. Meat and dairy food processed from cattle, sheep, horses, camels and other livestock have always been their primary food. At the same time, the Tuyuhun people also engaged in hunting activities. The Qiang people, ruled by the Tuyuhun, were engaged in agriculture, growing barley, beans, corn, and other crops. Fishing was also practiced here.

2.22 瓮 Pot

唐（8世纪）

高 65 厘米、腹径 62.5 厘米，口径 32.5 厘米，重 19010 克

都兰县博物馆藏

　　大口，口沿处有缺损。短颈，上腹部有两个小竖耳，平底。（张杲光）

2.23 木勺 Wooden Spoon

唐（8世纪）

青海省海西州都兰县吐蕃三号墓出土

均长 19.6 厘米、宽 3.5 厘米

青海省博物馆藏

文物号：QB12427

　　此件文物出土自三号墓东室扰乱土，墓主人所在区域。文物状况保存较好，一体成型。一把勺柄头部略大于勺面、勺柄相接处，一把勺柄头部略小于勺面、勺柄相接处。（才忠吉、黄志成）

2.24a	2.24b
2.25	2.26

2.24 灰陶双耳罐 Pot with Two Handles
2.25 陶杯 Pottery Cup
2.26 木碗 Wooden Bowl

唐（8世纪）

青海省海西州都兰县哇沿水库官却和遗址出土

2.24a 口径 19.5 厘米、腹径 30.1 厘米、底径 19.7 厘米、高 34 厘米；2.24b 口径 14.4 厘米、腹径 27.8 厘米、底径 16.4 厘米、高 27.7 厘米；2.25 口径、底径均为 5.2 厘米，高 3.74 厘米；2.26 口径 9.5 厘米、高 4.5 厘米

青海省文物考古研究所藏

文物号：QK002044；QK002043；M23:13；DXMM13:1

　　文物 2.24a、2.24b 为夹沙灰陶，敞口，束颈，溜肩，鼓腹，平底，腹部饰双耳。器物 2.24a 表面为素面，局部颜色深浅不一。器物 2.24b 肩颈交汇处有斜向平行的刻划纹，器身局部也有平行的竖向刻划纹。（张启珍）

　　文物 2.25 为夹粗砂灰陶，尖圆唇，直口，直腹，平底。器身及口部有火烧痕迹。（王玥）

　　文物 2.26 为木碗，平口，直壁，平底，由整木旋制而成，内部有旋制加工时形成的弦纹。器形规整匀称，器物完整，品相良好。（张启珍）

2.27 脱胎漆盘 Bodiess Lacquer Tray

唐（8世纪）
长 22 厘米、宽 12 厘米、高 6 厘米
青海省海西州都兰县热水墓群出土
都兰县博物馆藏

　　此件漆盘直壁，盘口为两瓣菱花形，矮圈足。盘内壁髹红漆，外壁髹黑漆，色泽光亮。此件漆盘采用中亚、西北地区流行的器具样式，但其圈足却是中原地区流行的形制。（张昊光）

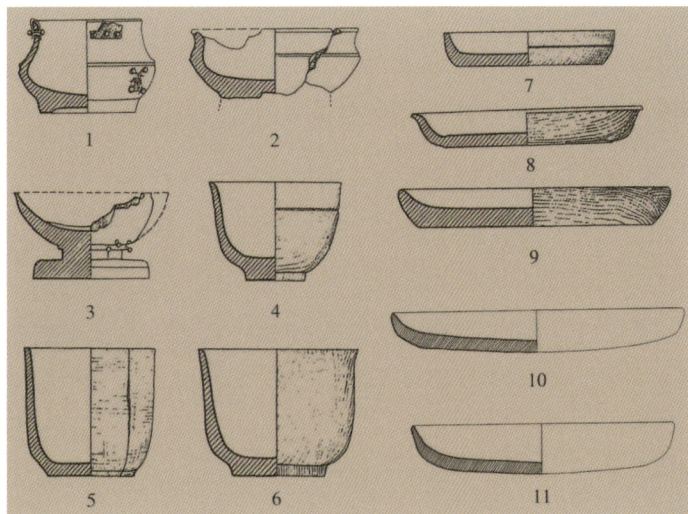

热水墓地和夏日哈墓地出土清漆器[1]

1　许新国：《柴达木盆地吐蕃墓出土漆器》，载《西陲之地与东西方文明》，燕山出版社，2006年，第337—345页。

2.28 动物纹锡錾指杯 Tin Cup with Animal Pattern and a Handle

唐（8世纪中叶）
高 4.3 厘米、口径 9.5 厘米、底径 5.1 厘米、
壁厚 0.15 厘米
青海省海西州都兰县 2018 血渭一号墓出土
都兰县博物馆藏

　　錾指杯的特点是在口沿部带有一个杯把，杯把的形制特点鲜明，带有一个横平而较为宽大的指垫，下面有的还带有一个或多个指錾。錾指杯是西方陶器、金银器较为流行的形制，在青海海西地区也有大量出土和发现，特别是在乌兰泉沟墓中同时发现了金王冠和金錾指杯，说明这也是吐谷浑王族的重要礼器。

　　此件器物胎体厚重，器表素光无纹饰，平錾上有简单的卷草纹饰。敞口、腹部有折棱一周。为錾指和圈足焊接而成。（赵丰）

神兽鸟鱼纹鎏金银錾指杯
（瑞士苏黎世私人收藏）

第三节 骑射

　　马匹是游牧民族主要的牲畜之一，它是游牧民族生产、交通的工具，也是战争必不可少的装备。吐谷浑所在的青海地区历来是我国产善马的地方之一，历史上著名的"青海骢""龙种"就是吐谷浑人培育出来的良种马。

Horse Riding and Arrow Shooting

　　Horses are one of the main livestock of nomadic peoples, both as a tool for nomadic production and transportation, and as essential equipment for war. The Qinghai Region, Where Tuyuhun is occupied, has always been one of the places able to cultivate outstanding horses. For instance, the renowned "Qinghai Piebald Horse" and "Dragon Horse" in history are distinguished fine breeds of horses cultivated by Tuyuhun people.

图版2.1　马具金饰及其结构

狩猎是吐谷浑人生活的重要组成部分，狩猎题材也在吐谷浑的装饰艺术中流行。当时的金银器、漆木器、棺板画、丝织品上都经常可以看到狩猎纹。这些狩猎图案不仅形象地反映了当时的狩猎生活，更为我们了解吐谷浑民族的思想意识、审美情趣、服装款式、马具马饰，以及弓箭武备等内容提供了可靠的图像资料。

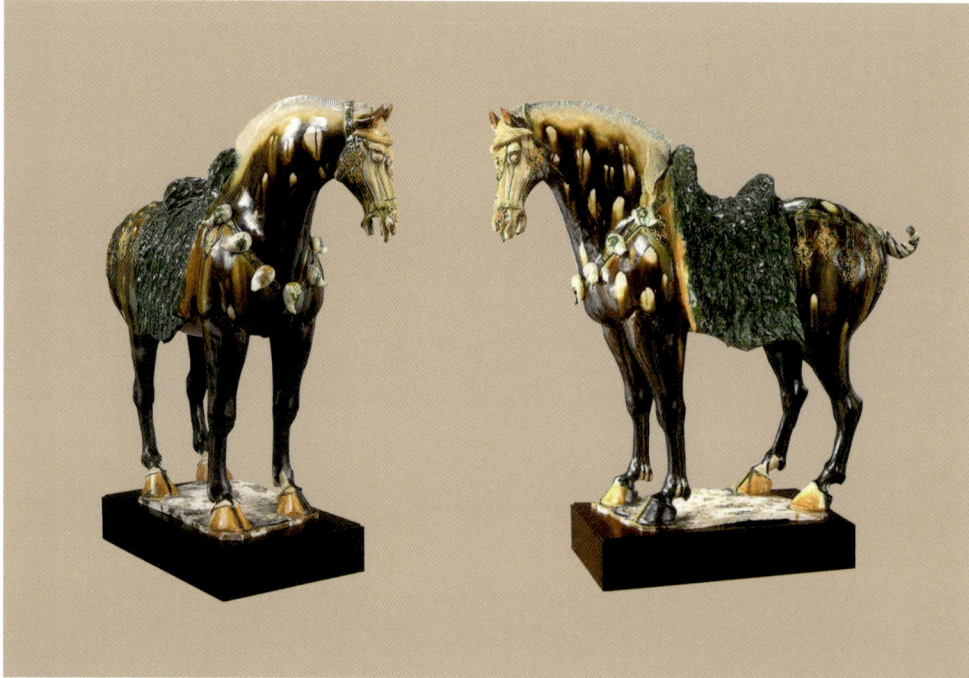

三彩马

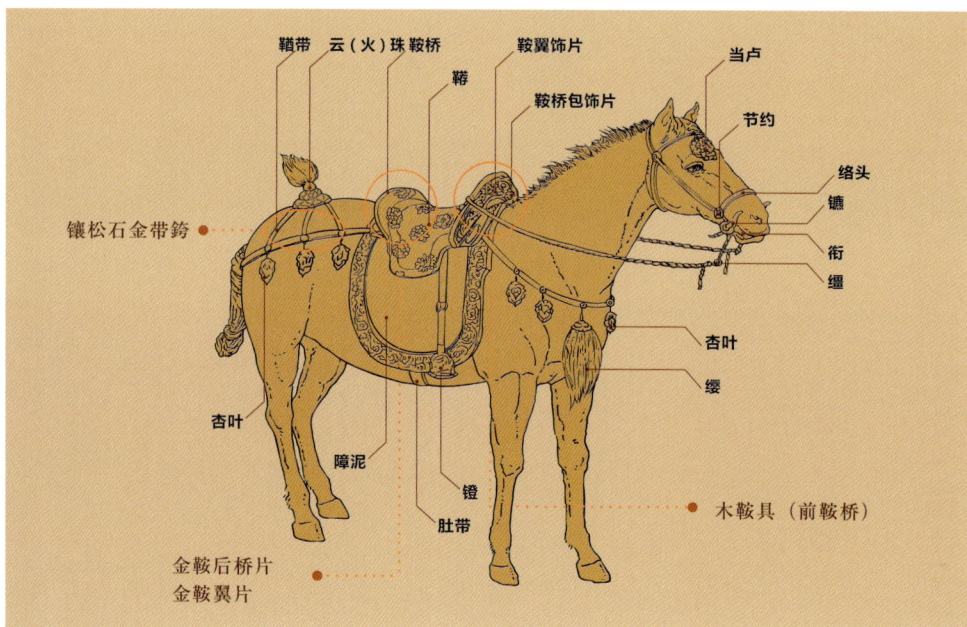

马具结构

2.29 鎏金卧鹿银饰片 Gilt Silver Plaques with Lying-deer Pattern

吐蕃（633—842）
平均高 7 厘米、宽 6—6.5 厘米
青海藏医药文化博物馆藏
文物号：ZB-Y（残件）00014、ZB-Y（残件）00015、ZB-Y（残件）00037

　　这组鹿纹饰片采用锤揲工艺制作而成。主纹均为莲座之上的卧鹿，花瓣延伸至两侧。卧鹿颈后有绶带飘扬，胸部及腹部及头顶后上方均遗留有一孔洞，应该都有镶嵌物，但均已脱落。卧鹿神态安详，布局简洁且不失典雅。（索南吉）

2.30 骑射形金饰片 Gold Plaque with Horse Riding and Arrow Shooting

唐（8世纪中叶）
长 13.5 厘米、高 9.8 厘米、厚 0.04 厘米
重量 28 克
青海省海西州都兰县 2018 血渭一号墓出土
都兰县博物馆藏

　　此件饰片整体轻薄，周缘有钉孔。威武的武士正在张弓拉弦，策马飞奔，头戴山形冠饰，两根粗辫子垂在脑后，八字须，大耳坠，窄袖对襟翻领的服饰，上有联珠纹图案，革带上佩戴箭箙佩剑，脚穿皮靴，马鞍马镫马具刻画清晰。其中联珠纹是从波斯萨珊王朝的装饰形式中吸收过来的唐代流行花式。狩猎图案作为装饰艺术题材也非常流行，在郭里木乡出土的棺板画里就绘有骑射形象。这件器物不仅形象地反映了狩猎动态，更为我们了解古代人们的思想意识、审美情趣以及服饰、武备等内容提供了可靠的实物资料，展示了高原草原游牧文化高超的制作工艺和活泼的审美意趣。（陈架运、张杲光）

2.31 人物形金饰片 Gold Plaque with a Figure Riding a Horse

唐（8 世纪）
长 14.7 厘米、宽 7.1 厘米
海西州民族博物馆藏
文物号：DL-021

　　此件金饰片上为一骑士策马飞奔形象，马前蹄已失，但从腾空的后蹄可以看出马飞奔的状态。骑士身着交领半臂衫，领口、袖口饰连珠纹，腰佩箭筒，脚蹬皮靴，左手握缰，侧身朝后，右手臂举起，头和右手部位已失。（陆芳芳）

2.32 | 2.33

2.32 木鞍桥（前桥） Wooden Saddletree

唐（8世纪）
高24厘米、宽34厘米、厚4厘米
青海省海西州都兰县莫克里墓葬出土
青海省文物考古研究所藏
文物号：DXMM14

　　此木鞍桥是马鞍的前桥部分，由一块整木削制而成，呈拱形，鞍桥腿部的内侧面有四小圆孔。另一面有一凹槽贯通整个鞍桥，似为其装饰。（张启珍）

2.33 金鞍后桥片、金鞍翼片 Gold Saddletree and Saddle Flap

唐（8世纪）
高32厘米、长56厘米、宽54.5厘米、厚0.04厘米
青海省海西州都兰县2018血渭一号墓出土
都兰县博物馆藏

　　这组马鞍饰片边缘有钉孔孔眼，用以钉于木质马鞍的后鞍桥和左右侧翼上。采用捶揲法制成。后桥呈较为平滑的圆弧形，两端较尖，内弧较浅，主题纹样以中心花两侧对称展开双狮和双马，边缘饰以卷草和云纹。双狮奔跑，张嘴吐舌，腋下卷草伸出。双马蹄足飞扬，头部羚羊弯角上饰月形冠顶，鬃毛飘动，翼翅花草上展出三根长羽，后腿腋下生出卷草，狮尾。翼片位于后鞍桥后方两侧后叉，呈月牙形造型，主体纹样为奔跑的长角山羊。马鞍饰片整体风格动感十足，展示了高原草原游牧文化高超的制作工艺和活泼的审美意趣。（张昊光）

2.34 镶松石卷草纹金三通 Gold Tripawd Saddle Ornament

唐（8世纪中叶）
宽 5.2 厘米、高 9.8 厘米、厚 0.4 厘米
都兰县博物馆藏

　　整器厚重，采用焊接、捶揲、镶嵌等方法制成，为马具面颊上连接络头皮带之物。背部有金板加以固定，中间保留有皮带。主体纹样采用缠枝花草，镶嵌绿松石，部分已脱落。（张呆光）

2.35 马鞍金翼片 Gold Saddle Flap

a.卷草纹马鞍金翼片 Gold Saddle Flap with Scroll Pattern
b.兽纹马鞍金翼片 Gold Saddle Flap with Beast Pattern

唐（8世纪）
a 长 28 厘米、宽 1.4—7 厘米；b 长 30.6 厘米、宽 3—17.6 厘米
海西州民族博物馆藏
文物号：DL-13；DL-015

　　a 为马鞍右后叉金饰片，中心有 4 朵多瓣花，花瓣中心有椭圆形和圆形镂孔以镶嵌绿松石，周边饰卷草纹。

　　b 为马鞍左后叉金饰片，雕镂繁密。以联珠形镂孔勾勒出两个宝相花形单元，其内各饰一动物，右侧为一仰头飞奔的羱羊，左侧为一同样姿态的奔狮。身上有圆孔以镶嵌绿松石，绿松石大部分已脱落，周边围绕缠枝卷草纹。饰片的弧形边缘以联珠形镂孔勾勒出弧线和连续的半圆形单元，其内装饰花瓣。花瓣中心也有镂孔。（陆芳芳）

2.36 黄地宝相花刺绣鞍鞯
Embroidered Saddlecloth with Floral Medallion

唐（8 世纪）
长 51 厘米、宽 37 厘米
青海省海西州都兰县热水墓群出土
青海省文物考古研究所藏
文物号：QK0001861

　　这一绣片出自青海都兰热水墓地，从其形状来看，原为垫在马鞍下之鞯的残片。《说文》有云："鞯，马鞴具也。"乐府《木兰诗》中有"东市买骏马，西市买鞍鞯"之说，鞍鞯搭配，通常在一起买。其中鞯垫于鞍下，有一定的厚度，以防鞍伤马背。鞯的形象在唐俑中有特别多的表现，如陕西西安新筑乡于家村出土的彩绘陶骑马击腰鼓女俑（cat.1.28）的鞯面为宝花形，不是由织锦就是由刺绣制成的，与本件宝花绣鞯非常相似。青海都兰出土的刺绣鞯面还有多例，如青海都兰吐蕃 3 号墓出土的刺绣（99DRNM3:72），可以看到一条弧形的斜边上绣了团花，但内侧是卷草纹样，应该就是一件绣鞯残片。但是，唐代的鞯面材料更为丰富，特别多的是动物皮毛。

　　此件绣鞯以黄绢为地，其上用白、棕、蓝、绿等色以锁绣针法绣成，绣线由两根 S 捻的丝线合股而成，粗约 0.3—0.4 毫米。图案基本元素为有唐草风格的宝花花瓣，花瓣呈桃形，瓣内有蕾，四瓣形成一朵宝花，但这些花瓣又相互联结，连成一片，显得极为华丽。

　　唐草是唐代最为流行的植物纹样之一，起源于忍冬卷叶花卉，至盛唐时流行。大量唐代壁画和装饰中都可以看到唐草的纹样，风格与此十分接近。同类刺绣虽未出土过，但吐鲁番出土的唐代绢画中有一仕女，上身着衣的图案风格及色彩均与此十分相似，以唐草为主，可以作为同类刺绣在当时存在的实证。（赵丰）

2.37 立凤卷草纹绣

Embroidery with Phoenix and
Floral Scroll Pattern

唐（8世纪）
长 20 厘米、宽 49 厘米
中国丝绸博物馆藏
文物号：2854

　　此绣片可能也是马鞯的一部分，
采用盛唐时期最流行的劈针绣法，所
绣边饰共三层，稍稍立体，与中间的
纹样不在一个平面上。虽然其图案主
体部分已残，但仍可以看见有两只站
立的凤，推测图案主体的凤凰衔有缠
枝。（薛雁）

纹样复原

2.38 鎏金熊纹银饰片 Gilt Silver Bear-Shaped Plaque
2.39 鎏金兔纹银饰片 Gilt Silver Rabbit-Shaped Plaque

吐蕃（633—842）
2.37 长 16 厘米、宽 8.5 厘米；2.38 高 25.2 厘米、宽 12.5 厘米
青海藏医药文化博物馆藏
文物号：ZB-Y（残件）00003；ZB-J1（残件）00004

　　此件鎏金银饰片局部残缺。图纹为一只奔跑的熊，主纹饰为通体鱼鳞纹，两只前腿前伸呈奔跑姿势，嘴巴紧闭，鼻孔微张，眼睛怒视前方，耳朵紧贴头部一侧。文物上下都有一小眼，疑为钉子留下的痕迹。由此推断，此件文物应该是某些器物上的装饰物件。图案精美，造型生动。

　　此件饰片采用锤揲工艺制作而成，局部略有残损，仍可观察为兔子造型。其目视前方，四肢作奔跑状，身躯披挂折枝卷草纹，似穿梭于草丛之中，动感十足。整件银饰片制作精致，造型生动。

（索南吉）

第三章　孔道遗珍

　　青海道是丝路孔道，在6—8世纪曾发挥过十分重要的作用，自魏晋以来，河西走廊武装割据，战事纷起，道路阻断，所以东西方的贸易与交流则不得不通过青海道来进行，史称"吐谷浑道"或"河南道"。史载，隋炀帝曾西巡到达青海，也有如法显、慧生、宋云等僧侣和使者行走来往，路上更有一批批商贾，有时可达人数两百四、驼骡六百头、杂彩万余匹的队伍。所以，在这三百多年的中西交往过程中，青海道沿途分布有大量的文化遗址，出土过很多珍贵文物，见证着丝路青海道十字路口的沧桑变迁，见证着来自四面八方的文化交流。

Chapter 3　Treasures of the Silk Roads

　　Qinghai Path played a crucial role in the period of 6–8 centuries. Since the Wei and Jin dynasties, wars were so frequent that the Silk Roads through the Hexi Corridor were almost blocked. Thus, trade and exchange between the east and west had to be carried out through Qinghai Path only, called Tuyuhun Path or Henan Path. It is recorded that Emperor Yang of Sui dynasty had passed through Qinghai on his western tour. There were also monks such as Fa Xian, Huisheng and Song Yun, as well as groups of merchants walking to and from. Because of more than 300 years of interaction, there are a large number of precious cultural sites and relics unearthed along the Qinghai Path.

图版3.1　吐谷浑与中原王朝

吐谷浑原是东北慕容鲜卑的一支，迁到青海、甘南等地建立政权后，先后与魏晋南北朝时割据西北地区的前秦、西秦、南凉、北凉诸政权建立交往，后又与南朝、北朝诸政权有密切的关系。隋唐统一全国后，吐谷浑与隋唐王朝关系更为密切。它与中原诸政权的关系，既有战争，更多的是通过朝贡贸易、和亲等形式，进行友好的交往、交流和交融。如仅吐谷浑与北魏的通贡贸易就达五十多次；隋光化公主和唐弘化公主与吐谷浑可汗和亲；吐谷浑人的汉化很深，故史载吐谷浑"丈夫衣服略同华夏"，"建官多效中国"。直到吐谷浑灭国之后，慕容诺曷钵与其妻弘化公主率部众投奔唐朝；在唐境内吐谷浑人更与汉族渐渐融合。

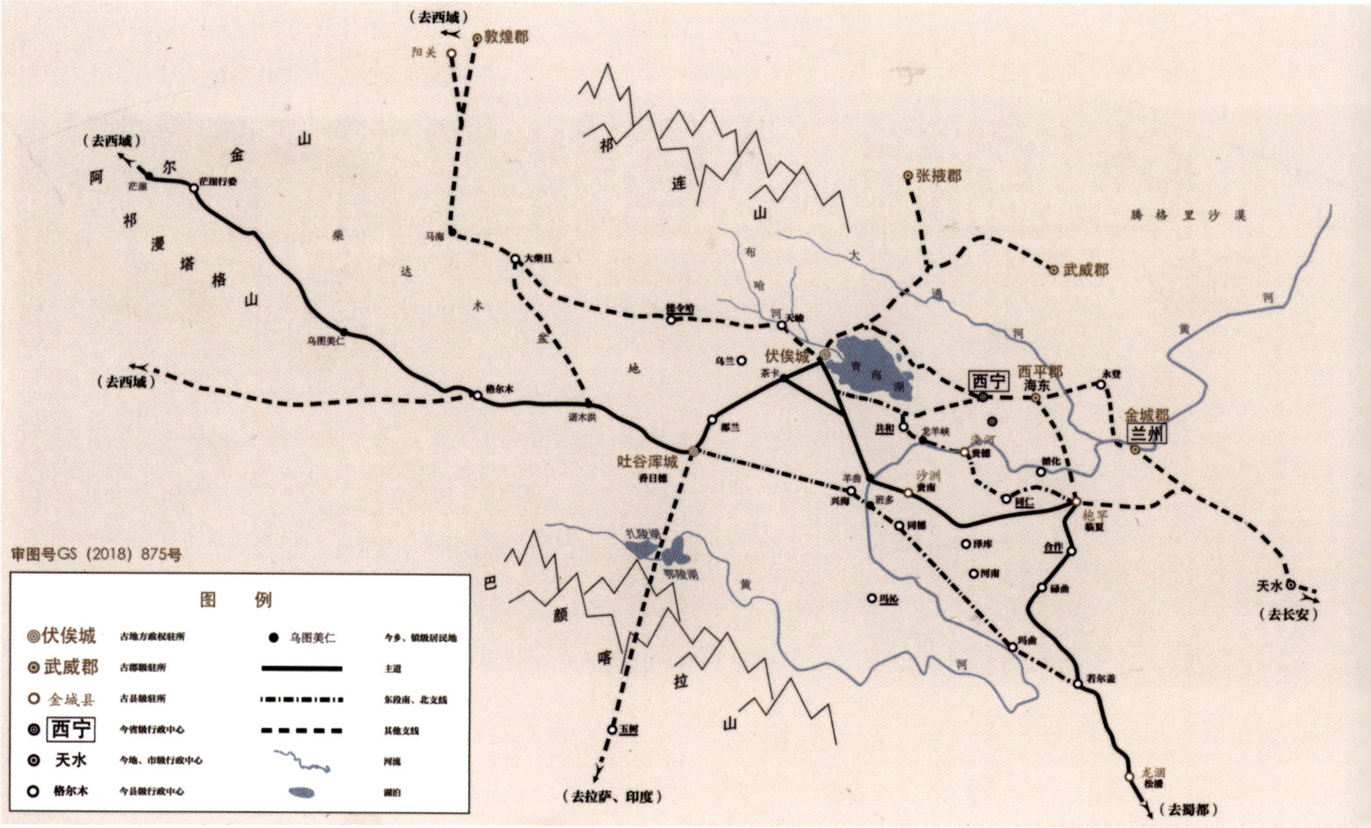

青海道示意图

图版3.2 吐谷浑与粟特

粟特人，中国史籍称为昭武九姓，包括曹、安、史、康、米、石、何、火寻和戊地国等，主要居住在今乌兹别克斯坦和塔吉克斯坦泽拉夫善河流域。粟特人以经商和手工艺著称，史载原吐谷浑所辖鄯善（今新疆若羌）、且末境内就有粟特康国人居住。

粟特人的都城——阿弗拉西亚卜（今撒马尔罕）曾发生过一次盛会，并被记录在了大使厅壁画上。大约在公元658年前后，大唐皇帝高宗李治（628—683）册封拂呼缦（Varkhuman）为康居都督府都督，其实也就是康国的国王。拂呼缦的身边，有着众多的突厥武士佩刀守卫。高宗派出的使团，送上了千里迢迢带去的、珍贵的蚕茧、丝线和丝绸。邻近的石国（Chaganian）也派使者穿着鲜艳服装前来祝贺。而同样来自东方的使者还有吐谷浑人，他们献上了代表财富的牦牛尾。

这幅"各国使者庆贺图"展示了吐谷浑人的形象，再结合青海境内所出土的萨珊银币、罗马金币、胡人牵驼砖、丝绸残片，以及部分入华粟特人的墓志所载经历看，当时吐谷浑人充当了丝绸之路上的中继者和向导，其与粟特的关系是非常紧密的。

乌兹别克斯坦撒马尔罕阿弗拉西亚卜大使厅里壁画上的吐谷浑人

图版3.3　吐谷浑与吐蕃

　　7世纪初，吐蕃名王松赞干布即位后，迁都逻些（今西藏拉萨），征服了西藏北部的苏毗，直接与吐谷浑相邻。636年开始，吐蕃曾对吐谷浑发动攻击。641年，吐谷浑王诺曷钵迎娶吐蕃公主，结成舅甥之国，吐谷浑、吐蕃、唐朝之间一度关系友好，来往密切。但在松赞干布去世后，吐蕃大论禄东赞向四周扩张，并于663年占领吐谷浑全境。此后，青海境内的大部分吐谷浑人处于吐蕃统治之下，成为其治下的属邦。吐蕃对吐谷浑上层贵族极其笼络，继续与其通婚。吐谷浑王子受到重用，担任大论。今青海都兰等地保存有千余座吐蕃时期的吐谷浑王及贵族的墓葬，正是这一历史的见证。

第一节 翼冠王者

在都兰热水考古出土物中，发现一些戴着双翼王冠的像，有的在锡盘上，有的在金片上，也有的在织锦上。双翼王冠常见于波斯萨珊王冠，特别是在波斯银币上十分常见。北朝到隋唐之间，这类银币在丝绸之路青海道上也有出土，因此推测这类双翼王冠的造型可能已影响到吐谷浑和吐蕃的冠饰形象。同时也说明，在都兰发现的这些戴有双翼王冠的人物，应该都是代指当时当地的王者。

King with Double-wing Crown

Among the archaeological excavations of the Reshui Region in Dulan County, some figures wearing double-winged crowns were found, either on tin plates, on gold plaques, or on brocades. Double-winged crowns pattern frequently appeared on Sassanian crowns, and on Persian silver coins. Between the Northern dynasties and the Sui and Tang dynasties, such silver coins were also unearthed on the Qinghai Path of the Silk Roads. It is speculated that the shape of such double-winged crowns may have influenced the image of crown ornaments of Tuyuhun and Tubo. It also indicates that the figures wearing the double-winged crowns found in Dulan should all refer to the local kings of the time.

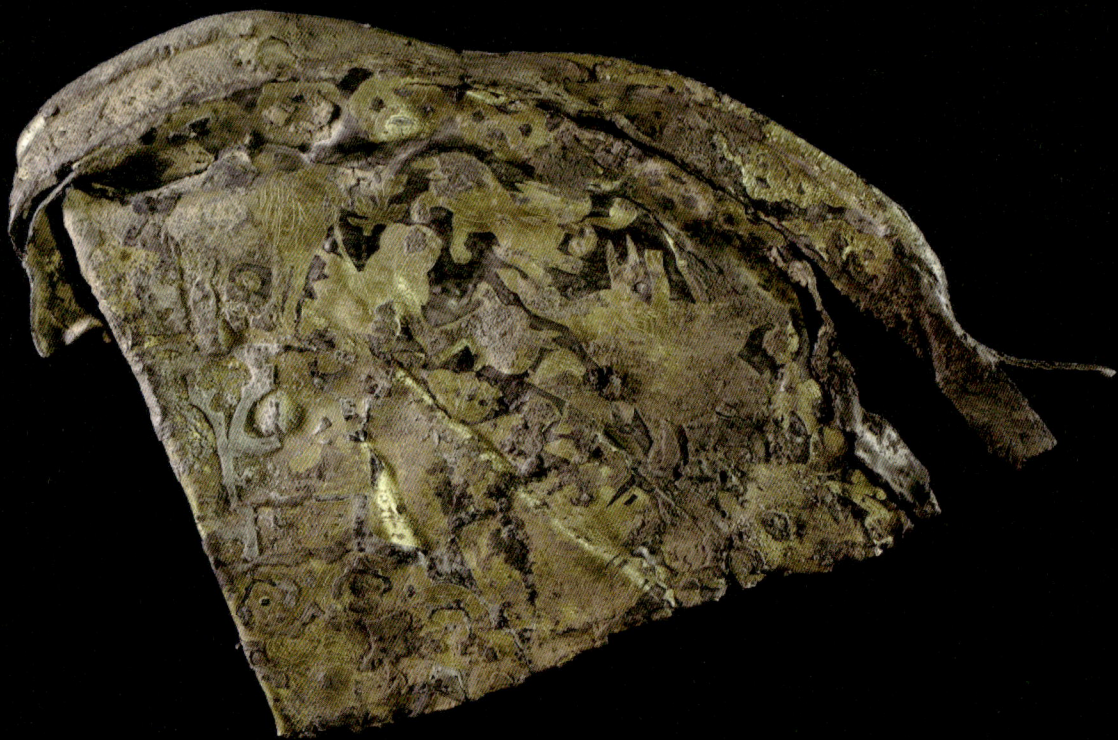

纹样复原（潘冠静绘图）

3.1 人物纹贴金锡盘 Gilt Tin Plate with Figures

唐（8 世纪）
残半径 24.8 厘米、高 1.5 厘米、口沿厚 0.3 厘米；重 1100 克
青海省海西州都兰县 2018 血渭一号墓出土
都兰县博物馆藏

　　此盘主体为锡，表面鎏金。宽平缘，浅腹，平底。虽受损严重，残存仅 1/4 左右圆形，但可以看清其盘面构图。盘缘饰两圈宝花花瓣，形成外环，中心还有一侧花团窠，形成内环。团窠中坐一人物，头戴双翼冠，项绕宝珠，应该是一位王者。在内环和外环之间有两层人物图像。内层主要是宴饮人物，主要人物都坐于方毯上，手持杯畅饮，毯前有方盘，盘上应为食物。还有众多人物相伴，但目前图像不清。外层则有人物和动物，从左至右先有一马头，再有人物牵马、再有骑马猎狮图像，马后也有一狮子。间杂以山石、花草、飞鸟等，画面层次丰富、动感十足、异域风格强烈。（赵丰、张昊光）

3.2 波斯萨珊王朝银币 Sassanian Silver Coins

波斯萨珊王朝（224—651）
直径 2.5—3 厘米
青海省西宁市城隍庙街出土
青海省博物馆藏
文物号：QB6077、QB6066、QB6076

　　该批出土的银币是由印模压印出来的，同款有 61 枚。正面是王者的半身肖像，面均右向，戴有新月纹王冠，冠后有卷发及飘带。银币的背部花纹都是萨珊的拜火教祭坛，坛上有火焰，火焰的两侧是五角星（或六角形）和新月，以及相对而立的祭师。背部多有铭文，左侧为纪年铭文，右侧表示铸币地点。

　　汉唐时期，大量粟特人来往于丝绸之路上，河湟地区也不乏他们的踪迹。专家认为，西宁出土的波斯银币很可能是由从事中转贸易的粟特人携来的。波斯萨珊银币的出土，反映了公元 4 世纪末到 6 世纪初，西宁在中西贸易往来的交通线上的重要地位，也足以印证丝绸之路青海道文化交流和商业贸易的繁荣盛况。（黄志成、才忠吉）

3.3 人物形金饰片 Gold Figure-shaped Plaque

唐（8世纪）
宽 6.4 厘米、高 9.8 厘米、厚 0.03 厘米
青海省海西州都兰县热水墓群出土
都兰县博物馆藏

　　此饰片整体轻薄，顶端和底端有钉孔。人物端坐于带腿低矮的榻上，头戴双翼冠，身着翻领袍服，右窄袖，左长袖，披有云肩。右手扣于革带之上，赤足，脚趾表现清晰。榻上饰以三角相对花草纹饰，鱼子为地。饰片虽小，但生动地反映出贵族日常生活形象。

　　从其所戴双翼冠饰来看，这一人物的等级很高，可能为王。双翼纹样在波斯萨珊时期（Sassanid Empire，224—651）的艺术中十分常用，还大量出现在萨珊时期的王冠上，说明了双翼纹在当时波斯社会中的地位。在当时的建筑部件中也有以双翼和树纹相结合，以及双翼上的字符纹和双翼中的冠饰纹的实例。同类的双翼纹还出现在丝绸之路的波斯锦上。（赵丰、张呆光）

宝座上带皇冠的国王形象纹织锦
（瑞士阿贝格基金会纺织品研究中心收藏）

3.4 莲座双翼树纹锦 Taquete with Lotus and Double-wing Pattern

北朝（439—581）

长 80 厘米、宽 45 厘米

中国丝绸博物馆藏

文物号：2737

　　此件织锦采用的是平纹纬重组织。经线加有 Z 捻，纬线平直较宽，只有两种色彩，一白一褐，以 1/1 形成平纹纬重组织。其保存情况较好，可以看到经向有完整的图案循环，经向 38 厘米，纬向 9 厘米。一个循环之内主要有两个主题纹样，一个是联珠环中的八瓣花，另一个纹样呈狭长状，下部为由五瓣花瓣构成的莲花座，座上为柱，两侧伸出绶带纹，带上是双翼纹，一对翅膀从两侧向上伸展，翅根为人字形的羽毛纹，外生七片大羽，两翼中间长出一枝小树。从这一纹样出发，我们可以暂称此锦为莲座双翼树纹锦。

图版3.4　双翼纹样

　　双翼纹样在波斯艺术特别是波斯萨珊的艺术中十分常见。譬如当时建筑中的饰带就有以双翼和树纹相结合的实例，这其中的双翼有可能是鹰的象征（见图1）。同样来自萨珊时期的其他建筑部件上则有双翼上的字符纹和双翼中的冠饰纹，其双翼的造型与前者相似，但属于方形和圆形的适合纹样。同类的双翼纹还大量出现在萨珊时期的王冠上，据《波斯艺术纵览》统计，霍斯劳二世（Khusraw II，590—628）、布伦女王（Buran，630—631）、霍尔木兹五世（Hormuzd V，631—632）和伊斯提泽德三世（Yazdiird III，632—651）四个人的王冠都使用了明显的双翼以及星月纹，说明了双翼纹在当时社会中的地位。这种双翼纹在朝前后也出现在汉地的经锦上，吐鲁番博物馆收藏的一件蓝地佛像狮纹锦上就有一个双翼纹样，它的上端是一个联珠圈里的团花纹，下面是一个莲花，两侧生出莲叶，中间托起一珠，两侧再是双翼。

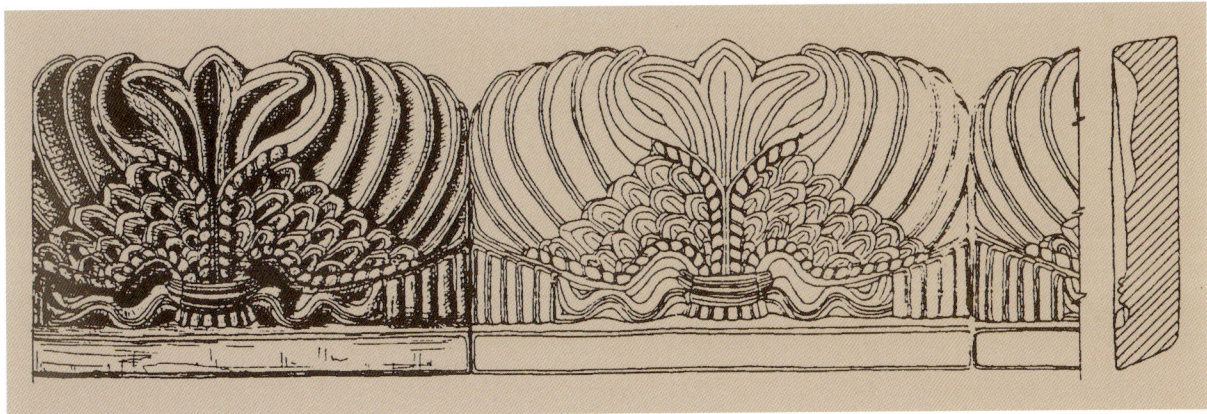

波斯建筑部件上的双翼纹

波斯萨珊王冠上的双翼纹

蓝地佛像狮纹锦，北朝，新疆阿斯塔纳出土

波斯波利斯的莲花石柱础

以莲为座的情况在波斯建筑中也很多见，在波斯波利斯的遗址上就有大量的莲花柱础出土，其形象与这件织锦上的莲座大同小异，而且柱上还带有 C 形的装饰。

这一类平纹纬锦采用平直的纬线显花，在吐鲁番墓地有着类似的出土，如 169 号墓中出土的吉宇锦被和 136 号墓中出土的橙红地龟甲纹锦，因此可以把这一莲座双翼树纹锦的年代断在北朝前后，即 6 世纪。[1]（赵丰）

1　赵丰、齐东方主编：《锦上胡风：丝绸之路纺织品上的西方影响（4—8 世纪）》，上海古籍出版社，2011 年，第 56—58 页。

第二节　五色立鸟

立鸟纹样在都兰出土物中十分常见，最有名的应该是外绕花瓣形团窠的"五色鸟锦"。这类织锦见于敦煌壁画，也见于敦煌文书。从另一件属于同类并织有古波斯文的织锦来看，这一纹样可能产自中亚或西亚工匠之手。在藏语中，这种鸟被尊称为"夏甲穿青"，即百鸟之王。但都兰另一件瓣窠灵鹫纹锦，双爪持有一人，有可能是金翅鸟。这类立鸟纹在都兰发现的金银器、木器上也能见到。

Five-Colored Bird

Standing bird patterns are very common among the excavated objects in Dulan, and the most famous one is the *Brocade with Five-colored Bird Pattern in a Lobed Roundel*. This type of brocade was also found in Dunhuang wall paintings and documents. Another brocade of the same type, with ancient Persian text, may have been produced by artisans from Central or West Asia. In Tibetan, this bird is revered as the king of all birds. However, on another piece of lobed roundel brocade from Dulan, there is a vulture holding a person in both its claws. Some scholars speculated that this vulture may be the gold-winged bird named "Garuda". This kind of standing bird pattern can also be seen on gold, silver and wood wares found in Dulan.

3.5 黄地花瓣鹰纹锦 Samite with Eagles in Lobed Roundels

唐（8世纪）
通长 47 厘米、通宽 19 厘米
青海省海西州都兰县热水墓群出土
青海省文物考古研究所藏
文物号：QK001857

团窠为八瓣花环，环中是一正视直立的鹰。鹰头向左，后有头光。两翅平展，颈与翅有联珠条饰，中间主体为腹部，鹰之双足抓住一人形，置于腹部（图1）。鹰尾共七根羽毛。这种正面鹰身的造型在中国极为罕见，但在西方却较为常见。即使是在中亚地区，也时有发现。乌兹别克斯坦境内的扎尔特佩（Zar-tepa），残留着一些壁画，其中就有一幅鹰身正面、鹰足抓住一人的形象，考古学家将其定为金翅鸟，其造型与此十分接近（图2）。

组织为 1/3 的斜纹纬二重。经线暗棕色，Z 捻，明经单根，密度 25 根 / 厘米，夹经两根，密度 50 根 / 厘米，纬线为棕黄色地上显深棕、灰绿、浅黄色花纹，密度 26×4 根 / 厘米。图案单元纬向约 20 厘米，经向循环应大于 20 厘米。（赵丰）

纹样复原

乌兹别克斯坦壁画上的金翅鸟

g

h

3.6　紫地花瓣团窠含绶鸟锦
Samite with Birds Holding Ribbons in Petal Roundels

唐（8世纪）
a长15.5厘米、宽11厘米；
b长13.5厘米、宽5厘米；
c长21.5厘米、宽13.5厘米；
d长11.5厘米、宽12.5厘米；
e长16厘米、宽10.5厘米；
f长13.5厘米、宽11.5厘米；
g长45厘米、宽5.5厘米；
h长48.5厘米、宽4.5厘米
青海省海西州都兰县热水墓群出土
青海省文物考古研究所藏
文物号：QK001859

　　这里的8件残片可以分成三组，其中一组6件残片，来自同一个红地瓣窠含绶鸟锦，一件来自另一较大的红地瓣窠含绶鸟锦，图案与6件一组的相同，尺寸有所变化，另一件则来自红地瓣窠对含绶鸟锦。

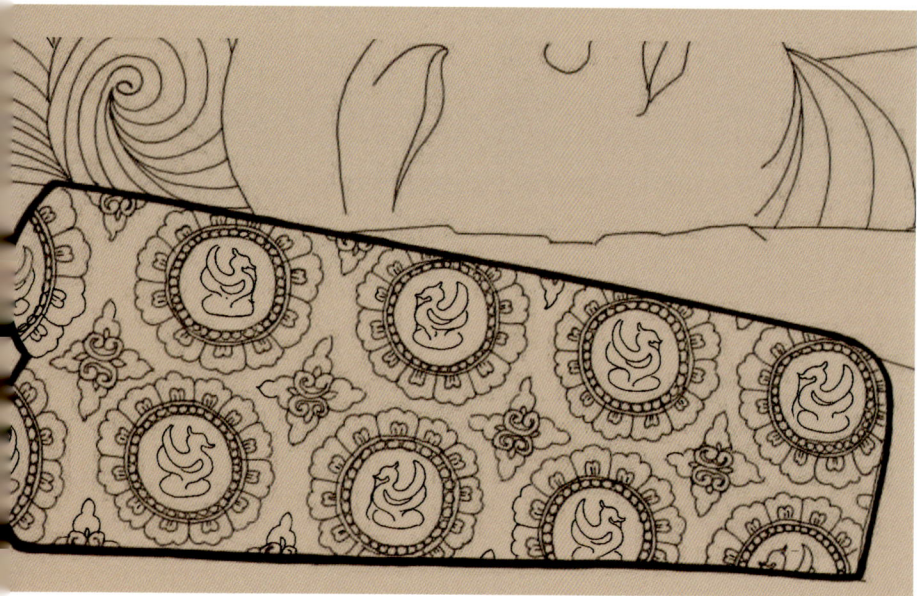

敦煌莫高窟 158 窟卧佛及纹样复原

根据 6 件一组的残片，我们可以复原得出原来的图案。图案中心是一个呈椭圆形的团窠，窠外环以八片花瓣，中间立有一鸟。该鸟身部具有鳞甲片状的羽纹，尾部成板刷状，翅和尾用横条或斜线表示，翅带弯勾向上翘起，颈部饰以项圈状物，上饰有联珠。翅和尾均有饰以联珠竖向的条带，两足立于平台座上，平台正面饰以横向的联珠。该鸟头后生出两条平行的、带结的飘带。鸟嘴衔有项链状物，其上布满联珠，下方垂有三串璎珞。宾花为对称的十样花，花中心为八瓣小团花，四周方形花，四向伸出花蕾，复原后的纹样单元约为经向 17 厘米、纬向 13 厘米。

这类瓣窠含绶鸟纹锦的纹样可以在敦煌莫高窟 158 窟卧佛枕头上见到，也可以在敦煌文书中了解到。敦煌文书将这类织锦称为大红番锦。《唐咸通十四年正月四日沙州某寺交割常住物等点检历》（P.2613）提到的大红番锦伞，用心内两窠狮子和周边 96 个"伍色鸟"组成，据此，我们可以知道这种织锦在敦煌被称为五色鸟锦。含绶鸟在当时象征着王权与佛教相结合，后还象征着再生和永生。

　　这一织锦用深红色为地，其上用藏蓝、灰绿、黄三色显花，配色和用色都非常考究，晕色处按青绿、红、黄依次排列。该物基本组织是 1/3 纬二重，经丝红色，Z 捻，明经单根，密度 30 根 / 厘米，夹经两根，密度 60 根 / 厘米，纬丝密度一般在 34×4 根 / 厘米。从有的残片上观察，背部有局部抛梭现象。织物边上有一段宽约 4 厘米的素边，正是织物的幅边。从当时中亚织锦一张的长、宽比例为 2：1、幅宽通常在 1 米左右的情况来看，我们以一幅 6 窠、一张 12 行团窠的比例进行了复原，所得最后的一张织锦尺寸宽约 110 厘米、长约 220 厘米。在织物的两端，我们加上了桃形及波斯文字的装饰带。（赵丰）

紫地花瓣团窠含绶鸟锦纹样复原

紫地花瓣团窠含绶鸟锦总体复原

第三节　翼　马

　　在希腊神话中，珀伽索斯（Pegasus）是长着双翼的飞马。据说它是美杜莎与海神波塞冬所生，马蹄踩过的地方便有泉水涌出，诗人饮之可获灵感。翼马纹样不仅可见于波斯萨珊时期的石刻、撒马尔罕大使厅中的粟特壁画、日本法隆寺中的鎏金银壶，也可以在都兰吐蕃风格中的织锦和金器上看到，说明这是流行于丝绸之路上的重要纹样。

Winged-horse

　　In Greek mythology, Pegasus is a flying horse with two wings. It is the offspring of the gorgon Medusa and the god Poseidon. It is said that where the horse's hoofs trod, springs sprang up and poets drank from them to gain inspiration. The winged-horse motif can be seen not only on stone carvings from the Sassanid Persian period, on the frescoes of the Hall of Ambassadors in Samarkand, on the gilt silver pots in the Horyuji Temple in Japan, but also on brocades and gold vessels in Dulan, indicating that this was an important motif popular along the Silk Roads.

3.7 团窠联珠翼马纹锦 Samite with Winged-horse in Pearl Roundels

唐（618—907）
长 34 厘米、宽 47 厘米
中国丝绸博物馆藏
文物号：2011.15.1

　　此件残片为斜纹纬锦，目前残留有一个半的联珠团窠图案。其中外圈的联珠图案底色由深蓝、红两色构成，较为别致。团窠外装饰有十字宾花图案，团窠之中是一翼马纹样，翼马的原型是古希腊神话中海神波塞冬与美杜莎之子珀伽索斯，据说它的马蹄踩过的地方便有泉水涌出，诗人饮用后可获灵感。类似的翼马纹锦在埃及的安底诺伊、我国吐鲁番的阿拉沟等地也有出土。（徐铮）

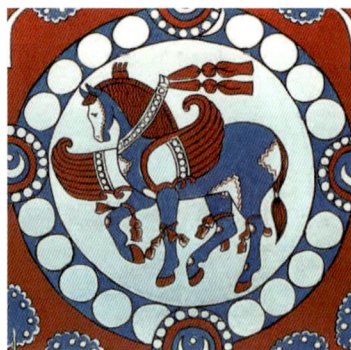

撒马尔罕阿弗拉西亚卜壁画上的
翼马纹复原

3.8 红地翼马纹锦 Samite with Winged-Horse

唐（8世纪）
长52厘米、宽21厘米
中国丝绸博物馆藏
文物号：2686

  此件锦片以红色经线为地，白色纬线织出图案。图案残存三行行走着的翼马，中间一行三匹马右行，上行两匹和下行三匹均为左行。每匹马高约19厘米，宽约15厘米。马的头顶带有六瓣小花状的冠饰，颈上系有联珠纹带，颈后还有两条飘带呈水平状飘扬。马生双翼，翼间亦饰有联珠纹，四足及尾部亦用绸带系缚作为装饰。马的造型十分平稳，是典型的波斯萨珊风格，这种风格的纹样在中亚粟特地区的阿夫拉西阿卜（Afrasiab）古城遗址壁画上可以看到。[1] 同类的织物在罗马梵帝冈博物馆内亦有收藏（编号为T117），该织物残存两行翼马，下行基本完整，一齐右行，上行只剩一半，一齐左行，布局造型与此件十分相似（fig.14a翼马纹样）（fig.14b梵帝冈博物馆藏翼马纹样）。[2] 很显然，这种造型的翼马又影响到用中国经锦技术生产的联珠对马纹锦中马的造型，这类织锦在新疆吐鲁番地区和青海都兰出土的唐代早期织锦中十分常见。[3]

  此件织锦右侧有一完整的幅边，由三根较粗的经线与纬线织成，宽0.5厘米。织物组织是典型的斜纹纬锦，具有明显的中亚、西亚风格。此件织物在中国的发现，是波斯艺术与中国丝绸文化交流的极佳实例。（徐铮）

---

1 G. Maitdinova, 1996, fig.30.Guzel M. Maitdinova. *Rannesrednevekovye tkani Srednei Azii* [The early medieval textiles of Central Asia]. Dushanbe: Donish, 1996, fig.30.

2 Crisline Pantenlla-6988-83293, 6988-85138, also see: Otto von Falke. *Decorative Silks*, (New York: William Helburn Inc., 1936): fig.181.

3 夏鼐：《考古学和科技史》，科学出版社，1979年，第3页；Zhao Feng. *Recent Excavations of Textiles in China*, ISAT/Costume Squad, 2002, p.75, fig.27-1.

第四节　狮　子

狮子在汉代传入中国，被视作祥瑞之兽。佛教的流传又极大地提高了狮子的地位，使之成为魏晋南北朝至隋唐时间的流行纹样。联珠团窠图案中有对狮站立，金银器上有狮子跳跃，小型木雕的狮子逼真可爱，而大型石像的狮子庄重威严。在吐谷浑到吐蕃的艺术中，狮子被赋予了神格，可以祛邪挡灾，同时又代表如意吉祥。

Lion

The lion was introduced to China during the Han dynasty and was regarded as an auspicious animal. The spread of Buddhism greatly enhanced the status of the lion, and it became a popular pattern from the Wei Jin Southern and Northern dynasties to the Sui and Tang dynasties. There are lions standing in pairs in pearl medallion and in lobed roundel, lions jumping on gold and silverware, lions being realistic and lovely on small wood carvings, and lions being solemn and majestic on large stone statuses. In the art of the Tuyuhun and the Tubo, the lion was given a divine character that could ward off evil and at the same time symbolize good fortune.

3.9 石狮 Stone Lion

唐（8 世纪）

通高 84 厘米、通长 52 厘米、通宽 34 厘米

青海省海西州都兰县考肖图吐蕃墓地出土

青海省文物考古研究所藏

文物号：QK002405

花岗岩雕铸，石狮蹲踞式，卷形鬃毛从头顶一直披到肩部，额头塌陷，尾巴由一侧通过腹部，从另一侧的腰际处反卷上来，背部中央和前面胸部勒有一条纵贯上下的脊线和胸线，直立的前腿上部用两条横线表示关节或褶皱，下部则刻以 2—3 条竖线表示筋肌。此石狮造型为典型的吐蕃风格。（李国华）

3.10 **鎏金木狮** Gilt Wooden Lion

唐（8世纪）
通宽 10.8 厘米、通高 13.5 厘米
青海省文物考古研究所藏
文物号：QK003498

　　带有彩绘或贴金的木制品是吐蕃墓葬中一类独特的随葬品，其中以狮子和鸟类造型最为流行，还有一些骑马木俑。此件文物由整木雕刻而成，狮子为坐姿，怒目圆睁，狮嘴大张，鬃毛从头部垂至前腿，背部有几处凸起的装饰，后腿似原本是与其他器物相连接，现后腿部分以下已残缺。鬃毛处表面局部残留有红色和绿色颜料，狮身表面局部残留有黄金。整体形象逼真可爱，展现了高超的雕刻技艺。（张启珍）

纹样复原

3.11　黄地花卉狮子暗纹绫　Twill Damask with Flower and Lion

唐（8 世纪）
长 45.2 厘米、宽 41.4 厘米
青海省海西州都兰县哇沿水库官却和遗址出土
青海省文物考古研究所藏
文物号：2014QDRM16-S3

　　此为一件 2/1S 地 1/5S 花的同向绫织物，有可能是袍服前襟的一块残片，用绿色绢为背衬。可辨析的图案为花卉纹、树叶纹和狮子纹。树叶阔且下垂；狮子为侧视，张口露齿，双目圆瞪，面部狰狞，颔下饰长须，背脊分披鬃毛，自然下垂，背部隆起，扬尾，尾部呈卷云状。

　　这件织物令人想起在敦煌藏经洞出土的、现藏大英博物馆的绫地手绘莲座佛像幡首（MAS 888），那是一件佛幡的幡首，对折后的两个三角形区域内各绘一坐于莲座上的佛像。拆开后摊平为一基本正方形的织物，高 51.5 厘米，宽 52.5 厘米。绘画的底料是白色同向绫，绫上所织的图案是半个狮纹，仅见狮头和狮尾，狮身横向长达 40 厘米以上，可能作蹲状或行走状。狮尾后还另有一纹样已残，可能为山石之类。狮头以上沿经线方向还有一对称的狮纹，仅见头部[1]。

　　两件织物极为罕见，却极为相似，说明了都兰和敦煌之间紧密的关系。哇沿墓地的年代不会很早，应该是在盛唐和中唐之间。而以前对 MAS 888 的断代是在五代，现在看来，这一断代可能会稍提前一些。（赵丰，张启珍）

大英博物馆藏敦煌丝绸 MAS.888 上的狮子图案及其线描图

1　赵丰主编：《敦煌丝绸艺术全集·英藏卷》，东华大学出版社，2007 年，第 76 页。

3.12 团窠联珠对狮纹锦　Samite with Lions in Pearl Roundels

唐（618—907）
长 30 厘米、宽 38.7 厘米
中国丝绸博物馆藏
文物号：3623

　　此件织锦虽然较为残破，由若干碎片拼缝而成，但其色彩保存完好。织物采用斜纹纬重组织织造，以暗红色纬线作地，米黄色纬线显花，局部采用暗红和墨绿两色纬线分区换色现织物残存两个比较完整的团窠联珠圈，团窠线条并不光滑，联珠图案也不圆润。团窠之内是两只相对而立的狮子，其前腿有一只小翅膀，尾部上翘，站在一个花盘之上。团窠之外则装饰有兽纹图案，作奔跑状。此锦残留的左右两个团窠在细节上并不相同，说明这两个团窠在纬向并不循环。（徐铮）

第五节　太阳神

　　希腊神话里的太阳神名叫赫利俄斯（Helios），架着马车每天在天上巡视。这种形象在罗马艺术里也一直可见，而且继续往东传播。到印度后称为苏利耶（Surya），在中亚也有驾着马车出行的太阳神像。就这样，希腊神话的太阳神往东传播，翻过帕米尔高原，进入中国境内的克孜尔石窟和敦煌石窟，还来到了东方的织锦上，出现在都兰热水一号大墓中。

Helios

Helios, the god of the Sun in Greek mythology, rides the golden Sun Chariot every day, crossing the sky from East to West. His image also appears in Roman art and continues to spread eastward. In India, it is called *Surya*, and in Central Asia there are also images of the Helios traveling in a carriage. In this way, the god of the Sun in Greek mythology spread eastward, over the Pamir Plateau, into the Kizil Grottoes and Dunhuang Mogao Grottoes in China, and to Grand Reshui Tomb of Dulan, appearing vividly in the the tapestries of the East.

红黄地云珠簇四团窠太阳神纹锦   绿地簇四联珠太阳神纹锦线描图

3.13 **绿地簇四联珠太阳神纹锦** *Jin*-Silk with Helios and Small Pearl Roundels

北朝（535—591）
通长 10 厘米、通宽 5 厘米
青海省文物考古研究所藏
文物号：QK001863

该锦是绿、黄两色经线互为花地的平纹经锦，残存相当小，通宽 5 厘米，约有 2 厘米为由杂彩绢缝成的装饰边，所存织锦只有 3 厘米。而在 10 厘米的长度方向上，此锦又由三小片缝接，真正纹样相对完整的一块约为 6 厘米长。

但经我们拼复，这一织锦的图案基本可以还原。它由二方连续的团窠图案组成，主题纹样为一个较为简化的太阳神。太阳神头戴宝冠，身着窄袖圆领衣，双手禅定，交脚坐于车上。车轮外驷马两两向背而驰。

太阳神的形象多见于北朝晚期到唐代早期的西北地区墓葬。同一墓中出土了一件图案最为完整的红黄地云珠簇四团窠太阳神纹锦（青海文物考古研究所藏，QK001863）。其中最为完整的太阳神形出现在一个门幅的中间。太阳神圈为一组六马拉车的群像。太阳神手持定印，头戴菩萨冠，身穿尖领窄袖紧身上衣，交脚坐于宝座之上。旁边是两个侧面向的持王仗戴圆帽的卫士。太阳神头光旁侧和靠背上方有两个半身人像，均戴中国式幞头，为吏之形象。太阳神头部正上方有一华盖，马车两旁并有龙首幡迎风招展。

驾马车出行的太阳神早在欧洲青铜时代就已出现在艺术品中，希腊神话中称其为 Helios，传说是担坦巨神许珀里翁及其妹兼妻子特伊亚的儿子，每日乘四马金车在空中奔驰，从东到西，晨出昏没，用光明普照人间。大约在亚历山大大帝东征时，太阳神形象也来到中亚和印度北部地区，中国新疆库车克孜尔和甘肃敦煌莫高窟的壁画中也有太阳神的形象。相比之下，这一件绿色的太阳神纹锦造型比较简单，但还可以看出这是一件融东西方多种文化因素于一体的风格独特的丝绸艺术珍品。其织锦为 1∶1 平纹经重组织，经纬丝线均无捻，经丝为红、黄两色，密度 60×2 根 / 厘米，纬丝本色，密度 32 根 / 厘米。图案循环不明。（赵丰、李国华）

希腊彩陶上的太阳神

印度文物中的太阳神

3.14 簇四联珠太阳神狩猎纹锦 *Jin*-Silk with Helios Hunting in a Pearl Roundel

长 220 厘米、宽 117 厘米

成都蜀锦织绣博物馆藏

文物号：SJZX01368

　　此锦为二重平纹经锦，整个图案由卷云联珠圈构成簇四骨架，并在经向的骨架连接处用兽面辅首作纽，而在纬向的连接处则间饰对鸟。该锦全幅应由三个卷云圈连接而成。其中作为母题纹样的太阳神圈居于中，上下都为狩战题材。太阳神圈为一组四马拉车的群像。太阳神头部正上方有一华盖，头戴菩萨冠，手持定印，身穿尖领窄袖紧身上衣，交脚坐于莲座之上。旁边是两个侧面向的持王仗戴圆帽的卫士。太阳神头光旁侧和靠背上方有两个半身人像，均戴中国式幞头，为吏之形象。狩战圈分为上下两圈，各有三组纹样。上圈中第一组纹样为两骑士头戴小圆帽，身穿窄袖短衫，下着长靴；第二组为两武士相向骑于马上，中间为一战俘双手举起，武士作搏击状；第三组为对豹。下圈中第一组纹样为骑狮武士，骑士相对而视；第二组为骑驼搏狮，第三组为奔跑状的对鹿。此件织锦图案带有波斯风格，华盖莲座来源于佛教，兽面为中国传统，生动地表现出北朝时期东西方文化的渗透交融。（亓丽丽）

局部

纹样复原

3.15　乐舞太阳神纹锦 *Jin*-Silk with Helios

北朝（535—591）

长 60 厘米、宽 19 厘米

中国丝绸博物馆藏

文物号：2011.8.1

　　此锦图案以联珠纹为骨架，沿经线方向连续展开，骨架交错相叠，用小花作纽连接。中心图案为太阳神图案，太阳神头戴饰物，头顶似有车盖，双手合十交脚坐在一由四匹马拉着的车上，身后两侧各有一站立的伺者。下排纹样有两位舞者相对起舞。[1]（陆芳芳）

1　徐铮、金琳主编：《锦程——中国丝绸与丝绸之路》，浙江大学出版社，2017 年，第 59 页。

第六节　希腊故事

公元前 300 多年，亚历山大大帝（Alexander the Great）东征，希腊文化随其东来；其影响深远，在中亚一带更是融合了佛教文化，形成了著名的犍陀罗艺术。公元 2 世纪至 3 世纪，犍陀罗艺术开始影响中国，并且一直延续至公元 4 世纪，某些题材甚至延续至公元 6 世纪。远渡而来的西方希腊文化对丝绸之路的纺织品有着深远影响，可见丝绸之路上的文化交流确实是双向的。

Greek Elements

During 300 B.C., following Alexander the Great's conquest of the east, Greek culture arrived and thrived in east regions, and its influence was far-reaching. In Central Asia, it fused with Buddhist culture and formed the famous Gandhara art. Gandhara art began to influence China between the 2nd and 3rd centuries A.D., and continued into the 4th century A.D., some subjects even continued to develop into the 6th century A.D. Western Greek culture, which came from far away, had a profound influence on the textiles of the Silk Roads, showing that cultural exchanges along the Silk Roads were indeed bilateral.

3.16 鎏金西方神祇人物联珠银腰带

Gilt Silver Belt with Greek Gods in Pearl Roundels

唐（618—907）
通长 95 厘米、宽 3.3 厘米、厚 0.4 厘米，牌饰直径 6.5 厘米
青海省博物馆藏
文物号：QB4205

　　古代腰带不仅具有束腰功能，也能突显男性服装阳刚硬朗的特点，此外，腰带也是古代等级地位的标志，关乎社会认可的价值与声望。而金银腰带更是社会顶层或贵族高官彰显自己地位、维持权威的标志物，是城邦互赠的重要礼品。

　　此件鎏金西方神祇人物联珠银腰带据传出土于都兰吐谷浑墓葬，学者认为其时代为十六国时期或唐代。腰带用银丝编织而成，上饰有七块包金牌饰。牌饰外缘为联珠纹，内部捶揲出西方神祇人物和武士图案，盛行于波斯萨珊时期的联珠纹随着丝绸之路的开放进入中国，成为唐代装饰艺术中非常流行的元素。每个牌饰联珠上原应镶嵌有宝石或其他珍贵玉石，现在已经脱落殆尽。

　　这件银腰带，首先是以插轴相连的腰带扣，两个神祇勇士手握长柄武器，在半圆拱门下做站立守门状。他们身着希腊罗马武士常穿的短腰裙，显得短小精干，而且他们从肩到胳膊挂有单肩披帛，更符合希腊罗马神话传说中勇士的艺术形象。

　　银腰带共有七个圆牌式连珠纹装饰的人物图像，可分为两类。一类是左右相反的四个女神像，女神有翅膀，羽翼垂于女神背后，显示尊贵地位。女神袒露双乳，斜坐在卧椅上，手持棕榈枝叶，象征着和平安详、大地和谐。另一类是坐在高腿椅垫上的三个男子，身穿窄肩流苏长袍，这种长袍是希腊罗马精英智慧之人常穿的服饰。手持棕榈枝，未戴帽子，无蓄胡须，在发型上表现他们的睿智。睿智男子与羽翼女神的牌饰图案交相替换，形成一圈完整的艺术图案。其艺术构思的模式肯定来自古希腊、罗马。[1]（葛承雍）

1　葛承雍：《金腰带与银腰带——从阿富汗大夏黄金之丘到青海都兰吐谷浑大墓》，《考古》2019 年第 1 期，第 68—71 页。

3.17 人身鱼尾金饰片 Gold Plaque with a Figure with a Fishtail

唐（8 世纪中叶）
高 4.2 厘米、长 19.5 厘米、厚 0.03 厘米
青海省海西州都兰县热水墓群 2018 血渭一号墓出土
都兰县博物馆藏

　　饰片轻薄，花纹錾刻而成。整体呈长条形，前宽后窄，周缘有钉孔。前端为人物形象，束发额带，后飘绶带，翻领袍服，右持来通，左抓羽尾，身带双翼，下为鸟足，身后为回旋鱼身鱼尾，有鱼鳞纹饰，镂空处原镶嵌有宝石，已脱落。器物可能属于剑鞘的装饰，表面有钉孔，很可能用来固定在剑鞘上。人身鱼尾形象罕见特殊，带有神话宗教内涵，具有特殊的研究价值。

　　在人物上半身下方可以看到两只兽足，这一细节尤其使人联想起希腊故事中的刻托斯（Ketos），这是一种在希腊和拉丁文献中被称作斯库拉（Scylla）的海妖，能直接导致西西里岛与意大利半岛海岬之间发生风暴。也有学者认辨这是海神波塞冬之子特里同（Triton）的形象。但其人物头饰后方飘浮的绶带是一种典型萨珊主题纹样，左手所持的角形饮器来通杯（rhyton）则为中亚元素，所以可以推测此件金片的原产地可能在青海当地。（陈架运、张杲光）

纹样复原（潘冠静绘图）

3.18 人物纹鎏金银盘 Gilt Silver Plate with Greek Figures

唐（8 世纪）

直径 43 厘米、残高 1.8 厘米、壁厚 0.2 厘米；重 3250 克

都兰县热水墓群出土

都兰县博物馆藏

　　银盘厚重，宽缘，缘外有垂沿，折向背后。锈蚀严重，有一侧折叠，目前能够辨识出三个人物。中心一株葡萄树，树下一长发女性裸身下蹲，身有织物缠绕。左侧一健壮男性，身披斗篷，肩佩短剑。右脚直立，左脚踩在一台阶上，膝盖顶住女性背后，右手拉信女性右手，左手伸向女性头发或是抓住左手。盘的右侧为一卷须老者，也绕有织物，俯身弯曲，双手持棍，倚棍而立。

　　银盘画面的题材应来自希腊故事，仝涛认为该图像可能是酒神狄俄尼索斯（Dionysos）与阿里阿德涅（Ariadne）以及老迈酒醉的随从西勒诺斯（Silenus）。康马泰也认为可能是特洛伊战争中的阿喀琉斯（Achilles）和彭忒西勒亚（Panthesileia），或是小埃阿斯（Ajax）和卡桑德拉（Cassandra）。但银盘上的另一男性显示，银盘故事已变，其生产地已不在希腊本土，更有可能是在波斯或拜占庭一带。（赵丰、张呆光）

第七节　奇珍异宝

　　丝绸之路也被人称为"宝石之路""青金石之路""玻璃之路""玉石之路"等，除了金、银等贵金属之外，还有大量产于丝绸之路沿途的珍贵矿藏也从四面八方来到中国，同时在丝路沿线如星星般撒落。吐谷浑地处丝路孔道，得其便利，也加工、生产、享用着这些奇珍异宝。

Golds and Gems

　　The Silk Roads are also known as the Roads of Gem, Glass, Jade and Lapis Lazuli. Other than gold or silver, a large amount of valuable mineral deposits along the Silk Roads come all the way to China. With its advantaged location in the main artery of the Silk Roads, Tuyuhun also processed, produced and made full use of these rare treasures.

3.19 金胡瓶 Gold Vases

唐（8世纪）

口径 6.6—7.3 厘米，高 17.1—19.7 厘米，壁厚 0.05 厘米

青海省海西州都兰县热水墓群出土

都兰县博物馆藏

　　此两件金胡瓶修长轻薄，素面，应为酒器，使用方式是以手握颈部倾倒酒水。侈口、细颈、鼓腹、圈足。捶揲而成，器身通体布满捶揲痕迹。颈腹部和圈足有套焊痕迹。（张呆光）

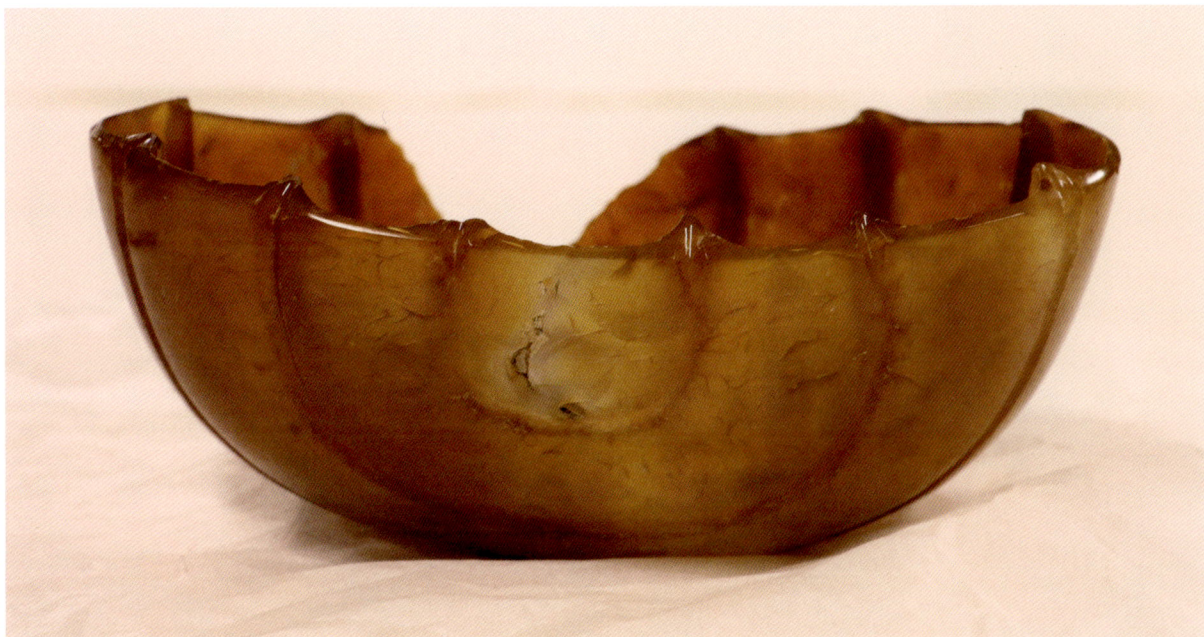

3.20 玛瑙十二曲长杯 Carnelian Oval Dish

唐（8世纪中叶）
高 11.9 厘米、口径 26.8 厘米、壁厚 0.5 厘米
青海省海西州都兰县 2018 血渭一号墓出土
都兰县博物馆藏

　　此多曲长杯出土于青海省海西州都兰县热水墓群"2018血渭一号墓"，用整块酱黄大玛瑙制成，杯呈长椭圆形，壁厚重，有十二个横向的曲瓣，透光性好，触手光滑，通体呈玻璃光泽，还有片状结晶和细裂纹。就目前所见，白玉、水晶、琉璃等材质的多曲长杯很少，色彩如此瑰丽的玛瑙多曲长杯更是罕见。

　　多曲长杯，即长椭圆形多曲瓣状的杯，杯外鼓起分曲，杯内壁有一条条棱凸起。这与中国传统光滑规矩的器物大不相同，是伊朗高原上萨珊波斯王朝的代表性器物。这种长杯正是萨珊人受到古罗马的贝壳式银器启发创造的，在3—8世纪流行于伊朗高原及周边，常被称为"曲口沿盘"（lobde dish），意思是口沿曲回的盘，也叫作"长杯"（oblong cup）、"椭圆形盘"（oval dish）或者"浅杯"（shallow cup）。日本学者将这类器物统称为"长杯"，并以曲瓣的多少细分为"八曲长杯"或"十二曲长杯"，或笼统叫作"多曲长杯"。[1]

　　萨珊王朝时期的工艺品，通常纹饰典雅，装饰感强，形制奇特，装饰细腻繁丽，散发着浓郁的宫廷艺术气息，华美精致并带有古典主义色彩的特征。这件玛瑙长杯虽然没有多余花纹，但整体华美奇特，波斯风格浓郁，与对称、平整、规矩的中国工艺传统形成鲜明对比，因为夸张凸鼓的造型，看起来格外活泼独特，唐人对此非常喜爱并纷纷仿制，成为唐代贵族偏爱的盛酒之器。（陈架运）

---

1 齐东方：《唐代金银器研究》，中国社会科学出版社，1999年，第383—397页。

a | b | c
d | e | f

3.21 穿孔饰品 Perforated Accessories

a.琥珀坠饰 Amber Pendant

b.贝饰 Shell Ornament

c.蚌饰 Mussel Ornament

d./e./f.钙纳玻璃珠 Calcium-sodium Glass Beads

唐（8世纪）

a 长 3.6 厘米、宽 1.3 厘米、厚 1 厘米；b 直径 1 厘米、厚 0.24 厘米；c 长 1.45 厘米、宽 1.2 厘米、厚 0.24 厘米；d 长 1.3 厘米、宽 0.4 厘米、厚 0.3 厘米；e 长 0.5、截径 0.6 厘米；f 长 1.6 厘米、截径 0.8 厘米

青海省海西州都兰县哇沿水库官却和遗址出土

青海省文物考古研究所藏

文物号：M16:3；M16:23；M12:2；M16:22；M25:1；M25:4

文物 a 红色琥珀质，呈水滴状，顶部镶嵌金属作为扣头穿挂。

文物 b 由贝壳磨制而成，扁平状，通体磨光，圆形，中部有一较大的椭圆形穿孔。

文物 c 由蚌壳磨制而成，海贝状，扁平，白色，中间有穿孔。

文物 d 管状，灰白色，一端略残。

文物 e 短圆柱形，黄色，中间穿孔。

文物 f 管状，黄色，中间有穿孔。（王玥）

3.22 蜻蜓眼琉璃珠 Glaze Beads with Dragonfly Eye Pattern

唐（8世纪）

直径 1—2.1 厘米，孔径 0.2—1 厘米

青海省海西州都兰县哇沿水库官却和遗址出土

青海省文物考古研究所藏

文物号：M21:2-5

　　通体呈绿色或蓝绿色，表面呈浅黄色圆斑，均为同心圆纹，这些珠子均由四种不同的料组成，为搅胎琉璃，后进行钻孔及后期的加工修整。（王玥）

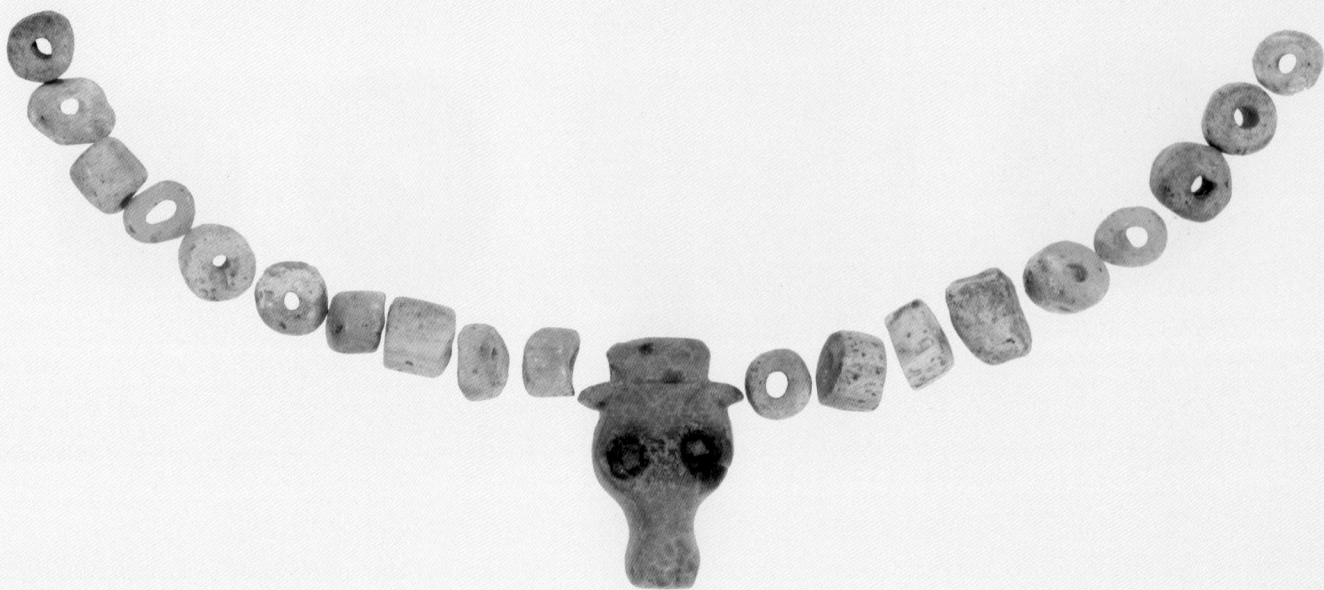

3.23 方解石项链 Calcite Necklace

唐（8世纪）

中间主饰件长2厘米、宽1.3厘米、厚0.6厘米；其他珠饰径0.5—0.7厘米

青海省海西州都兰县哇沿水库官却和遗址出土

青海省文物考古研究所藏

文物号：M25:7-25

　　此件文物中间主饰为方解石质，呈牛头状，双眼为铜渣镶嵌。其余小珠子为钠钙玻璃珠，组成一组串饰。（王玥）

3.24 **水晶珠** Crystal Beads

唐（8世纪）
长4.5厘米、宽3厘米、厚0.04厘米，各重5克
青海省海西州都兰县2018血渭一号墓出土
都兰县博物馆藏

水晶珠晶莹透亮，打磨痕迹明显，底部平整，上部凸起，加工规整，尺寸统一。（张杲光）

3.25 絣缘褐地卷草葡萄纹绫
Grape Pattern Damask with Ikat Border

唐（8世纪）
长88厘米、宽36厘米
青海省海西州都兰县热水墓群出土
青海省博物馆藏
文物号：QK002039

　　此件残片原为绫袍的衣襟。其袍身的主体面料是褐色卷草葡萄纹绫，为单层暗花织物，以3/1Z斜纹组织和1/3S斜纹组织互为花地，经密为50根/厘米，纬密为35根/厘米。此件葡萄纹绫的图案循环十分大，以卷草的形式出现。图案经向循环约5—7厘米，纬向对称后通幅，幅宽约为49厘米。据说葡萄是由张骞从西域带回中原的，在东汉末年已经出现在丝织物上。魏晋时期，葡萄纹样的应用更广，在敦煌壁画、铜镜等艺术品中都能见到，施肩吾也有诗云："朝裁鸳鸯绮，夜织葡萄绫。"

　　衣襟的部分为一块絣织物，其工艺是根据纹样设计将经线分区扎染，染出蓝、褐及未染三个区域，经拆结、对花后再以1/1平纹组织进行织造，其经纬线均加S捻，经密为40根/厘米，纬密为15根/厘米。因为织造时不能完全对花，所以织成的图案轮廓朦胧，产生一种"和云伴雾分不开"的效果。从实物来看，至迟在唐代已有此类丝织物出现，除此件织物外，在日本正仓院等地也有发现，如来自广东南海一带的"赤地广东裂"，以红色为主色，间染紫、褐、黄、白等色，图案作流水形，亦采用1/1平纹组织织造。此种扎经染色的工艺在世界各地都有运用，在日本称为"絣织"（Kasuri）、阿拉伯称为Asab、北印度称为Patola、印尼巴厘岛称为Endek、中亚及中国新疆地区则称为ATLAS或"艾德莱斯"，采用这种工艺的丝棉交织物在乌兹别克斯坦称为ADRAS，我国清代文献中称为"和田绸"或"玛什鲁布"，而艾德莱斯和玛什鲁布在今天的中国新疆地区仍在生产并十分流行。

　　1998年，青海省海西州都兰县香加乡莫克力沟发掘墓葬21座，其中M14墓保存完整，其中出土一条扎经染色的双面长丝巾。长234.7厘米，宽24.4厘米，平纹组织，经丝加S捻，45根/厘米，纬丝无捻，19根/厘米。两端均有穗子，两侧均有幅边。两者无论其图案、织造工艺、染色方式均非常接近。[1]（赵丰、徐铮）

1　高志伟：《关于青海考古所一件所藏织物的商榷》，《青海文物》2020年第16期（第48卷），第48—57页。

3.26 缂丝饰件 *Kesi* Ornament

唐（618—907）

长 18 厘米、宽 16.5 厘米

中国丝绸博物馆藏

文物号：2013.16.8

    缂丝是一种采用了通经断纬的技法织成的丝绸艺术品。其经线不变，但纬线可以根据图案换彩需要而缂断，甚至是在同一色区内也有缂断，纯粹是为了表现雕镂之效果。唐代的缂丝门幅还不宽，但并不妨碍缂丝纹样的设计和表现。此缂丝饰件已被裁剪成为"T"型，四周以红地纬锦织物缘边，采用了"搭梭"等缂丝技法，图案则采用的是类似陵阳公样式的设计，在花卉窠中有着立鸟。类似的图案在敦煌莫高窟出土的缂丝织物上也能见到。（赵丰）

纹样复原（潘冠静绘图）

3.27 **缂丝** *Kesi*

唐（8 世纪）
长 13.5 厘米、通宽 7.8 厘米
都兰县博物馆藏

　　此件缂丝有花鸟作为图案主题，大型立鸟颈系绶带，中央有一人面鸟身形象，为迦陵频伽，又称为"妙音鸟"，是佛教中的传说生物，有很长的尾巴，声音美妙，能颂佛经。（赵丰）

第八节　东方之风

　　吐谷浑来自东北，途经中原，还有大量鲜卑同族在魏晋南北朝期间建立了地方政权。直到唐初，吐谷浑与中原王朝依然有战有和，特别是在慕容诺曷钵迎娶弘化公主之后，受唐影响更为显著。在吐谷浑的生活、文化和艺术等各个方面，无论是建筑形式、装饰纹样、衣食起居，还是丧葬习俗，都可以看到来自丝路东部起点的因素。

Eastern Influence

　　Tuyuhun people originated in northeast China and passed through the area of Central Plains to establish their own kingdom. Meanwhile, their Xianbei congeners established different political powers during the Wei, Jin and Southern and Northern dynasties. Until the early Tang dynasty, Tuyuhun and the Regimes of Central Plains were still at war from time to time. After Nuohebo married Princess Honghua, the influence of Tang dynasty was more obvious in Tuyuhun. In all aspects of life, culture and art in Tuyuhun, including architectural form, decorative pattern, clothing, food, daily life and funeral customs, the influence from the starting point of the Silk Roads can be seen.

3.28 金花草纹饰片 Gold Plaque with Flower-and-Grass Pattern

唐（8世纪）

长 10.6 厘米、宽 4.6 厘米，重 17.5 克

海西州民族博物馆藏

文物号：JD-4

　　金片捶揲而成，图案具有高浮雕效果。主图案为卷草纹，形象生动。外有方形边框，边缘有钉孔。饰片部分部位已失。（陆芳芳）

纹样复原（潘冠静绘图）

3.29 刺绣团花（残） Embroidery with Roundel Pattern

唐（8 世纪）
长 34.8 厘米、宽 16.8 厘米；长 21.5 厘米、宽 13.8 厘米
青海省海西州民族博物馆藏
文物号：Hxzbwg0526

　　此件绣片已残，但还是可以看出其上口沿有一条边饰带，纹样与许多中亚织锦上的心形纹相似。这条边饰带应该就是这件器物的上端，从形状来看，这有可能是当时箭囊（胡禄）的口沿。其主体部分的纹样是盛唐时期最为流行的宝花纹样，虽然已不是很完整，但还是可以看出，这是标准的宝花纹样，主体是八瓣的团花，宾花作十样花。刺绣采用劈针，但丝线彩色非常丰富。绣地为深褐色，背后衬以黄色绢。花卉主体中有许多层次的黄褐色丝线可以用于花卉花瓣等地方，但在团花中起到勾勒作用的是花瓣处的深藏青和花芯处的朱红色。（赵丰）

朱雀图

玄武图

3.30 四神图（朱雀玄武）

Coffin Planks with Hollowed-out Four Spirits (symbols of auspice)

玄武图长67厘米、宽61厘米、厚2厘米；
朱雀图长77.6厘米、宽70.4厘米、厚3厘米
青海省海西州德令哈市郭里木乡夏塔图地区出土
都兰县博物馆藏

　　朱雀图由三块木板拼合而成，上端成半圆状弧形，下端成方形。绘凤鸟图像，凤鸟立于仰莲之上，昂首翘尾，展翅欲飞，胸腹部饰点状纹饰，头顶有冠，四周饰卷草纹。

　　玄武图由三块木板拼合而成，成上窄下宽的梯形状，画面正中绘有玄武，蛇身缠龟身，头与尾不相勾，周边陪衬有云气、莲花和繁杂的忍冬纹等。（张呆光）

青海郭里木出土棺板画上的朱雀和玄武纹样复原

3.31 银鎏金花盘立凤饰片 Gilt Silver Plaque with Bird in a Lobed Roundel

吐蕃（633—842）
高 19.3 厘米、宽 17 厘米
青海藏医药文化博物馆藏

　　此件银鎏金花盘立凤饰片的外形较为奇特，总体呈六边形，两侧边缘平行，下端两边缘为 120 度角，而上侧为三个圆弧形边缘。上缘和左右边缘均饰有卷草纹。中间纹样主题为立凤纹，双足立于椭圆形花盘之上，头顶凤冠，羽毛飞扬，胸部前挺，两翼舒展丰满，尾翼上翘，优雅挺拔，是中原风格的凤鸟形。

　　同类鎏金银片在瑞士阿贝格基金会还收藏有 4 片，尺寸和装饰风格相同，但主题分别为孔雀、鸳鸯、大雁和凤鸟，其中的凤鸟与此件刚好大小、造型完全一致，但方向相对。所有这些鎏金银片四周各边遗留钉孔，可以重叠排列拼合，作为服装表面的装饰。[1]（赵丰、索南吉）

鎏金银片
（瑞士阿贝格基金会收藏）

曾装饰有鎏金银片的织锦衣
（瑞士阿贝格基金会收藏）

---

1 敦煌研究院、普利兹克艺术合作基金会：《丝绸之路上的文化交流：吐蕃时期艺术珍品》，中国藏学出版社，2020 年，第 144—151 页。

第四章　考古纪实

　　作为游牧民族，吐谷浑—吐蕃的遗存在青海主要表现为墓葬，这些墓葬主要分布在海西地区，以都兰县最为集中。青海省海西地区针对吐谷浑和吐蕃的考古研究迄今已有 40 多年，其中经历了三大阶段：从 1982 年的偶然发现开始到 1999 年，是早期的考古发掘；从 1999 年开始到 2018 年，是联合考古、同时进行申请世界文化遗产的阶段；从 2018 年起到现在，是打击盗墓和考古研究并重的阶段。随着考古发掘工作不断推进，新的墓葬不断发现，新的研究不断深入。在丝绸之路青海道、墓葬形制、棺板画、丝织品、金银器、藏文木牍等方面涌现出一大批优秀成果。

Chapter 4 Archaeology in Haixi

　　The archaeological research on Tuyuhun and Tubo in Haixi of Qinghai Province has been conducted for 40 years, which has experienced three stages: the serendipitous discovery in 1982; the early archaeological excavations, which began in 1999; and the joint archaeology and application for World Cultural Heritage, from 1999 to 2018. From 2018 to now, both the crackdown on tomb raiding and archaeological research have been carried out. As archaeological excavations continue to advance, new tombs continue to be discovered, and new research continues to deepen. A large number of outstanding achievements have been made in the Qinghai Path of Silk Roads, tomb structures, coffin panel paintings, silks, gold and silver ware, and Tibetan wooden tablets.

图版4.1　热水墓群

热水墓群是吐蕃统治时期吐谷浑邦国最重要的一处文化遗存，也是青藏高原北部吐蕃墓葬最为集中的地区。它位于都兰县察汗乌苏镇东南约 10 公里的热水沟，分布于察汗乌苏河两岸，北岸有 160 余座，以"热水一号大墓"为中心沿山麓向两翼呈长条状分布，自西到东延伸约 3 公里。西距"热水一号大墓"400 余米是"2018 血渭一号墓"。南岸墓地与"热水一号大墓"隔河相对，有墓葬 30 余座，1999 年发掘了其中较大的 4 座。表 1 为海西吐谷浑—吐蕃考古大事记。

海西吐谷浑—吐蕃考古大事记

时　间	大　事
1982 年 5 月	青海省文物考古所许新国在夜间考古时，在察汗乌苏河两岸偶然发现热水墓群。
1983 年	"热水一号大墓"被文化部认定为"全国六大考古新发现"。
1982 年—1985 年	青海省文物考古队连续四年在热水墓群进行发掘，主要是发掘"热水一号大墓"。
1986 年	青海省人民政府将热水墓群公布为第四批省级文物保护单位，时代定为唐（吐蕃）。
1994 年	都兰县夏日哈乡河北村的大什角墓地发掘出中小型墓葬 9 座。
1995 年	香加乡考肖图的宗教遗迹发掘；热水乡直尕日二村发掘中小型墓葬 20 座。
1996 年	热水墓群被国务院公布为第四批全国重点文物保护单位，墓群考古发现被国家文物局学术委员会评选为"1996 年全国十大考古新发现"之一。
1998 年	在香加乡莫克力沟的墓葬又发掘 21 座墓葬。
1999 年	北京大学考古文博院、青海省文物考古研究所在察汗乌苏河南岸联合发掘 4 座大、中型吐蕃墓葬。
2002 年	在都兰县香日德镇发掘了 4 座吐谷浑墓葬，出土了一枚拜占庭狄奥多西斯二世（408—450）时期的金币。
2002 年	青海省文物考古研究所与海西州民族博物馆联合发掘了德令哈市郭里木乡的两座吐蕃时期古墓，出土了一批精美棺板画。
2005 年	北大联合考古成果即《都兰吐蕃墓》出版，这是有关热水墓群发掘的第一本考古报告。
2006 年	热水墓群首次被国家文物局列入《中国申报世界文化遗产预备名单》。
2007 年	青海省文物考古研究所在察汗乌苏河北岸"热水一号大墓"东侧发掘一座墓葬 2007QM1。
2012 年	热水墓群再次被国家文物局列入《中国申报世界文化遗产预备名单》。
2012 年 10 月 28 日—11 月 2 日	首届都兰吐蕃文化全国学术论坛在青海省海西州都兰县和青海省首府西宁市先后举办。

续表

时　间	大　事
2014 年 4 月—9 月	为配合哇沿水库的建设，青海省文物考古研究所与陕西省考古研究院合作对水库官却和遗址与古代墓群等进行了抢救性考古发掘。
2016 年	国家文物局《大遗址保护"十三五"专项规划》中将热水墓群列入青海省五处国家大遗址之一，全国 100 处大遗址之一，又将其作为丝绸之路跨国联合申报世界文化遗产的重要组成部分。
2017 年 7 月	完成《热水墓群保护总体规划 2017—2030》。
2018 年	《青海都兰县哇沿水库古代墓葬 2014 年发掘简报》发表，这是有关热水墓群的第一份简报。
2018 年	3·15 热水墓群被盗案成功破获。
2018 年	由中国社会科学院考古研究所和青海省文物考古研究所联合组队对被盗墓葬进行考古发掘。
2018 年	中国社会科学院考古研究所与海西州民族博物馆联合展开对乌兰泉沟吐蕃时期壁画墓的考古发掘。
2019 年 6 月 24 日	国家文物局、青海省人民政府和中国社会科学院就共建热水墓群国家考古研究基地在北京签署框架协议，推进热水墓群国家考古研究基地建设。
2020 年	中国社会科学院考古研究所、青海省文物考古研究所与海西州民族博物馆联合开展对乌兰泉沟二号大墓的考古发掘。

第一节　葬俗用具

　　都兰热水吐蕃墓地出土了一批精美的丝织品、金银器、铜器、铁器、木器、漆器、陶器、皮革制品、古藏文木简牍、石刻碑铭、绿松石饰品等精美珍贵的随葬品。数量众多的彩绘木棺板画也对我们认识墓葬族群的族属关系提供了重要的线索。

Burial Articles

The Tubo Cemeteries in Dulan have unearthed a number of exquisite silk fabrics, gold and silver, copper, iron, wood, lacquer, pottery, leather products, ancient Tibetan wooden documents, stone inscriptions, turquoise jewelry and other precious burial objects. The large number of drawings on coffin planks also provides important clues to our understanding of the clan affiliation of the burial communities.

4.1 镶松石金覆面 Gold Burial Suits Inlaid with Turquoise

唐（8世纪）

眼：长 10 厘米、宽 3 厘米

鼻：长 10.1 厘米、上底宽 1.7 厘米、下底宽 4.8 厘米

嘴：长 6.1 厘米、宽 2.5 厘米

残片：长 4.1 厘米、宽 2 厘米

总体：长 22 厘米、宽 21.7 厘米

青海省海西州都兰县热水墓群出土

都兰县博物馆藏

　　该覆面由眉毛、鼻、眼、嘴组成五官，一眼缺失。眉毛弯曲上扬，鼻梁挺直，鼻翼凸出，眼睛弯挑，嘴唇闭合。中间分成方格，镶嵌松石，部分已脱落。底片上有钉孔。覆面为丧葬礼器，在高原地区以前亦有发现，但金制方框构造为其他地区难以见到，或许代表了区域特点。

　　覆面，又称面衣、面罩、面具等，是人逝世后覆盖在面部之物，希望能"灵魂永存"，同时也作为身份和地位的象征。覆面的葬俗由来已久，西周时就用玉石覆面，南北朝至唐朝使用丝织物或纸覆面，而金覆面则是用金片捶錾而成。黄金尊贵，镶嵌了绿松石的金覆面，应是王室贵族才能享有的丧葬尊荣。（陈架运）

QB12441

QB12442

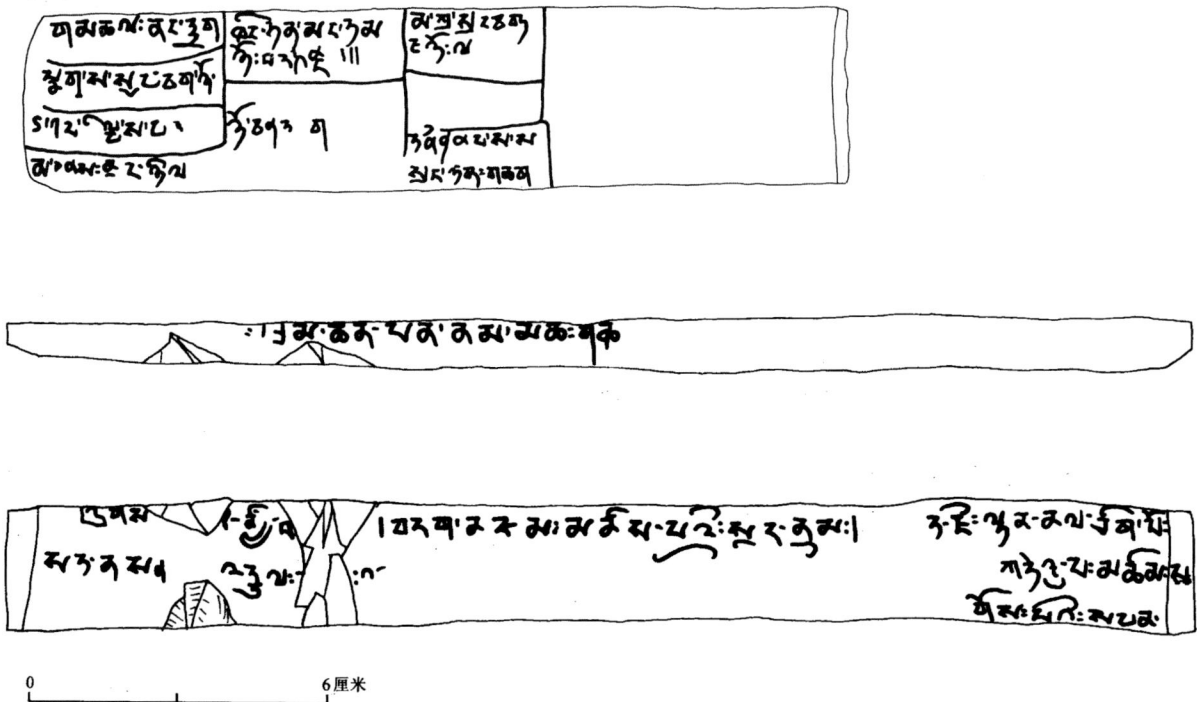

a正面
b侧面
b正面

4.2 藏文木牍　Wooden Slips with Tibetan Characters

唐（8 世纪）
a 长 17 厘米、宽 3.6 厘米、厚 0.5 厘米；b 长 24 厘米、宽 2.5 厘米、厚 1.9 厘米；
青海省海西州都兰县热水墓群出土
青海省博物馆藏
文物号：QB12441（99DRNM3:154）、QB12442（99DRNM3:155）

　　这两件藏文木牍均出于 1999 年由北京大学考古文博学院和青海省考古研究所共同发掘的热水墓群三号墓。

　　QB12441，正面两端有两斜杀。距左端 3 厘米和 5 厘米处各有两个上下相对的三角形缺口。木质坚硬，四面均用刀子削平。正面及一侧面有藏文。正面有 3 行，侧面有 1 行。摹写见图。

　　QB12442，两端均有削切痕迹，呈子形刃部方向相反。正面，最光滑，有藏文。其余几面也都切削平整。无穿孔。木头纹理与 QB12441 不同。摹写见图。

　　第一支木牍 QB12442 中有文字"｜ཟམ་ཆད་པ་ན་ནམ་མཆ༔ གཆ"可将其解读为"ཟམ་ཆད་པ་ན་ནམ་མཆགཆ"（如果桥断，何时……）这样较为完整的句子，这与都兰香日德地区有古桥遗址相吻合。第二支木牍 QB12441 中整文意思较难辨解，但是个别词则明显可能是"བག་ཉོ"（买面）、"ཉུ་བར"（购买）、"ཇ་ཉོ"（买茶）、"ཉུ་ཆན"（买者），极有可能是买卖清单之类的内容，这类文书在敦煌古藏文中也不少见。[1]

1　阿顿华多太：《论都兰古墓的民族属性》，《中国藏学》2012 年 4 期，第 117—136 页。

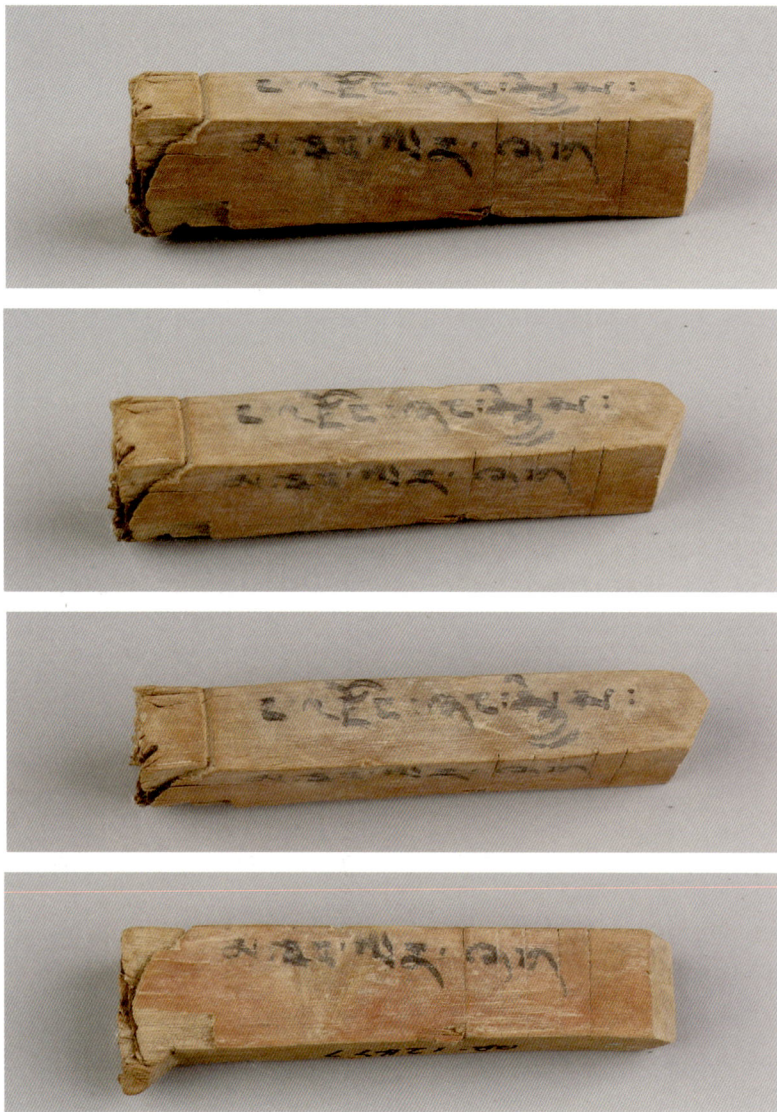

4.3 尚思结木牍

青海省海西州都兰县热水墓群出土
青海省博物馆藏
文物号：QB12477（99DRNM1:36）

　　木牍出自都兰吐蕃一号墓前室，一边有残，正面呈长方形，一边有 5 道刻痕，长 6.3 厘米、宽 1.1—1.7 厘米、厚 1.1 厘米；侧面呈圭形，有一道刻痕，长 6.3 厘米、宽 1.1 厘米。正面侧面各一行藏文，行书体，介于草书和楷书之间，字体流畅，字迹清晰可读。

　　这件木牍正反两面均有古藏文。王尧先生认为，其正面写有 vdzong、zhang-skyesg 一词，似乎就是这墓主人的锭子，可译作"为尚思结送葬"。"尚"是与王室通婚的家族，尚思结很可能就是《敦煌本吐蕃历史文书》中记载的"结桑"，应读"思结桑"。他真名"甲贡"，一直参与并主持会盟重典，权力很大，在 757 年死于任上。[1]（赵丰）

1　王尧：《青海都兰新出吐蕃文汇释》，载北京大学考古文博学院、青海省文物考古研究所编著：《都兰吐蕃墓》，科学出版社，2005 年，第 132—134 页。

4.4 墓砖 Tomb Brick

吐蕃（7世纪后半到8世纪中期）
长 22 厘米、宽 21 厘米、厚 6.5 厘米
青海省海西州乌兰县泉沟墓出土

　　该墓砖来自青海乌兰县泉沟一号墓，墓葬周边多为石山，又有高大的沙山，山谷间多为沟壑荒滩，杂草密布。墓室采用砖木混合结构，在选材和加工上经过精心的筹划和设计，综合利用包括柏木、青砖、土坯、石材等多种建筑材料。[1]（陆芳芳）

4.5 法螺 Conch as a Religious Instrument

唐（8世纪）
长 13.5 厘米、通宽 7.8 厘米
都兰县博物馆藏

　　海螺是生长在暖热带沿海的软体动物，体外包着锥形、纺锤形或椭圆形的硬壳，上有旋纹。将螺壳顶部的尖头锯掉，或在其侧面开孔，可以形成吹口，发出声音，一般叫作螺号。运用在宗教仪式或宗教法式中的螺号，习惯称之为法螺。

　　吐蕃时期，佛教自中国内地和印度传入西藏，法螺逐渐成为藏传佛教独具特色的法器。藏传佛教的法螺，既是法号，在佛事活动中与锣、鼓、铃、铙等乐器组合使用；又是佛前供器，是"八吉祥"和"五妙欲"的重要组成部分。（张呆光）

1　仝涛：《青海乌兰县泉沟一号墓发掘简报》，《考古》2020 年第 8 期，第 19—21 页。

棺板画 ZB—M（板画）00001

纹样复原（潘冠静绘图）

4.6 棺板画 Coffin Drawings

晋—南北朝（390—460）
长 230.5 厘米、宽 45—60.5 厘米、厚 5.5 厘米；长 222 厘米、宽 25.5—38 厘米、厚 5 厘米；长 222 厘米、宽 25—35 厘米、厚 5 厘米
青海藏医药文化博物馆藏
文物号：ZB-M（棺板）00001、ZB-M（棺板）00004、ZB-M（棺板）00006
　　这组棺板画是难得一见的反映吐谷浑时期的吐谷浑人的生活场景的作品。

牛耕和耙磨图（ZB-M001）

　　框内右侧为牛耕图，左侧是为耙磨图。牛耕有两牛、两人，两牛并排前行，有一横杠架在两牛颈向，共同牵引一直辕犁，两牛之后有一人，身穿小翻领窄袖衣，衣长过膝，翻领施黄色，腰系带，下身穿白裤黑靴，右手扶犁捎，左手执细挝。后面跟随一人，服饰同前，红衣，黄色翻领，右手抱一罐，左手左扬，像是在播撒种子。左侧耙磨图，有一马（或骡）三人，一黑灰色马背搭镶有红边的鞍鞯，奋力曳一耙子，耙子后拖有树枝。马头前方一牵马人，身穿黄色直襟小翻领窄袖衣，翻领和袖口镶有红边，腰系带，足穿靴，右手牵缰，左手扬鞭，牵马人身后之人身材略小，服饰同前，黑衣、黄裤、黑靴，领口和黑靴勒上沿镶红边，手中持绳。后边一人身材高大，侧面，高鼻，颌下有胡苒子，服饰同前，红衣，黑靴，领口和黑靴勒镶黄边，双手持杯。两人之间绘一黄色圈足碗。最左端随意绘有树木。

棺板画 ZB—M（板画）00004

纹样复原（潘冠静绘图）

刺鬼图（ZB-M004）

画面右侧绘两走兽、一树、一鸟、一羊或鹿，两兽右行，以一树相间，树右绘有一戴胜鸟，长尾，左绘一羊或鹿，作回首状。画面左会一持长枪（或棍）的骑马人，及两个站立的人。红马作奔驰状，佩有络头、鞦、鞍鞯等马具，绮者身穿灰色交领窄袖衣，衣长过膝，头戴尖顶小帽，下身穿白裤黑靴，左手执缰，右手持枪直刺前方站立者，被刺者全身赤裸，两手分张，头发上竖。身后也站一人，也是全裸。

棺板画 ZB—M（板画）00006

纹样复原（张建林、才洛太绘图）

穹庐帐篷图（ZB-M006）

棺板画面从左至右依次分为三组。第一组，一击鼓乐手，身穿红色小翻领窄袖衣，衣长过膝，足穿黑靴，短发，双手敲击腰间所挎的束腰鼓，身后有一大圆圈，内有十字形纹。第二组，从左至右有：一穹庐，两大帐篷，一马及牵马人，一小帐篷，一跪坐人物。墨线勾勒的穹庐呈馒头形，正面用红线画出长方形门，墨线勾勒的两麻山字形顶帐篷，穹庐与左侧帐篷间绘有一束腰台状物，上有火焰纹，很可能是一圣火坛。两帐篷之间有一高领圜底罐，罐上伸出一组对称的花叶，罐体填灰褐色，花朵纹和花叶填白色。一匹灰色马从右侧帐篷后伸出前半身，马头前有一人穿浅赭色翻领窄袖衣，衣长过膝，腰系带，足穿黑靴，右手执马缰。右侧上方是一小型尖顶帐篷，正面设长方形门，帐篷右侧一跪坐人。第三组，从左至右分别绘有三树木、一帐篷、一架子。帐篷略微倾斜，立面呈尖顶圭形，上半部绘菱格纹，下半部正中有长方形门。架子由两根立杆、一个长方形的框和纵横交错的棍构成，其间有白色线条绘出的禾草状纹，或为禾草架。[1]（张建林、才洛太）

1　本页图文：Zhang Jianlin, Tshelothar (Cai Luotai), Painted Wooden Coffins in the Tibatan Medival Culture Museum（张建林、才洛太：《青海藏医院文化博物馆藏彩绘棺板》）, in *Early Medieval North China: Archaeological and Textual Evidence*（《从考古与文献看中古早期的中国北方》）, Edited by Shing Müller, Thomas O. Höllmann, and Sonja Filip,（Wiesbaden: Otto Harrassowitz GmbH & Co. KG, 2019）, pp.261-282.

4.7 鎏金银饰片 Fragments of Gilt Reliquary

唐（8 世纪中叶）
鸟通宽 8.2 厘米、通高 5 厘米；
条残长 12 厘米、宽 3 厘米
青海省海西州都兰县热水一号大墓出土
青海省文物考古研究所藏
文物号：DRM1G1

　　应为 7—9 世纪中叶的佛教遗物。此次展出舍利容器的两个部件镀金银质鸟和镀金银质饰条。镀金银质鸟眼睛由绿松石镶嵌而成，鸟身上原本也镶嵌有绿松石，现大部分绿松石已脱落。镀金银质饰条是包裹在木质容器边缘的装饰品，为横列环状忍冬唐草图案。这一容器从造型和装饰上看，与唐代中原内地所见的舍利函非常接近。（张启珍）

第二节　丧礼过程

　　基于对敦煌古藏文写卷P.T.1042的解读，吐蕃贵族的丧礼要持续三天的时间，其祭奠仪式比较复杂，但大致包括来宾致礼、献供、哭丧、列队致礼及丧讫宴饮几个重要环节，一般是白天重复向棺材致礼、献祭各种物品和动物，并进行哭丧和骑马列队致礼，晚上来到丧宴之地宴饮作乐。这与郭里木M1出土的A、B两块棺板画所绘内容大约相同，可以与吐蕃统治下的吐谷浑人丧礼相证。

Funeral Rituals

　　P.T.1042 describes the ritual of the three days of the funeral ceremony, which are approximately the same as two coffin paintings found in tombs M1 and M2 in the Guolimu cemetery in Delingha City. During the funeral procession, several vital scenes are depicted, such as offering decorated horses to the deceased, mourning the deceased, shooting an evil spirit, offering sacrificial animals, the deceased riding a decorated horses and traveling to paradise, enjoying a feast and love in paradise.

图版4.2　郭里木棺板画

　　2002 年在青海省德令哈市的郭里木乡发现了两座吐蕃时期的墓葬，出土了三具有精美彩绘的棺椁。棺板上所绘内容涉及吐蕃贵族日常生活的多个侧面，为了解吐蕃时期青藏高原北部居民的社会生活、宗教信仰和丧葬习俗，提供了难得一见的珍贵资料，被认为是"吐蕃时期美术考古遗存一次最为集中、最为丰富的发现"。此次展出的为郭里木 M1 的左、右两块侧板。其中右侧板完整展现了吐蕃贵族丧礼的主要过程。

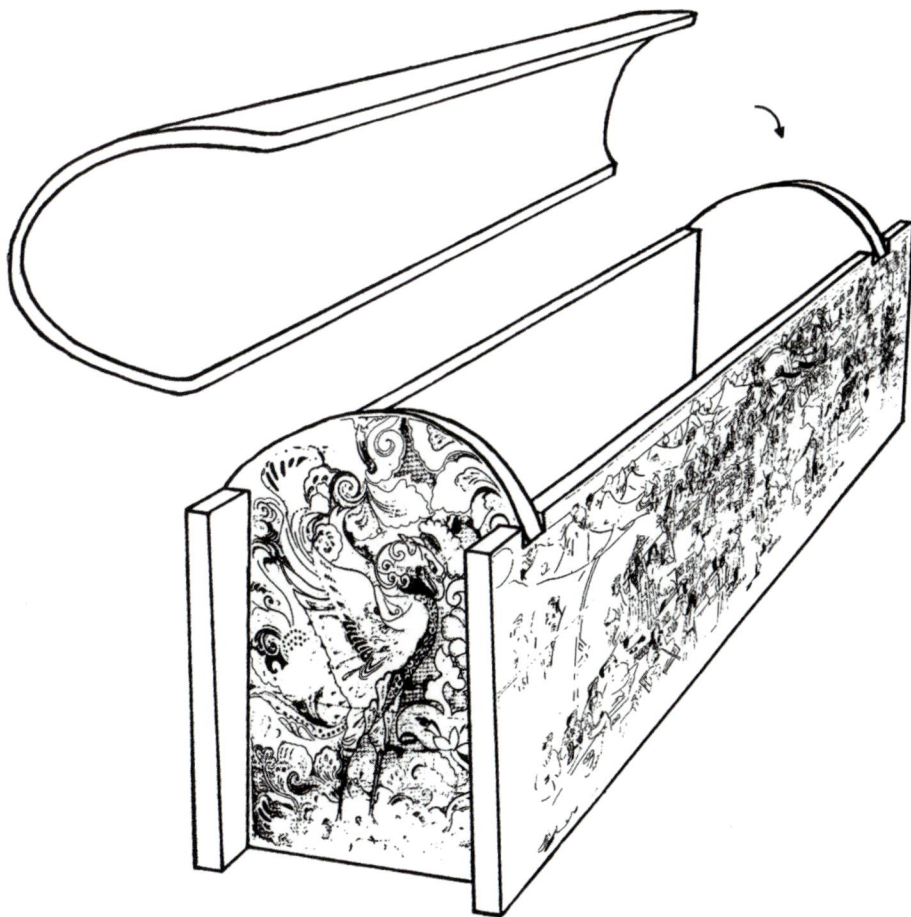

郭里木 M1 棺板画所见狩猎、帐居、宴饮、射牛等生活场景临摹画

郭里木 M1 棺板画所见吐蕃贵族丧礼的主要过程临摹画
1. 灵帐哭丧；2. 骑射祭祀；3. 迎宾献马；4. 动物献祭；5. 丧讫宴饮

（一）灵帐哭丧

灵帐哭丧是整个丧礼的中心。M1A棺板画上绘有男女人物共7人围绕帐篷哀悼痛哭，右上部分有击鼓和哀号的人物，可见此帐篷应该是放置死者尸体的灵帐。帐篷形制较小，顶部有喇叭状采光孔，并覆盖有联珠纹样的丝绸装饰。根据文献记载，吐蕃王室和贵族的丧礼，常用帐篷来装殓尸体以供亲属和群臣前来吊唁，并建马场进行骑马表演或祭祀。

（二）骑射祭祀

骑射祭祀是丧礼的重要组成部分。在郭里木M1棺板画中也可以看到这一场景，一般可见若干骑马者共射一赤裸怪物。这可能与文献记载中的马技表演相吻合。

（三）迎宾献马

郭里木M1B画板上部描绘了三位衣着华丽的客人到达葬礼场所的场景。客人身后牵有四匹装饰肃穆华丽的骏马，马首及颈部有联珠纹锦装饰。画板顶部还有戴有鲜卑帽者骑马从远方赶来。从热水墓地的发掘可知，丧葬中大量使用马匹殉葬，可能就由亲属或臣属在丧礼期间所赠。

（四）动物献祭

都兰吐蕃墓葬中有大量动物殉葬，这种习俗在整个欧亚草原的游牧民族中都广泛存在，尤其以马匹的殉葬最为流行。人们认为死后通往乐土的路漫长而艰辛，因此要借助于动物献祭的仪式才能顺利通过。这些动物不但可以清除路上的障碍、引导死者走出迷途，而且还成为死者脱离死亡世界的坐骑。它们还可以充当替身，来避免恶鬼对死者可能的伤害。

（五）丧讫宴饮

郭里木棺板画上描绘最多的是宴饮。其中有列队赴宴的宾客，以长幡引导，衣着华丽。此外还都描绘了大量男女人物帐居、宴饮、野合等纵情享乐的热闹场面，与肃穆的哭丧场景形成巨大反差。这与文献所载吐蕃人在哭丧之后也奔赴丧宴之地尽情饮酒作乐相一致，在三天的丧礼活动中，这样的程序要反复举行。（仝涛）

第三节　墓葬形制

　　青海境内的吐蕃时期墓葬大多是吐蕃统治下的吐谷浑人的墓葬，主要分布在海西州都兰县、德令哈市和乌兰县境内。其中都兰县的吐蕃墓葬尤其集中，迄今已经发现了近千座，主要分布于热水沟、夏日哈河、察汗乌苏河和柴达木河谷地，其中包括热水墓地、英德尔墓地、夏日哈墓地等。目前已经发掘的规模较大、但规格很高的有"热水一号大墓"（俗称"九层妖楼"，自 1982 年起开始发掘），"血渭一号大墓"（2018 年 3·15 大案发生地，官方名为"2018 血渭一号墓"），以及乌兰泉沟一号墓等。

Excavated Tombs

　　Tombs of Tubo period in Qinghai are mostly those of Tuyuhun people under Tubo rule, mainly in Dulan County, Delingha and Wulan County of Haixi Prefecture. Tubo tombs are particularly concentrated in Dulan County, with nearly a thousand discovered so far, mainly distributed in Reshuigou, Xiariha River, Chahanwusu River and Qaidam River Valley, including Reshui, Yingde'er and Xiariha graveyard sites, etc. So far, the tombs of large scale and high specifications that have been excavated are Reshui No. 1 (commonly known as the "Nine-Storey Demon Tower", and the excavation began in 1982), Xuewei No. 1(officially named 2018 Xuewei No.1, where the 3·15 Tomb-raiding took place in 2018) and Quangou No. 1 in Wulan, etc.

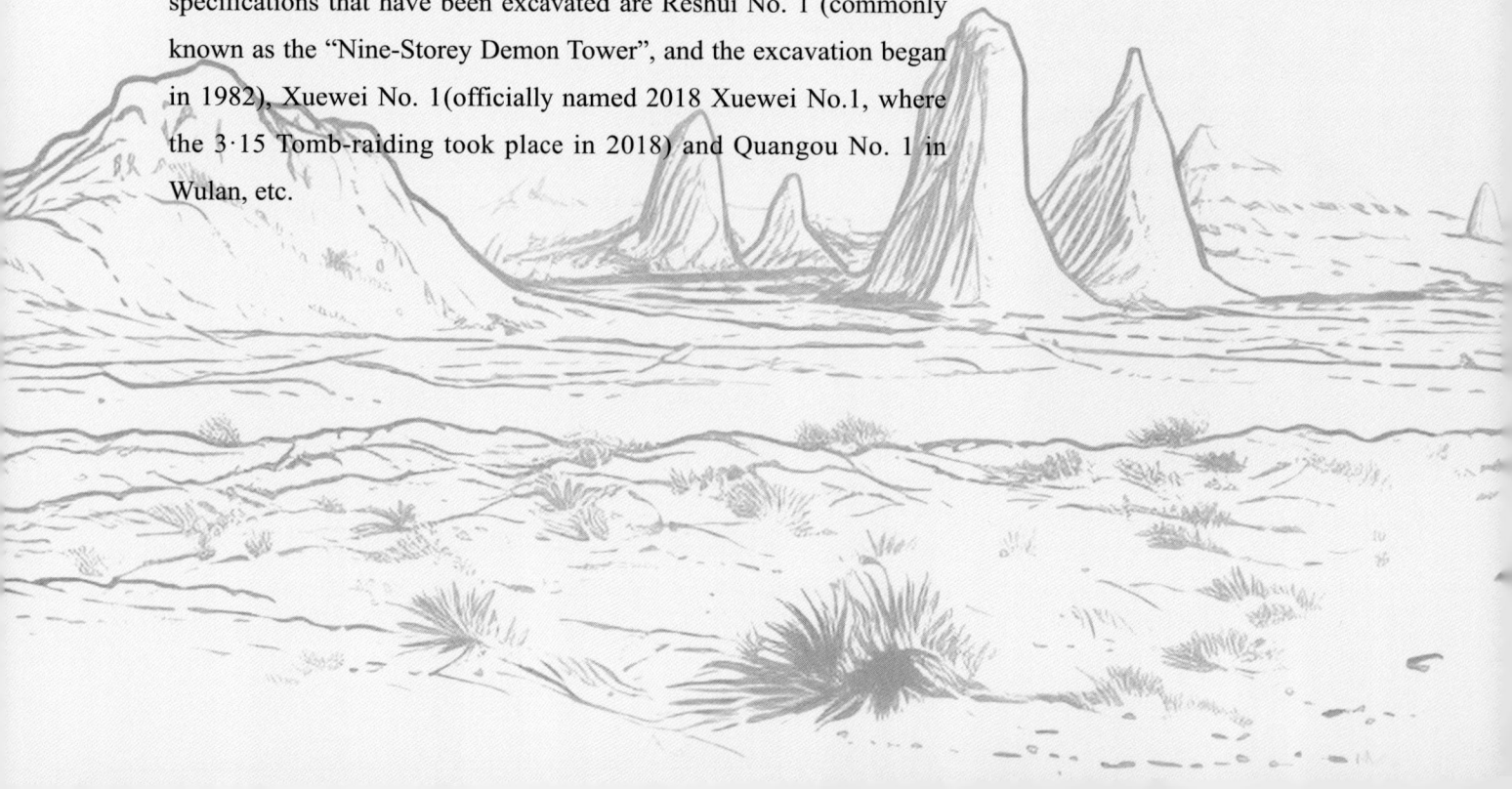

图版4.3　热水一号大墓：传说中的"九层妖楼"

　　热水一号大墓北依血渭山脚，南临察汗乌苏河。它的发现纯粹是一次偶然。1982年5月，青海省考古研究队许新国和同事到都兰调查岩画，夜宿在露斯沟藏民达洛家中，从达洛口中得知察汗乌苏河的对岸有许多古墓葬。许新国和同事便决定过河进行调查。当他们蹚过冰冷刺骨的河水，穿过山口，"一座座圆形的坟堆散布在山根前和两山之间，我们忍不住内心的激动，奔向墓前"。[1]"在距山口4.5千米处，耸立着一座巨大的古墓，平面梯形，堆上外形像两只叠在一起的斗，墓座有160米宽。这座墓葬规模宏大，气势雄伟。周围还散布着十几座大小不等的墓葬。这就是达洛告诉我们的名为'九层妖楼'的大墓。"[2]这正是热水考古40年的开始。

　　多年以后，经过几代考古工作者的调查、研究和发掘，热水一号大墓的形制基本清晰了。

　　墓葬的封土覆斗形，封土坐落在断面呈梯形的自然山体平台上，总高12米。在封土外围，自下而上依次有石砌围墙、夯土围墙将封土从四面围住。

　　封土之中有动物殉葬坑，上距封土顶4.5米，平面长方形，约长5.8米、宽4.8米、深2.25米，四周用石块围砌，坑口上铺大柏木数根，坑内埋葬有牛、羊、狗、鹿、马等70余个动物个体。

　　墓室位于封土下方正中位置，上距封土顶11.5米。墓室平面呈十字形，由墓道、墓门、廊道、东室、西室、中室和南室组成。墓室的棚木为巨型柏木，共有61根，长3—5米不等。墓道北向，长方形竖穴式，用巨石封填。其南即为墓门，墓门横梁之上有照壁。墓门南为甬道，连接廊道，并与中室相对。整座墓葬以中室为中心，外绕廊道，在廊道外中室的东、西各有一长方形侧室，均有门与廊道相通。南室与中室间闭幕式无廊道，仅一墙之隔。南室西南角与廊道相通。墓室结构与用材有所不同，其中中室四壁用整齐的长方木叠砌而成，东、西、南各室四壁均用石块整齐砌垒，石块之间平铺有穿木，边缘横置条木。整个墓葬东西长为21米，南北长18.5米。从考古发掘可知，该墓曾经被盗，各室均未见人骨。中室出土大量丝织物残片；东室出土大量牛、羊、马骨和木制食器；西室出土大量小麦粒，还有残木件；南室发现残木件居多。

　　封土东石墙东侧还发现了房基，平面呈长方形，四周用石块砌成。房基中部筑有东西向隔墙一道，将其分为南北两室，并在北室砌南北向隔墙一道使北室分为两小间。房间共三间，在北室北部开有两个门道。极有可能是墓上供祭用的"享堂"，符合《旧唐书·吐蕃传》"其赞普死，以人殉葬，衣服珍玩及当所乘马、弓剑之类，皆悉埋之。仍于墓上起大室、立土堆、插杂木为祭祀之所"的记载。

热水一号大墓的主人是谁？

　　热水一号大墓的主人是谁？或是以热水一号墓为中心的整个热水墓群的族属归属，是研究中纷争最为激烈的问题。

---

[1] 许新国：《寻找遗失的"王国"——都兰古墓的发现与发掘》，《柴达木开发研究》2001年第21期，第66—70页。
[2] 许新国：《寻找遗失的"王国"——都兰古墓的发现与发掘》，《柴达木开发研究》2001年第21期，第66—70页。

　　热水墓群族属的争论有三种主要观点：吐蕃说、吐谷浑说、吐蕃统治下的吐谷浑说。对热水一号大墓主人身份的猜想有 7 世纪活跃于吐蕃东境的禄东赞、吐谷浑王夸吕、吐蕃册封的首位吐谷浑王并薨于 694 年的垄达延墀松三种观点。霍巍从吐蕃治下吐谷浑邦国的地位入手，对热水一号大墓的墓主身份提出了几种推测：一是吐蕃封立的"吐谷浑小王"之类的王室贵族，二是下嫁吐谷浑的吐蕃公主，三是已投降归顺吐蕃的吐谷浑原王室残部，四是受吐蕃支配的吐谷浑军事首领。对此，仝涛又提出了热水一号墓主应该是一位得到吐蕃封授的吐谷浑邦国小王（或可汗）的观点。再根据敦煌发现的古藏文文书《大事纪年》以及《吐谷浑（阿柴）纪年残卷》，这位吐谷浑王很有可能是就是吐蕃公主所生的垄达延墀松，他在吐谷浑亡后又娶了吐蕃公主墀邦，约于 689—706 年去世。他和墀邦公主的儿子莫贺吐谷浑又被吐蕃封为吐谷浑可汗。

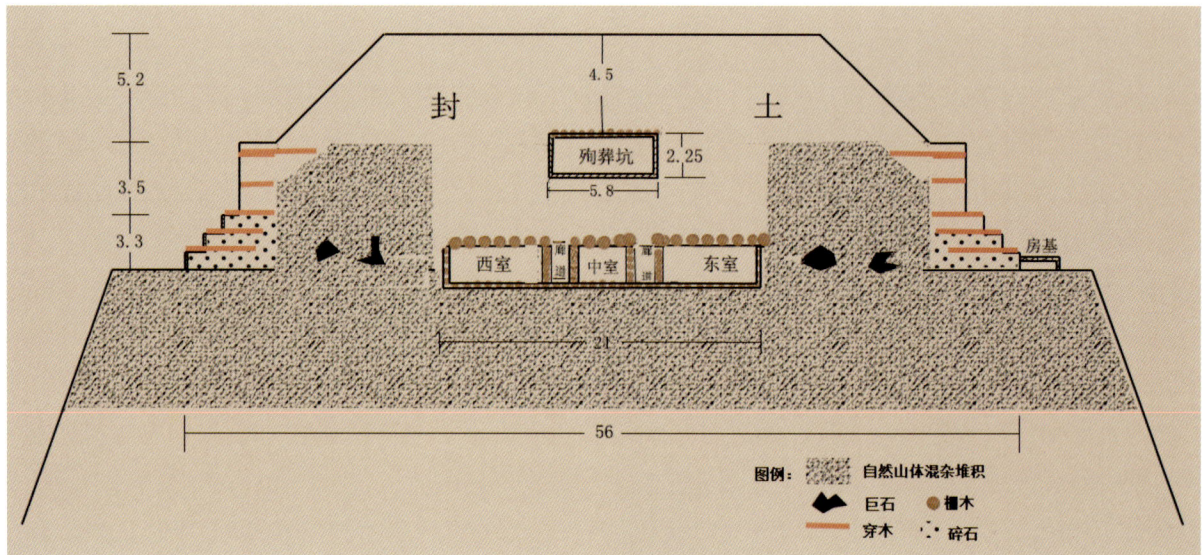

热水一号大墓剖面结构示意图

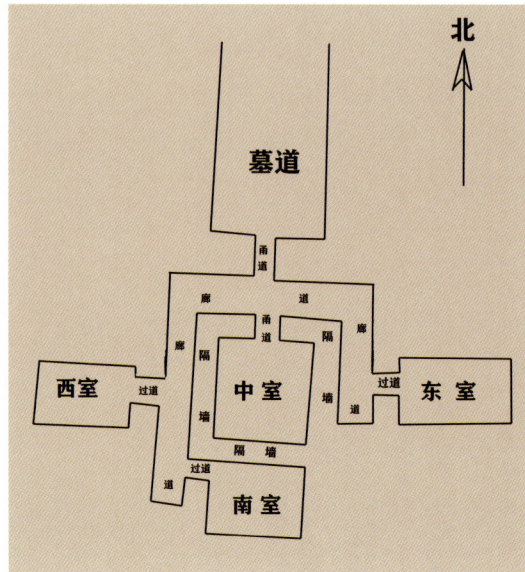

热水一号大墓墓室平面图

图版4.4　2018血渭一号墓

2018 血渭一号墓是 2018 年"3·15 热水墓群被盗案"中的主角。2018 年 3 月 15 日，由青海省公安厅刑警总队牵头抽调海西州公安局、海西州都兰县公安局警力 15 人，成立了 3·15 专案组，对案件开展全面侦查。侦查的对象是于 2017 年被盗的都兰热水墓地的珍贵文物。当犯罪嫌疑人被抓捕，646 件珍贵文物被追缴之后，这一大墓就被命名为"2018 血渭一号墓"。其实它就与"九层妖楼"热水一号大墓相邻不远。中国社会科学院考古研究所韩建华作为领队主持了考古发掘工作。

（一）墓室结构

2018 血渭一号墓为木石结构多室墓。由地上和地下两部分组成。地上为墓园建筑，平面呈方形，由茔墙、祭祀建筑，以及封土和回廊组成。

地下部分由墓道、殉马坑、照墙、甬道、墓门、墓圹、二层台、殉牲坑、三层台、砾石层、四层台、墓室组成。墓道内发现殉有六匹公马，殉牲坑内殉有牦牛、黄牛、岩羊、马鹿、绵羊、山羊等。

墓室为木石结构，与文献"墓作方形……其内有五殿，四方墓形自此始""在陵内建神殿五座"等记载相吻合。它由一个主室和北 1、北 2、南 1、南 2 四个侧室组成，平面均为长方形，平顶。室内绘有壁画，多已剥落，局部保存有白灰地仗和黑红彩。主墓室内发现两个个体的人骨。

2018 血渭一号墓位置及环境

侧室位于主室的南北两侧，每侧各有两室。与主室间以过道相连，过道内设有木门，侧室平面呈东西长方形，东西长 3.4 米，南北宽 2.4 米。侧室间有隔墙，侧室底部有木地栿，四角及各壁中间均有立柱和替木支撑顶部的过梁。北 2 侧室发现有架空的木床，出土大量的皮革、织物。各墓室内被盗洞扰乱严重。

（二）出土文物

主墓室内随葬有金、银、铁、漆木、皮革、玉石、海螺等。金器有金胡瓶、錾指杯、金链子、带饰、革带饰、杏叶等。出土银印章一枚；铜器有容器、铠甲片、各构件上的铜饰等；铁器有铁甲胄；漆器有漆盘、甲片等；木器以马鞍、小型斗栱模型为主。玉石器有装饰的玛瑙、琉璃珠、水晶和大量的黑白石片等。

（三）墓葬时代及墓主身份

根据墓室出土金器、丝织物等，结合棚木树木年轮测定，该墓的年代在 8 世纪中期（树木年轮测定 744 年）。墓葬的规格相当高，韩建华认为墓主应该是吐蕃墀邦公主之子莫贺吐浑可汗。

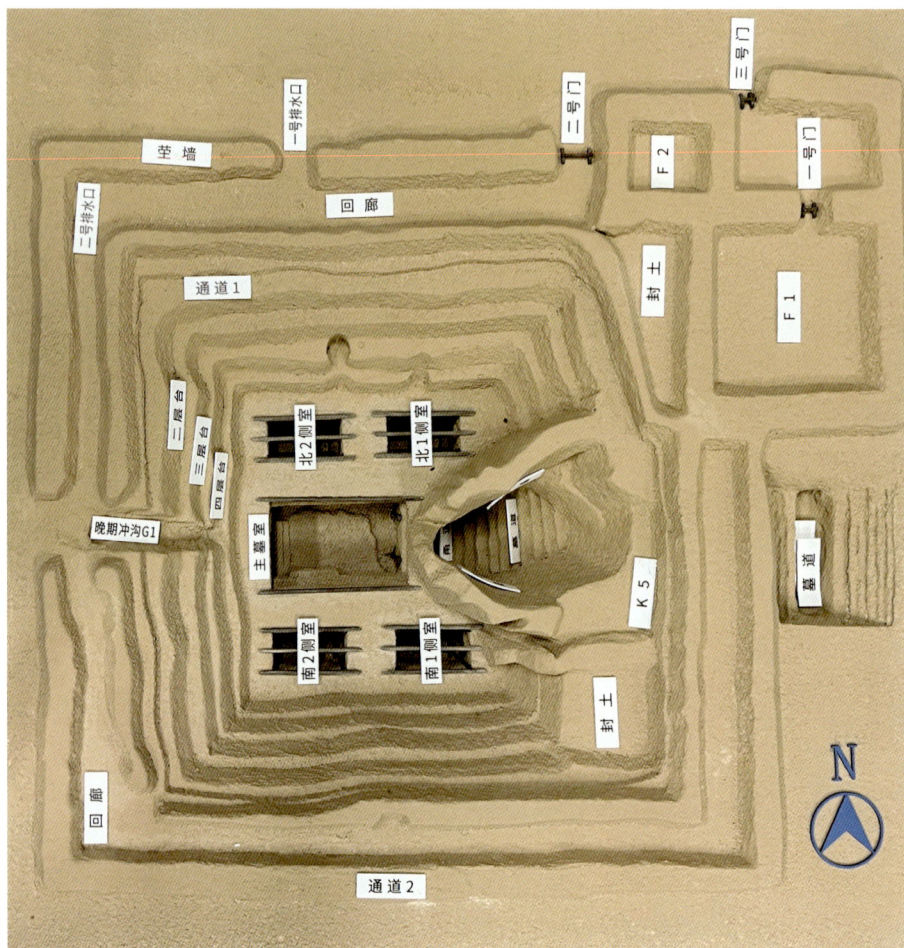

2018 血渭一号墓全景图模型复原

图版4.5　乌兰泉沟一号墓

2018年9月至2019年11月，中国社会科学院考古研究所仝涛作为领队，联合青海省海西自治州民族博物馆等对乌兰县泉沟一号大墓进行了发掘，取得了重要的收获。

该墓葬是一座带墓道的长方形砖木混合结构多室墓，由墓道、前室、后室和两侧室构成，前后室绘制有精美的壁画，是青藏高原首次发现的吐蕃时期壁画墓。墓葬出土有彩绘漆棺，并在墓室内发现密封的暗格，其内放置有鎏金王冠和金杯。这是近年来青藏高原吐蕃时期考古的重大发现，入选2019年度国家文物局"全国十大考古新发现"和中国社会科学院考古学论坛"2019年中国考古新发现"（简称"六大考古新发现"）。该墓葬的发掘对于研究汉藏民族融合进程以及青海丝绸之路文化交流盛况具有十分重大的价值。

前室：长方形，北、东、南三壁为砖砌，室内东西长3.6米、南北宽3.2米、高2.3米。所用青砖长38厘米、宽24.2厘米、厚6.2厘米，各壁均为丁砖叠砌。西壁为后室的东壁。前室中心竖一八棱彩绘木柱，顶置一方形斗，斗上沿东西向压一根方形柏木大梁，用以承托墓顶。底部垫一鹅卵石作为柱础。前室中有两面砖墙有壁画。

后室：长方形，基本上与前室高宽相同，室内东西长3.8米、南北宽3.3米、高2.3米。后室四壁皆为方形柏木垒砌。后室门在东壁北端，正对着前室墓门和墓道。门内高1.45米、宽0.85米、厚0.25米，门楣和门框的两面皆彩绘宝相花图案。后室亦有木栏墙上亦有放牧图和其他壁画。

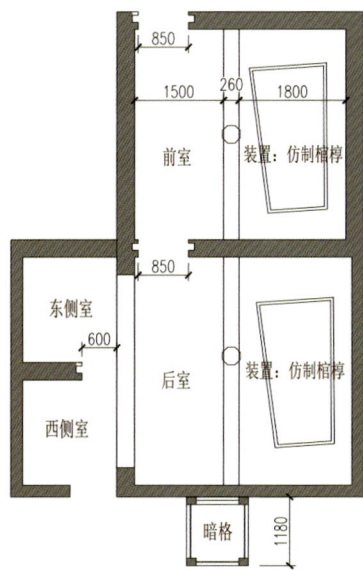

乌兰泉沟一号墓场景平面图

乌兰泉沟一号墓场景效果图

　　侧室：两小侧室东西并列于主室北侧，总平面呈长方形，墓顶和四壁皆用方形柏木搭建，除了东侧室门框外侧外，不见有壁画和彩绘。东侧室与西侧室之间以五块木板拼接为隔断，南侧设门，门内高 1.05 米、宽 0.66 米、厚 0.2 米。西侧室内长 1.83 米、宽 1.78 米、高 1.55 米。地面堆积中发现有一些丝织物残片和 12 枚花形铜饰件。

　　暗格：在后室西壁外侧的墓坑壁上发现一处暗格，正对后室西壁的断木位置。暗格开口为拱形，高 1.3 米、宽 1.2 米、进深 1.2 米。暗格顶部与木构西壁之间的间隙处沿南北方向搭盖一根横木，上方压一排鹅卵石，再以石块沙土进行掩埋。暗格内置一长方形木箱，长 1.05 米、宽 0.9 米、高 0.85 米、壁厚 0.06 米。

乌兰泉沟一号墓室内图

第五章　如画如生

　　青海海西州地区发现了丰富多彩的彩绘木棺板画和壁画，画面内容包括人们的出行、居住、宴饮、放牧等生活的方方面面，不仅是珍贵的艺术作品，也是我们窥探时人生活的重要图像资料。展览以此为主要依据，对人物服饰与生活场景进行了复原，将青海道吐谷浑人的风俗生活一一呈现。

Chapter 5 Replications of Costumes and Scenes

　　Numerous colored paintings of wooden coffin panels and murals have been found in the Haixi Prefecture area of Qinghai, covering all aspects of people's lives, including travel, residence, feasting and herding. They are not only precious works of art, but also important pictorial materials for us to peek into the lives of the people of the time. With this as the main basis, the exhibition has made replications of costumes and scenes, to present the customary life of the Tuyuhun people of Qinghai Path.

图版5.1 风俗长卷

自 20 世纪 80 年代起，青海省海西蒙古族藏族自治州都兰县的热水墓群陆续发现有彩绘图案的木棺板，其中以 2002 年德令哈市郭里木乡夏塔图草场的发现最为重要。许新国以发掘者角度对棺板画的内容和题材做了初步分析。[1] 2006 年，《中国国家地理》做了《青海专辑》，青海省博物馆柳春诚对郭里木棺板画图像进行了复原临摹，并发表了较为清晰的图片。[2]

与考古发现的棺板画相比，大量棺板画主要来自社会采集。 2018 年，青海省博物馆等机构对其省内五家博物馆（青海省博物馆、青海省文物考古研究所、海西州民族博物馆、都兰县博物馆、青海省湟源县古道博物馆）所藏的棺板画进行了抢救保护，完成了基础工作并整理成册。[3] 从时间跨度来看，这些棺板画来自 5 世纪至 8 世纪末。此外，青海藏医药文化博物馆中也有很大一批棺板画的收藏，其中有一部分年代较早。[4] 从棺板画所绘题材和内容来看，主要分为马队出行和宴饮射猎两大类，以公元 663 年为界分为两个阶段，前吐蕃时期的吐谷浑时期以车马出行题材居多，此题材在自汉代以来的画像石、墓葬壁画上一直沿用，绘画风格与河西地区的魏晋十六国时期壁画接近，但刻画较为随意和简洁。而吐蕃时期的棺板画题材以宴饮涉猎居多，画面层次丰富、描绘相对复杂。

除了棺板画，青海乌兰泉沟墓中也发现了壁画，画面内容包括人们的出行、居住、宴饮、放牧等生活的方方面面。这批吐谷浑风俗画不仅是珍贵的艺术作品，也是我们窥探时人生活的重要图像资料。所以我们在本展览中以棺板画和壁画为主要依据，重新整理和创作了一幅吐蕃时期吐谷浑人的风俗长卷，内容包括狩猎、商旅、宴饮、帐居、射牛、妇女、舞乐、迎宾、哭丧、祭祀、丧宴等场面。[5]

1　许新国：《都兰吐蕃墓中镀金银器属粟特系统的推定》，《中国藏学》1994 年第 4 期，第 31—45 页。

2　柳春诚：《青海专辑》（上、下），《中国国家地理》2006 年第 2、3 期（总第 544、545 期）。

3　青海省博物馆：《尘封千年的岁月记忆——丝绸之路"青海道"沿线古代彩绘木棺板画》，文物出版社，2019 年。

4　Zhang Jianlin, Tshelothar (Cai Luotai), Painted Wooden Coffins in the Tibatan Medival Culture Museum（张建林、才洛太：《青海藏医院文化博物馆藏彩绘棺板》），in *Early Medieval North China: Archaeological and Textual Evidence*（《从考古与文献看中古早期的中国北方》），Edited by Shing Müller, Thomas O. Höllmann, and Sonja Filip, (Wiesbaden: Otto Harrassowitz GmbH & Co. KG, 2019), pp.261-282.

5　仝涛：《青藏高原丝绸之路的考古学研究》，文物出版社，2021 年，第 266—271 页。

图版5.2　场景还原

　　本次复原以青海省德令哈市郭里木乡发现的 M1 彩绘木棺板画为主，同时结合海外收藏棺板画[1]对比参照确定需要还原的场景，最后设计制作完成[2]。依据许新国《郭里木吐蕃墓葬棺板画研究》一文及仝涛《青藏高原丝绸之路的考古学研究》部分章节对画面所反映的吐谷浑生活场景进行解读。展览中的场景还原按如下主题展开：

（一）纺织

　　当地的纺织生产基本都用较为简单的机具。其服饰中的绫织物应该来自中原，而其织锦却极有当地特色，从技术看属于中亚粟特系统。由于吐谷浑境内或周边有着大量的粟特人居住区，这些锦很有可能是由擅长织造的粟特人用专用的纬锦织机织出。

（二）宴饮

　　吐谷浑人喜好豪饮，棺板画上有着许多这样的场面。他们以毡毯为席，大瓮酿酒，大碗喝酒，大块吃肉，还用精美的瓶、壶盛酒。他们身上所穿锦衣均据出土文物图案仿制而成。

（三）帐居

　　吐谷浑人虽然也住建筑，但更多情况下是住于各种类型的帐蓬，有方有圆。但大多为穹庐顶，估计以毡制成，前有门帘，上有气孔。帐内贵族夫妇对饮，帐外有人整装迎客。

（四）狩猎

　　吐谷浑人的出行主要靠马，骑马亦与狩猎相关。其马具与弓箭装备较为精良，为狩猎所常备。这里的射杀牦牛见于棺板画，应与宴饮大餐相关。

　　整个场景还原的步骤如下：1.搜集棺板画图像与文献资料；2.确立复原场景及人物服饰；3.考证服饰形制及复原设计；4.面料复原设计及织造；5.服装制版、样衣实验及裁剪缝制；6.服饰品及场景用具搭配；7.陈列组合及布展调整。

1　敦煌研究院、普利兹克艺术合作基金会：《丝绸之路上的文化交流：吐蕃时期艺术珍品展》，中国藏学出版社，2020 年，第 120、165 页。

2　风俗场景及用具由杭州黑曜石展示设计有限公司完成。

图版5.3　服饰复原

　　场景还原中的关键环节是服饰复原[1]，具体过程如下：首先，依据棺板画及壁画中的人物服饰形象，并结合金饰片中人物服饰形象作为参照，确定了 10 个人物的服饰进行复原。其次，对比出土服饰实物确立款式细节和尺寸、制版进行样衣实验。其三是以出土丝织品实物为依据，结合棺板画对其拟复原的服饰色彩进行适当调整。

　　我们根据画面中人物着装和身份将复原对象定为狩猎人物、宴饮人物、侍从人物三类。

　　据统计，郭里木乡发现的 M1 彩绘木棺板画 A 板画面人物数量多且动态丰富，共出现 42 个个体形象，其中男性形象 35 位，女性形象 7 位。共有 34 套完整的服饰，色彩主要为粉、绿、红、兰、褐 5 种。人物着装大致为三层，内衣、外衣、披袍（或为披肩）。从款式细节与服饰纹饰可见人物等级之分，但并不严格，主要用以区分宾客与侍者。[2] 从服饰形制来看，款式多为长袍，领型主要为交领左衽、圆领、三角形大翻领，其中，尤以三角形翻领为特色，这种领型细部设计正是沿袭了吐蕃民族服饰特征。长袍的衣身与领缘、袖缘及下摆缘常拼接不同花色面料，图像多显示联珠纹样。衣袖较长较窄，袖口紧窄。人物皆着裤，足蹬皮靴，腰间系皮制革带或蹀躞带。关于冠饰，画中人物较多地展现了吐谷浑的缠头习俗，其中 M1 彩绘木棺板画 A 板的缠头以粉色、蓝色、褐色、红色较多，与吐蕃统治时期莫高窟壁画人物装束基本一致。这种塔式缠头也称"赞夏冠"[3] "朝霞冠"，应为首领或贵宾所用，即"赞普戴朝霞冠，外系（或不系）红抹额"[4]。等级较为低下的侍从则是较为扁平的缠头式样，也称"平头巾""绳圈冠"[5]。

面料织造过程

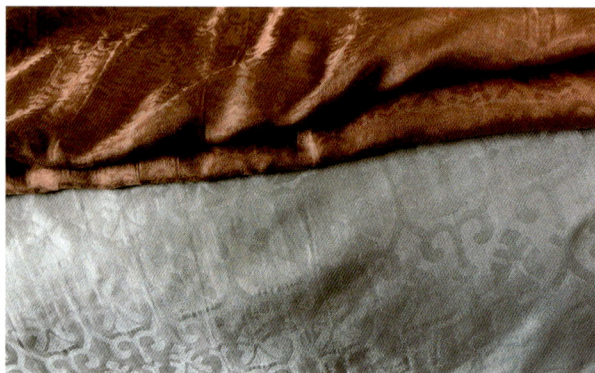

织造完成的面料

1　整个服饰复原方案由东华大学服装与艺术设计学院博士生赵艾茜同学负责，她对比出土服饰实物确立款式细节和尺寸、制版进行样衣实验。其中面料复原方案由王乐、龙博、金鉴梅共同完成，成衣面料由海宁中纺面料科技有限公司共同开发制作。成衣服装制作由杭州王晓泽服装工作室配合完成。整个复原项目得到了中国丝绸博物馆陈列保管部主任王淑娟的指导。

2　宋耀春：《青海郭里木出土棺板画数据统计与分析》，载四川大学中国藏学研究所主编：《藏学学刊》第 9 辑，中国藏学出版社，2014 年，第 70—81、326 页。

3　杨清凡：《藏族服饰史》，青海人民出版社，2003 年，第 54—55 页。

4　敦煌研究院主编：《敦煌石窟艺术全集·服饰画卷（23）》，同济大学出版社，2016 年，第 151—153 页。

5　包铭新：《中国北方古代少数民族服饰研究（4—5）：吐蕃卷、党项、女真卷》，东华大学出版社，2013 年，第 48 页。

面料裁剪过程

服装工作室制作完成的成衣

款式 1：骑手 / 狩猎

款式依据: 青海省德令哈市郭里木乡出土 M1 彩绘木棺板画 A 板、狩猎人物形象金饰片

面料出处: 甘肃省博物馆藏红地团窠对鸟纹锦（48890）、美国大都会艺术博物馆藏紫地宝花纹锦（65.213.2）

款式说明: 狩猎男性身着大翻领红地团窠对鸟纹锦袍，袖缘、领缘处拼接了紫色宝花纹锦织物，衣身下摆两侧开叉便于骑射行动，头戴红色头巾，腰系皮带，足穿长靴。

M1 彩绘木棺板画 A 板骑手狩猎形象　　　　狩猎人物形象金饰片

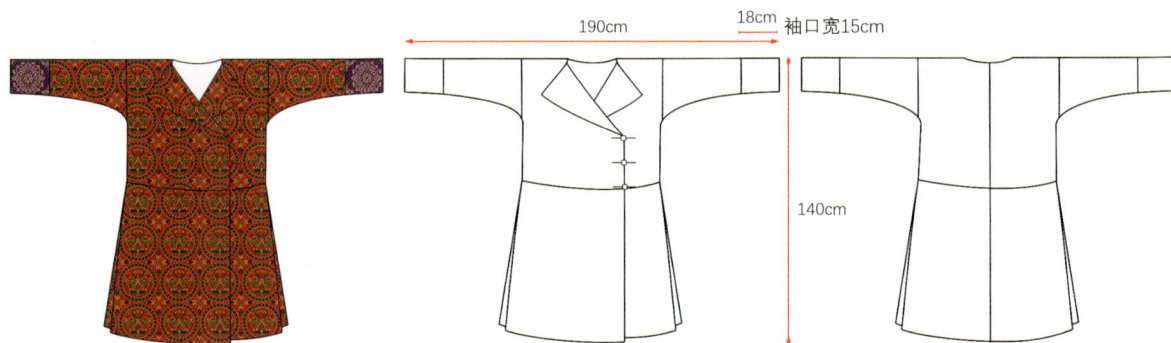

190cm　　　18cm　袖口宽15cm

140cm

款式 1 复原方案

红地团窠对鸟纹锦及
面料复原

紫地宝花纹锦及面料
复原

款式1展示

款式 2：宾客 / 射牛

款式依据： 青海省德令哈市郭里木乡出土 M1 彩绘木棺板画 A 板、甘肃省博物馆藏团窠宝花纹锦半臂

面料出处： 香港贺祈思先生藏团窠联珠大鹿纹锦（CH19）、中国丝绸博物馆藏褐地宝花纹锦、美国大都会艺术博物馆藏黄地宝花纹锦（1996.103.1）

款式说明： 射牛祭祀男性宾客外穿蓝地黄地宝花纹锦半臂，内穿白色圆领上衣，裤子，腰间系团窠联珠大鹿纹锦袍，领缘、袖缘拼接了红地含绶鸟纹锦。头戴浅蓝色头巾，足穿长靴。

M1 棺板画 A 板宾客射牛形象

团窠宝花纹锦半臂

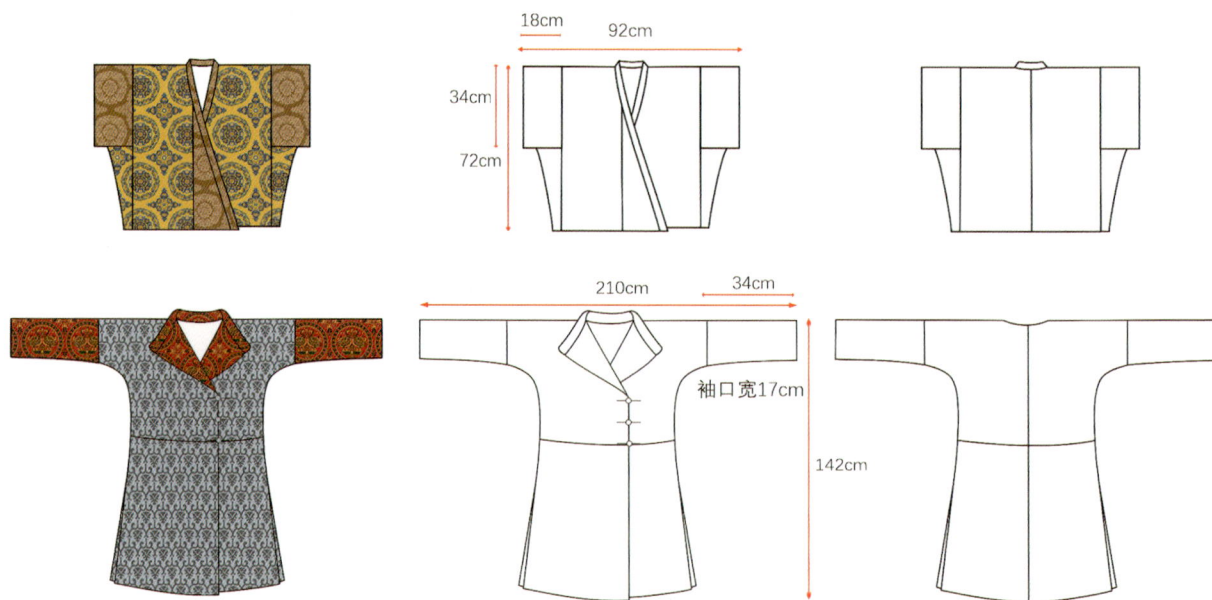

款式 2 复原方案

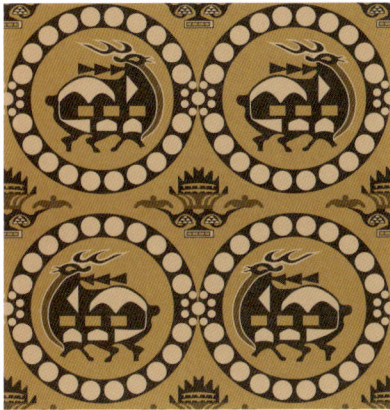

团窠联珠大鹿纹锦及面料复原　　　　褐地宝花纹锦及面料复原　　　　黄地宝花纹锦及面料复原

款式 2 展示

款式 3: 赞普、赞蒙 / 帐中饮酒

款式依据: 青海省德令哈市郭里木乡出土 M1 彩绘木棺板画 A 板、青海省博物馆藏联珠对龙纹绫袍、青海藏文化博物院藏人物形象金饰片

M1 彩绘木棺板画 A 板赞普、赞蒙形象

联珠双龙纹绫袍

人物形象金饰片

款式 3 复原方案

面料出处: 美国大都会艺术博物馆藏联珠对龙纹绫（1998.147）、美国大都会艺术博物馆藏紫地宝花纹锦（65.213.2）、甘肃省博物馆藏红地团窠对鸟纹锦（48890）

款式说明: 帐篷内男性（经考证为赞普）身着联珠对龙纹绫袍，衣领及衣袖处拼接紫地宝花纹锦，衣身两侧下摆为三角形插片。内穿白色圆领上衣，裤子，头戴朝霞冠，腰间系皮带，足穿红黑相间长靴；帐篷内女性（经考证为赞蒙）身着紫地宝花纹锦长袍，直角形大翻领及衣袖处拼接红地团窠对鸟纹锦。内穿白色圆领上衣，裤子，头戴浅粉色头巾，腰间系皮带，足穿红白相间长靴。

联珠对龙纹绫及面料复原

款式 3 展示

款式 4：侍从／侍酒

款式依据：海外私人收藏棺板画、中国丝绸博物馆藏宝花纹锦袍（2019.33.2）、中国丝绸博物馆藏联珠瓣窠对马纹锦袍（2011.15.6）

面料出处：甘肃省博物馆藏红地团窠对鸟纹锦（48890）、美国克利夫兰艺术博物馆藏红地联珠对鸟纹锦衣

宝花纹锦袍

海外私人收藏棺板画侍从形象

红地瓣窠对马纹锦袍

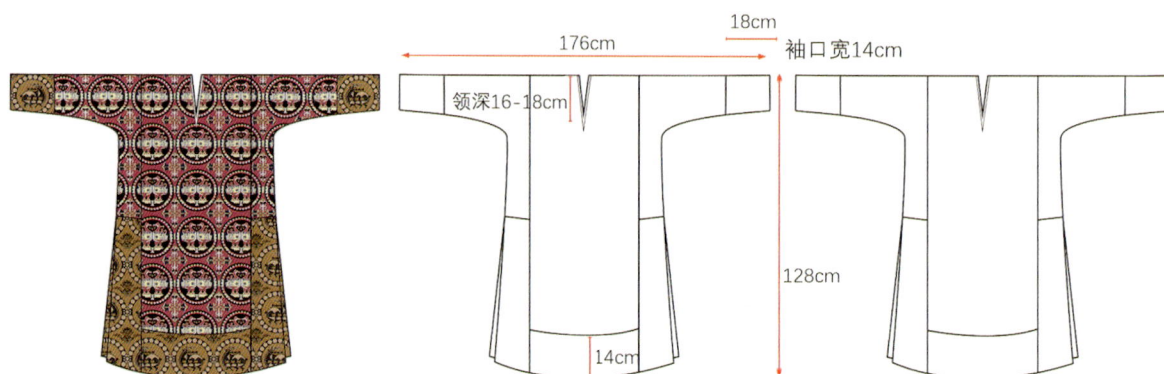

款式 4 复原方案

　　款式说明: 侍酒侍从身着偏衽、立领红地团窠对鸟纹锦袍,衣袖及两侧下摆三角插片为红地联珠翼马纹锦;另一侍从身着一字竖领红地联珠对鸟纹锦袍,袖口、两侧下摆及袍底边拼接团窠联珠大鹿纹锦。

红地联珠对鸟纹锦衣及面料复原

款式4展示

款式5：宾客／试衣

款式依据： 青海省德令哈市郭里木乡出土M1彩绘木棺板画A板
面料出处： 中国丝绸博物馆藏红地蝶绕莲花绫
款式说明： 拥袖试衣男性宾客身穿绿地宝花纹绫袍，交领左衽，门襟及衣袖有白色织物拼接，内搭穿白色圆领上衣、裤子，头戴浅蓝色头巾，腰间系白色本布腰带，足穿黑色皮靴。

彩绘木棺板画A板宾客拥袖试衣　　款式5展示　　蝶绕莲花绫及面料复原

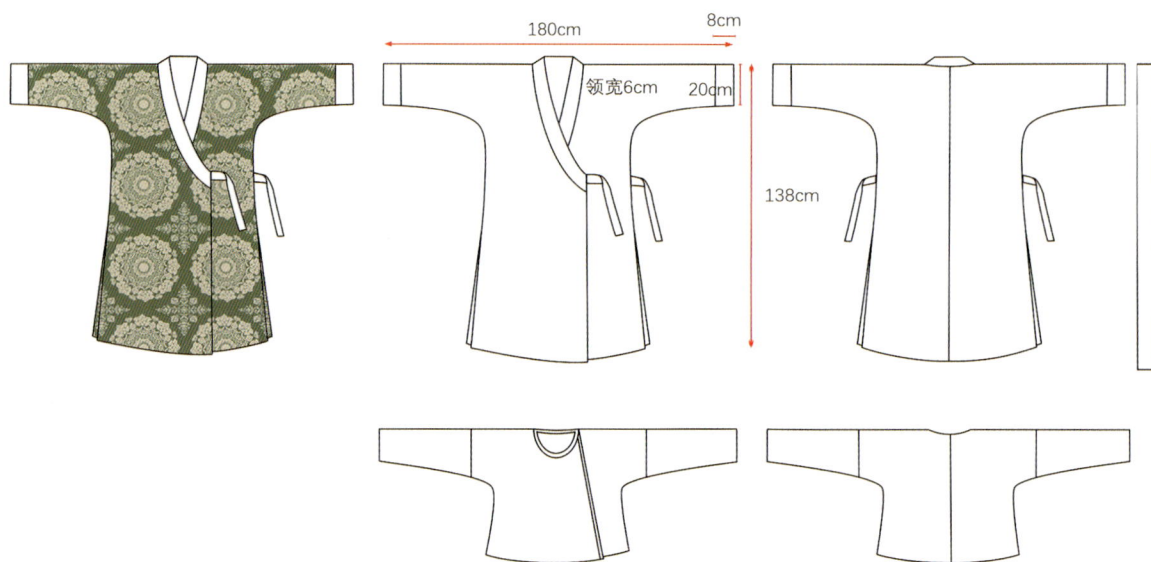

款式5复原方案

款式6：王室妇女/迎宾

款式依据： 青海省德令哈市郭里木乡出土M1彩绘木棺板画A板

面料出处： 中国丝绸博物馆藏褐地宝花纹锦、甘肃省博物馆藏红地团窠对鸟纹锦（48890）

款式说明： 王室妇女站立一排，似在帐外迎接贵宾，身穿褐地宝花纹锦长袍，半圆形领，袖长及大腿侧，领及袖缘拼接红地团窠对鸟纹锦。内搭浅绿色宝花纹绫袍，形制为套头长衫，立领，左领侧有开合的扣子。头戴浅粉色头巾，足穿红白相间长靴。

M1彩绘木棺板画A板王室妇女

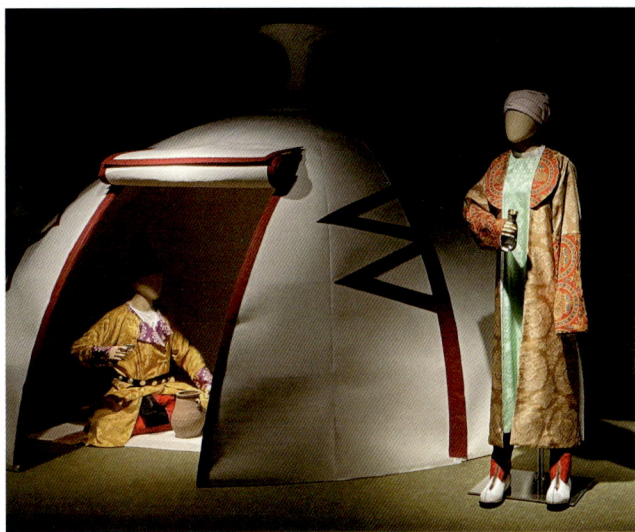

款式6展示

款式6复原方案

款式 7：宾客/饮酒

款式依据：海外私人收藏棺板画

面料出处：香港贺祈思藏团窠联珠大鹿纹锦（CH19）、青海省文物考古研究所藏染缬葡萄纹绮

款式说明：画中场景为宴饮，男性宾客盘腿坐于地毯上饮酒，身穿团窠联珠大鹿纹锦袍，窄边翻领，袍身两侧下摆处开高叉，头戴浅色头巾，腰系皮带，足穿黑色长靴。另一男性宾客身着红地葡萄纹绮袍，圆领右衽，腰间系皮带，足穿黑色长靴。

海外私人收藏棺板画宾客饮酒形象

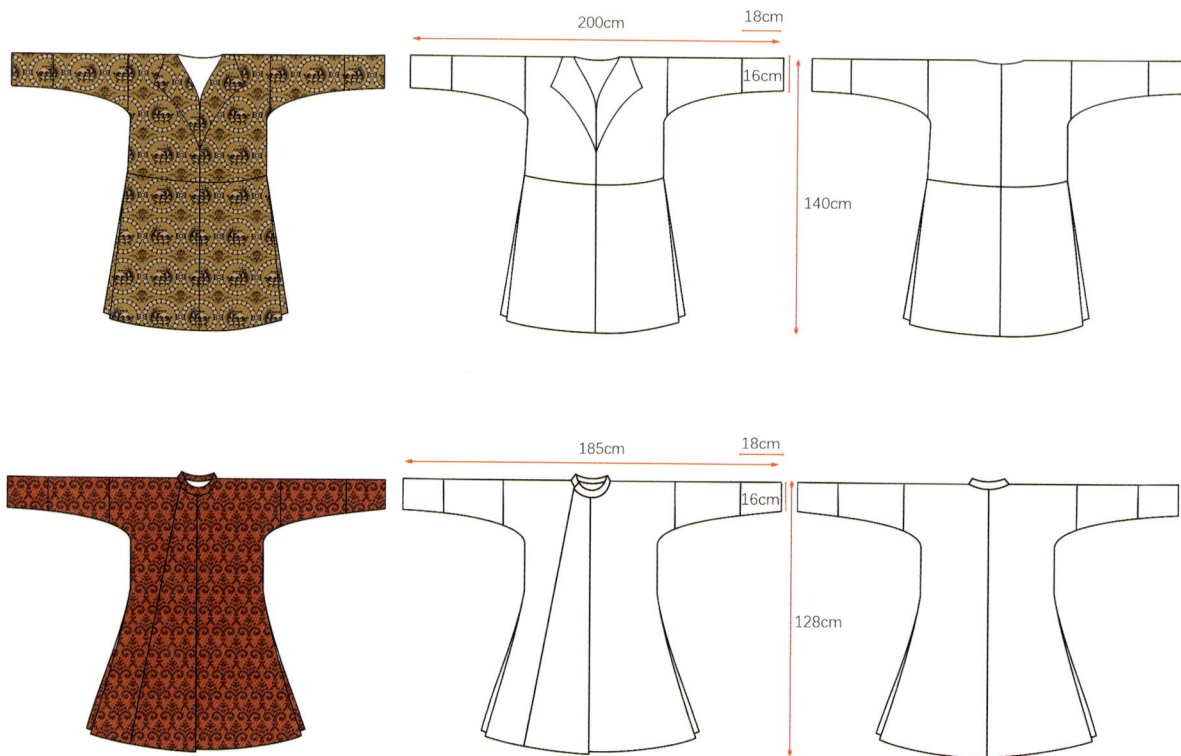

款式 7 复原方案

红地葡萄纹绮及面料复原

款式 7 展示

结　语　青海道的意义

青海道构成了体现和代表中外文化交流的丝绸之路网络不可或缺的重要组成部分，对促进中国西北边疆地区的开发和中华民族多元一体格局的形成做出了重要贡献，也是区域协调发展、协同发展、共同发展大战略下浙江与青海的友谊见证。

Conclusion　Significance of the Qinghai Path

Qinghai Path constitutes an important and indispensable part of the Silk Road network that embodies and represents cultural exchanges between China and abroad, has made an important contribution to the development of China's northwestern frontier regions and the formation of the Pluralistic Integration Pattern of the Chinese Nation, and is a testimony to the friendship between Zhejiang and Qinghai under the Regional Development Strategies.

一、青海道是联通中外经贸文化交流的重要通道

青海道构成了体现和代表中外文化交流的丝绸之路网络不可或缺的重要组成部分。从地理环境上看，由于这条路网位于青藏高原，并且产生出多条南北向的干线与支线，将传统意义上北方的"草原丝绸之路""沙漠丝绸之路"和南方的"西南丝绸之路""海上丝绸之路"等联系在一起，形成时空范围更为广阔的交通路网。

青海道承担着中外文化交流的中转站和集散地的作用。随着大量考古新发现，我们比前人更加清楚地认识到，中亚、西亚和南亚的诸多物质文明和宗教文化自西而来，不仅传入和影响青海本土，而且也沿着青海道继续向东传播，如粟特和波斯系统的金银器、马具、马球、香料、珠宝，波斯和大食的医学，具有粟特与波斯特征的服饰图案和装饰，等等，都是青海道上重要的交流项目；佛教、苯教、祆教、景教、摩尼教等多种宗教文化也在青藏高原遗留下若干踪迹。

二、青海道促进了中华民族多元一体格局的形成

早在秦汉之前，居于青海地区的羌族就已与漠北和河西的匈奴、黄河流域的汉族发生了密切的关系。吐谷浑从最初建立政权起就大力吸收汉族文化。吐谷浑在中国古代历史中存续时间长、活动地域广、与周边政权及民族交往频繁。作为魏晋南北朝民族大迁徙背景下诞生的民族和政权，吐谷浑顺应了当时民族大融合的历史潮流。

吐谷浑在青海建立了自己的统治政权，修建伏俟城，雄踞海西，傲视四方。他们同时也在甘肃南部、四川西北、新疆东南等地区开展了一系列卓有成效的政治、经济和文化建设，使这些地区得到了有效开发，加快了当地社会经济的发展和进步，使其在隋代甚至一度成为中央控制下的郡县，为隋代和唐初大一统格局的形成创造了有利条件，对于推动中国历史进程，促进西北边疆地区的开发和中华民族多元一体格局的形成做出了重要贡献。

三、青海道联系着长江流域和东南沿海

就在吐谷浑最为兴旺的魏晋南北朝到隋唐初期，西北和东南沿海一直保持了紧密的联系和交流。从五世纪开始，吐谷浑和南朝宋、齐、梁三朝一直友好相处，没有战争，并保持着官方往来，互相遣使，兼顾贸易。史载这样的遣使共有三十次，吐谷浑还为南朝选送了舞马，这可能就是历史上著名的"青海骢"。而处于南方的各朝，则以生产蜀锦越罗吴绫为强，也源源不断地通过青海道，输往更为远方的丝绸之路。

今天，党中央和国务院更加重视青海的发展和稳定，并对加快青海等藏区的发展提出明确要求，浙江也和青海加强了交流和合作，并加大了援助青海的力度。2022 丝绸之路周将青海作为主宾省，举办"西海长云：6—8 世纪的丝绸之路青海道"大展，并援建都兰县博物馆"丝路上的都兰：热水考古 40 周年回顾"展览，更增加了浙江文化援青的深度，让丝绸之路青海道在 21 世纪一直走到丝绸之府的浙江，双方共同讲好丝绸故事，弘扬丝路精神。

第三部分

附 录

PART III

APPENDICES

附一　吐谷浑王世系

吐谷浑王	在位时间	备注
慕容吐谷浑	？—317 年	3 世纪末，吐谷浑率部从辽东慕容鲜卑分离出来，西迁至内蒙古阴山。后逐渐迁移至河湟流域。
吐延	317—329 年	吐谷浑长子吐延继位。
叶延	329—351 年	吐延之子。为尊祖，以吐谷浑名为姓氏，亦为国号，建立吐谷浑政权，又称"河南国"。
碎奚	351—376 年	叶延长子。前秦苻坚拜其为安远将军、漒川侯。
视连	376—390 年	碎奚子。被西秦封为沙州牧、白兰王。
视罴	390—400 年	视连子。拒绝西秦封号，被西秦大败退走白兰山。
乌纥提	400—405 年	视罴弟。
树洛干	405—417 年	视罴子。自称吐谷浑王，号为"戊寅可汗"。
阿豺	417—424 年	树洛干弟。刘宋少帝封其为浇河公、沙州刺史、安西将军，西秦封其为征西大将军、安州牧、白兰王。"折箭遗教"典故出自阿豺。
慕璝	424—436 年	阿豺从弟。刘宋封其为沙州刺史、陇西公，北魏封其为大将军、西秦王。
慕利延	436—452 年	慕璝弟。北魏封其为西平王、刘宋封其为河南王。
拾寅	452—481 年	树洛干子。刘宋封其为河南王、征西大将军。
度易侯	481—490 年	拾寅子。南齐封其为河南王、车骑大将军。
伏连筹	490—529 年	度易侯子。南齐封其为"秦、河二州刺史"，北魏封其为吐谷浑王。
呵罗真	529—530 年	伏连筹子。南梁封其为"宁西将军""西秦、河、沙三州刺史"。
佛辅	530—534 年	呵罗真子。南梁封其"宁西将军""西秦、河二州刺史"。
可沓振	534—535 年	佛辅子。南梁封其"西秦、河二州刺史""河南王"。
夸吕	535—591 年	伏连筹子。自号可汗，将统治中心迁至伏俟城。
世伏	591—597 年	夸吕子。隋文帝以宗室女光化公主妻之。
伏允	597—635 年	夸吕子。609 年，隋炀帝西巡以征服吐谷浑。
慕容顺	635 年	伏允子。唐军进逼吐谷浑，慕容顺降，唐以其为西平郡王，授趉胡吕乌甘豆可汗。
诺曷钵	635—688 年	慕容顺子。唐朝封其为河源郡王，授乌地也拔勒豆可汗。吐谷浑成为唐属国，唐以宗室女弘化公主妻之。666 年，唐封其为"青海国王"。此时其全境已没入吐蕃。吐谷浑国覆灭，沦为吐蕃属国。

附二　吐谷浑道大事记

时间	事件
283—289 年	辽东鲜卑慕容部吐谷浑率部西迁至阴山一带。
313 年	慕容吐谷浑率部由阴山西迁至今甘肃临夏西北。后又向西向南扩展。
329 年	吐谷浑孙叶延继立后，以吐谷浑名字作为姓氏和国号，正式建立吐谷浑政权。
431 年	吐谷浑王慕璝击溃夏国赫连定，遣使北魏，请送赫连定。北魏封慕璝为大将军、西秦王。
444 年	北魏派晋王拓跋伏罗率军征讨吐谷浑，吐谷浑王慕利延走保白兰（今青海都兰、巴隆一带或云在今青海果洛）。
445 年	北魏再讨吐谷浑，慕利延率部沿"吐谷浑道"逃入西域，攻于阗（今新疆和田）。
446 年	吐谷浑慕利延由于阗返回青海故地。
445—452 年	酒泉僧人慧览曾游西域，自于阗进入吐谷浑境，至今四川成都。慕利延世子琼遣使并资财，为慧览在成都修建左军寺。
452 年	吐谷浑王慕利延卒，兄子拾寅立，始建都于伏罗川。
460 年	五月，北魏文成帝遣将征讨吐谷浑，拾寅走保南山（今青海果洛境阿尼玛卿山）。魏军渡河南追，遇瘴气返还。
518 年	胡太后遣崇立寺比丘惠生、敦煌人宋云等西行求法，由洛阳出发经吐谷浑国，沿今柴达木盆地北缘西行入印度。
553 年	吐谷浑使团赴北齐（都邺城，今河北磁县南），返程经诃西走廊遭西魏凉州（治今甘肃武威）刺史史宁的伏击，俘获其仆射乞伏触板、将军翟潘密及所随商胡 240 人、驼骡 600 头、杂彩丝绢数以万计。
554 年	印度僧人阇那崛多从西域、吐谷浑，达鄯州。
556 年	突厥木杆可汗与西魏史宁合兵击吐谷浑，下树敦、贺真两城，俘获甚多。吐谷浑奔南山（今青海果洛境阿尼玛卿山）。
559 年	周明帝拜大司马、博陵公贺兰祥率军击吐谷浑，占领吐谷浑的洮阳、洪河两城。
596 年	吐谷浑王世伏与隋光化公主完婚。
609 年	隋炀帝开始以征服吐谷浑为目的的西巡。隋军攻灭吐谷浑，于其地置西海、河源、鄯善、且末四郡。
618 年	吐谷浑可汗伏允乘隋末大乱，尽复失地。
634 年	唐太宗因吐谷浑屡寇边，以李靖为西海道行军大总管，率五路行军总管，大举讨吐谷浑。
635 年	唐军击灭吐谷浑，其可汗伏允自杀，其子慕容顺降。唐太宗下诏吐谷浑复国，封慕容顺为西平郡王。慕容顺不为国人拥戴，旋被杀，其子燕王诺曷钵继位。吐谷浑正式成为唐朝的属国。
636 年	诺曷钵向唐朝请求和亲，太宗以宗室女弘化公主许之。
640 年	唐太宗派遣左骁卫将军淮阳王李道明送弘化公主与诺曷钵完婚。从此，吐谷浑与唐王朝的关系日益亲密。
641 年	唐文成公主嫁吐蕃松赞干布，经青海吐谷浑时，受到诺曷钵的盛大欢迎。
663 年	吐蕃禄东赞大举进攻，在吐谷浑亲吐蕃大臣的帮助下，顺利攻入吐谷浑。吐谷浑国灭亡。诺曷钵与弘化公主率部投归唐朝，散居各地，后逐渐与汉族融合；而留在吐谷浑故地的各部则为吐蕃所统治。

参考文献

考古报告

1. 北京大学考古文博学院、青海省文物考古研究所编著:《都兰吐蕃墓》,科学出版社,2005 年。
2. 《都兰县扎麻日村吐蕃时期遗址》《都兰县官却和吐蕃时期遗址》,载中国考古学会编:《中国考古学年鉴 2015 年》,科学出版社,2016 年。
3. 甘肃省文物考古研究所、武威市文物考古研究所、天祝藏族自治县博物馆:《甘肃武周时期吐谷浑喜王慕容智墓发掘简报》,《考古与文物》2021 年第 2 期,第 15—38 页。
4. 青海省文物考古研究所、陕西省考古研究院:《青海都兰哇沿水库 2014 年考古发掘报告》,科学出版社,2022 年第 4 期第,30、41 页。
5. 青海省文物考古研究所、陕西省考古研究院:《青海都兰县哇沿水库古代墓葬 2014 年发掘简报》,《考古与文物》2018 年第 6 期,第 30—50 页。
6. 青海省文物考古研究所:《青海乌兰县大南湾遗址试掘简报》,《考古》2002 年第 12 期。
7. 中国社会科学院考古研究所、海西蒙古族藏族自治州民族博物馆、乌兰县文体旅游广电局:《青海乌兰县泉沟一号墓发掘简报》,《考古》2020 年第 8 期,第 49—57 页。
8. 中国社会科学院考古研究所、青海省文物考古研究所:《青海都兰县热水墓群 2018 血渭一号墓》,《考古》2021 年第 8 期,第 45—70 页。

图 录

1. 敦煌研究院主编:《敦煌石窟艺术全集·服饰画卷(23)》,同济大学出版社,2016 年。
2. 敦煌研究院、普利兹克艺术合作基金会:《丝绸之路上的文化交流:吐蕃时期艺术珍品展》,中国藏学出版社,2020 年。
3. 甘肃省文物考古研究所编著:《王国的背影:吐谷浑慕容智墓出土文物》,文物出版社,2022 年。
4. [日]关根真隆:《奈良朝服饰の研究》(图录编),吉川弘文馆,1974 年。
5. 国家文物局、中国科学技术协会主编:《奇迹天工:中国古代发明创造文物展》,文物出版社,2008 年。
6. 矶部彰编:《台东区立书道博物馆所藏中村不折旧藏禹域墨书集成》下,东京二玄社,2005 年。
7. 李天林:《丝路之绸:青海海西古丝绸文物图集》,中国民族摄影艺术出版社,2018 年。
8. 青海省博物馆:《尘封千年的岁月记忆——丝绸之路“青海道”沿线古代彩绘木棺板画》,文物出版社,2019 年。
9. 青海省文物考古研究所编著,许新国:《都兰纺织品珍宝》,文物出版社,2023 年。
10. 首都博物馆、青海省博物馆:《山宗·水源·路之冲——一带一路中的青海》,文物出版社,2019 年。
11. [日]松本包夫:《正仓院裂と飞鸟天平の染织》,紫红社,1984 年。
12. 苏芳淑主编:《金曜风华·赤狻青骢——梦蝶轩藏中国古代金饰》卷Ⅱ,香港中文大学出版社,2013 年。
13. 徐铮、金琳主编:《锦程——中国丝绸与丝绸之路》,浙江大学出版社,2017 年。
14. 赵丰:《纺织品考古新发现》,艺纱堂/服饰出版,2002 年。
15. 赵丰主编:《敦煌丝绸艺术全集·英藏卷》,东华大学出版社,2007 年。
16. 赵丰主编:《敦煌丝绸艺术全集·法藏卷》,东华大学出版社,2010 年。
17. 赵丰主编:《丝路之绸:丝路之绸:起源、传播与交流》,浙江大学出版社,2016 年。
18. 赵丰、齐东方主编:《锦上胡风:丝绸之路纺织品上的西方影响(4—8 世纪)》,上海古籍出版社,2011 年。
19. James C.Y. Watt, etc., China: *Dawn of a Golden Age, 200-750 AD*, New Haven: Yale University Press, 2004.

著　作

1. 包铭新：《中国北方古代少数民族服饰研究（4—5）：吐蕃卷、党项、女真卷》，东华大学出版社，2013 年。
2. 常沙娜：《中国敦煌历代服饰图案》，中国轻工业出版社，1986 年。
3. 陈良伟：《丝绸之路河南道》，中国社会科学出版社，2002 年。
4. ［日］池田温：《中国古代写本识语集录》，东京大学东洋文化研究所，1990 年。
5. 韩建华：《热水考古四十年》，科学出版社，2021 年。
6. 黄文弼：《西域史地考古论集》，商务印书馆，2015 年。
7. ［英］杰西卡·罗森：《祖先与永恒——杰西卡·罗森中国考古艺术文集》，生活·读书·新知三联书店，2018 年。
8. 孔祥星等：《中国古代铜镜》，文物出版社，1984 年。
9. 李文学：《吐谷浑史研究》，科学出版社，2020 年。
10. 刘庆柱：《阿房宫考古发现与研究·序》，文物出版社，2014 年。
11. 马长寿：《乌桓与鲜卑》，广西师范大学出版社，2006 年。
12. 毛秋瑾：《墨香佛音——敦煌写经书法研究》，北京大学出版社，2014 年。
13. 齐东方：《唐代金银器研究》，中国社会科学出版社，1999 年。
14. ［日］仁井田陞著，栗劲、王占通译：《唐令拾遗》第二十三《赋役令》，长春出版社，1989 年。
15. 荣新江、李肖、孟宪实主编：《新获吐鲁番出土文献》，中华书局，2008 年。
16. 首都博物馆、青海省博物馆：《山宗·水源·路之冲———带一路中的青海》，文物出版社，2019 年。
17. ［日］狩谷棭斋：《笺注倭名类聚抄》卷三《布帛部》，大阪全国书房，1943 年。
18. 四川大学中国藏学研究所主编：《藏学学刊》第 9 辑，中国藏学出版社，2014 年。
19. ［日］松田寿男：《古代天山の歴史地理學的研究》（增补版），早稻田大學出版部，1970 年。
20. ［日］松田寿男著，陈俊谋译：《古代天山历史地理学研究（增补本）》附录《吐谷浑遣使考》，中央民族学院出版社，1987 年。
21. 孙机：《华夏衣冠——中国古代服饰文化》，上海古籍出版社，2016 年。
22. 索南坚赞著，刘立千译注：《西藏王统记》，民族出版社，2000 年。
23. 谭其骧主编：《中国历史地图集（第三册至第六册）》，中国地图出版社，1982 年。
24. 唐长孺：《南北朝期间西域与南朝的陆道交通》，《魏晋南北朝史论拾遗》，中华书局，1983 年。
25. 唐长孺：《魏晋南北朝史论拾遗》，中华书局，1983 年。
26. 唐长孺：《向达先生纪念论文集》，新疆人民出版社，1986 年。
27. 仝涛：《青藏高原丝绸之路的考古学研究》，文物出版社，2021 年。
28. 王仁湘：《善自约束——古代带钩与带扣》，上海古籍出版社，2012 年。
29. 吴钢主编：《全唐文补遗第 4 辑》，三秦出版社，1997 年。
30. ［英］希安·琼斯：《族属的考古——构建古今身份》，陈淳、沈辛成译，上海古籍出版社，2017 年。
31. 夏鼐：《夏鼐文集（下）》，社会科学文献出版社，2000 年。
32. 徐苹芳：《徐苹芳文集·丝绸之路考古论集》，上海古籍出版社，2017 年。
33. 许新国：《7—8 世纪东亚地区历史与考古国际学术讨论会论文集》，科学出版社，2001 年。
34. 许新国：《西陲之地与东西方文明》，北京燕山出版社，2006 年。
35. 严耕望：《唐代交通图考·河陇碛西区》，上海古籍出版社，2007 年。
36. 杨泓：《中国古兵器论丛（增订本）》，文物出版社，1985 年。
37. 杨清凡：《藏族服饰史》，青海人民出版社，2003 年。
38. 余太山：《两汉魏晋南北朝与西域关系史研究》，中国社会科学出版社，1995 年。
39. ［日］长广敏雄：《中央アヅアノ美术》，《世界美术全集》第十四册，角川书店，1968 年。
40. 赵丰：《织绣珍品：图说中国丝绸艺术史》，艺纱堂/服饰出版，1999 年。
41. 周伟洲：《吐谷浑史》，商务印书馆，2021 年。
42. 周伟洲：《吐谷浑资料辑录》，商务印书馆，2017 年。
43. G. Schmitt and T. Thilo, Katalog chinesischer buddhistischer Textfragmente, Bd. 1, AkademieVerlag, Berlin,1975.

44. Otto von Falke, Decorative Silks, New York: William Helburn Inc., 1936.

45. Shing Müller, Thomas O. Höllmann, and Sonja Filip (edited), Early Medieval North China: Archaeological and Textual Evidence, Wiesbaden: Otto Harrassowitz GmbH & Co. KG, 2019.

古　籍

1. （明）巴卧·祖拉陈哇著，黄颢译注：《〈贤者喜宴〉摘译（三）》，《西藏民族学院学报》，1981 年第 2 期，第 31—32 页。

2. （唐）白居易：《全唐诗》。

3. （唐）代宗：《全唐文》。

4. （唐）杜佑撰，王文锦等点校：《通典》，北京：中华书局，1988 年。

5. （宋）范晔：《后汉书》，中华书局，1965 年。

6. （唐）李吉甫：《元和郡县图志》，中华书局，1983 年。

7. （唐）李延寿：《北史》，中华书局，1974 年。

8. （唐）令狐德棻：《周书》，中华书局，1971 年。

9. （后晋）刘昫：《旧唐书》，中华书局，1975 年。

10. （宋）欧阳修、宋祁：《新唐书》，中华书局，1975 年。

11. （梁）沈约：《宋书》，中华书局，1974 年。

12. （唐）释道世撰，周叔迦、苏晋仁点校：《法苑珠林校注》，中华书局，2003 年。

13. （梁）释慧皎撰，汤用彤校注：《高僧传》，中华书局，1992 年。

14. （唐）释慧琳：《一切经音义》。

15. （汉）史游撰，（唐）颜师古注：《急就篇》，岳麓书社，1989 年。

16. （宋）司马光：《资治通鉴》，中华书局，1956 年。

17. （汉）司马迁：《史记》，中华书局，2014 年。

18. （宋）王钦若：《册府元龟》，中华书局，1967 年。

19. （北齐）魏收：《魏书》，中华书局，1974 年。

20. （唐）魏徵：《隋书》，中华书局，1973 年。

21. （梁）萧子显：《南齐书》，中华书局，1972 年。

22. （汉）许慎撰，（清）段玉裁注：《说文解字注》，上海古籍出版社，1981 年。

23. （唐）玄宗御撰，（唐）李林甫等注：《大唐六典》，中华书局，1983 年。

24. （唐）姚思廉：《梁书》，中华书局，1973 年。

25. （清）张澍：《蜀典》。

文　章

1. ［俄］B. A.李特文斯基：《唐帝国统治下的西域与吐蕃王国》，载《中亚文明史》，中国对外翻译出版公司，2003 年，第 350 页。

2. ［苏联］M. M.梯亚阔诺夫：《边吉坎特的壁画和中亚的绘画》，佟景韩、张同霞译，《美术研究》1958 年第 2 期，第 77—103 页。

3. ［瑞士］阿米·海勒著，霍川译：《青海都兰的吐蕃时期墓葬》，《青海民族学院学报（社会科学版）》2003 年第 3 期，第 32—37、47 页。

4. 安英新：《新疆伊犁昭苏县古墓葬出土金银器等珍贵文物》，《文物》1999 年第 9 期，第 5—6 页。

5. 薄小莹：《吐谷浑之路》，《北京大学学报》1988 年第 4 期，第 53、72—76 页。

6. 毕波：《粟特文古信札汉译与注释》，《文史》2004 年第 2 期，第 88—93 页。

7.　陈波：《公元 10 世纪前西藏的黄金、黄金制品及相关问题的研究》，《中国藏学》2000 年第 2 期，第 69 页。

8.　甘肃省文物考古研究所等：《甘肃武威市唐代吐谷浑王族墓葬群》，《考古》，2022 年第 10 期，第 2、29—47 页。

9.　陈寅恪：《陈垣敦煌劫余录序》，《"中研院"历史语言研究所集刊》1930 年第一本第二分册上。

10.　程起骏、柳春诚：《一位吐谷浑可汗的盛大葬礼——青海省德令哈市郭里木乡出土彩绘棺板画 B 板研读》，《群文天地》2012 年第 1 期，第 30—35 页。

11.　程起骏：《打开吐谷浑古国之门的钥匙——关于都兰热水古墓群札记之一》，《柴达木开发研究》2001 年第 2 期，第 71—74 页。

12.　程起骏：《磨洗沙砾认前朝——关于都兰古墓群札记之二》，《柴达木开发研究》2001 年第 6 期，第 48—51 页。

13.　初师宾：《丝路羌中道开辟小议》，《西北师院学报》1982 年第 2 期，第 42—46 页。

14.　俄琼卓玛：《乙弗鲜卑研究》，陕西师范大学硕士学位论文，2007 年 4 月。

15.　樊锦诗，马世长：《莫高窟发现的唐代丝织物及其他》，《文物》1972 年第 12 期，第 55—67 页。

16.　高志伟：《关于青海考古所一件所藏织物的商榷》，《青海文物》2020 年第 16 期，第 48—57 页。

17.　葛承雍：《金腰带与银腰带——从阿富汗大夏黄金之丘到青海都兰吐谷浑大墓》，《文物》2019 年第 1 期，第 67—75 页。

18.　[日] 关根真隆：《奈良朝服饰の研究》(图录编)，吉川弘文馆，1974 年。

19.　韩建华：《都兰热水墓群考古发现、研究的回顾与反思》，《西部考古》2020 年第 2 期，第 171—185 页。

20.　韩建业：《墓葬的考古学研究——理论与方法论探讨》，《东南文化》1992 年第 Z1 期，第 32—39 页。

21.　何周德：《西藏扎囊斯孔村墓葬群的调查与试掘》，《考古与文物》1995 年第 2 期，第 13—20 页。

22.　侯石柱：《近年来西藏境内吐蕃时期考古遗存的发现与研究——兼论"吐蕃属文化"》，《文物》1993 年第 2 期，第 24—31 页。

23.　黄盛璋、方永：《吐谷浑故都——伏俟城发现记》，《考古》1962 年第 8 期，第 436—440 页。

24.　霍川：《青海都兰吐蕃墓出土文物追记》，《藏学学刊》2017 年第 1 期，第 202—219、319 页。

25.　霍巍、霍川：《青藏高原发现的古代黄金面具及其文化意义》，《敦煌学辑刊》2019 年第 3 期，第 146—149 页。

26.　霍巍、祝铭：《20 世纪以来吐蕃金银器的发现与研究》，《西藏大学学报（社会科学版）》2020 年第 2 期，第 8—16 页。

27.　霍巍：《"高原丝绸之路"的形成、发展及其历史意义》，《社会科学家》2017 年第 11 期，第 19—24 页。

28.　霍巍：《金银器上的吐蕃宝马与骑士形象》，《西藏大学学报（社会科学版）》2014 年第 1 期，第 77—82 页，93 页。

29.　霍巍：《论青海都兰吐蕃时期墓地考古发掘的文化史意义——兼评阿米·海勒〈青海都兰的吐蕃时期墓葬〉》，《青海民族学院学报（社会科学版）》2003 年第 3 期，第 24—31 页。

30.　霍巍：《青海出土吐蕃木棺板画的初步观察与研究》，《西藏研究》2007 年第 2 期，第 49—61 页。

31.　霍巍：《粟特人与青海道》，《四川大学学报（哲学社会科学版）》2005 年第 2 期，第 94—98 页。

32.　霍巍：《吐蕃马具与东西方文明的交流》，《考古》2009 年第 11 期，第 77—85 页。

33.　霍巍：《吐蕃系统金银器研究》，《考古学报》2009 年第 1 期，第 89—128 页。

34.　霍巍：《文物考古所见古代青海与丝绸之路》，《青海民族大学学报（社会科学版）》2017 年第 1 期，第 10—15 页。

35.　霍巍：《西域风格与唐风染化——中古时期吐蕃与粟特人的棺板装饰传统试析》，《敦煌学辑刊》2007 年第 1 期，第 82—94 页。

36.　贾应逸：《新疆丝织技艺的起源及其特点》，《考古》1985 年第 2 期，第 173—182 页。

37.　康马泰著、李思飞译：《青海新见非科学出土奢华艺术品：吐蕃统治区域的伊朗图像》，《敦煌研究》2020 年第 1 期，第 17—18 页。

38.　康敏、韩建华：《都兰热水一号大墓形制蠡测》，《青海社会科学》2020 年第 4 期，第 199—204 页。

39.　黎大祥：《武威青嘴喇嘛湾唐代吐谷浑王族墓葬》，《陇右文博》1996 年第 1 期，第 74 页。

40.　李国华：《青海出土鲜卑动物形牌饰研究》，《北方文物》2018 年第 4 期，第 57—61 页。

41.　李永宪：《吐蕃"赭面"习俗再观察》，《考古学研究》2013 年第 00 期，第 18—26 页。

42.　李占忠：《吐谷浑王后——弘化公主墓解谜》，《中国土族》2003 年第 2 期，第 40—43 页。

43. 李征：《吐鲁番县阿斯塔那—哈拉和卓古墓群发掘简报（1963—1965）》，《文物》1973 年第 10 期，第 7—27、82 页。

44. 刘兵兵、陈国科、沙琛乔：《唐〈慕容智墓志〉考释》，《考古与文物》2021 年第 2 期，第 87—93 页。

45. 刘勇、许琼、韩建华、李默涵、梁宏刚、白文龙：《热水墓群 2018 血渭一号墓出土印章的科学分析与相关研究》，《江汉考古》2022 年第 6 期，第 104—110 页。

46. 柳春诚：《青海专辑》（上、下），《中国国家地理》2006 年第 2、3 期（总第 544、545 期）。

47. 柳春诚、程起骏：《吐谷浑人绚丽多彩的生活画卷——德令哈市郭里木乡出土棺板画研读》，《中国土族》2004 年第 4 期，第 4—9 页。

48. 罗世平：《天堂喜宴———青海海西州郭里木吐蕃棺板画笺证》，《文物》2006 年第 7 期，第 68—82 页。

49. 毛秋瑾：《汉唐之间的写经书法——以敦煌吐鲁番写本为中心》，《南京艺术学院学报》（美术与设计版）2012 年第 3 期，第 5—17 页。

50. 乔虹：《青海玉树三江源地区史前文化与吐蕃文化考古的新篇章》，《青海日报》2015 年 4 月 24 日。

51. 庆昭蓉：《法献赍回佛牙事迹再考——兼论 5 世纪下半叶嚈哒在西域的扩张》，《西域文史》第 13 辑，科学出版社，2019 年，83—98 页。

52. 荣新江：《丝绸之路上的"吴客"与江南书籍的西域流传》，载荣新江主编：《丝绸之路上的中华文明》，商务印书馆，2022 年，第 236—253 页。

53. 沙武田、陈国科：《武威吐谷浑王族墓选址与葬俗探析》，《考古与文物》2021 年第 2 期，第 79—86、100 页。

54. 山名伸生：《吐谷浑と成都の佛教》，《佛教艺术》1995 年第 218 号，第 11—38 页。

55. ［日］松田寿男：《吐谷浑遣使考》（上、下），《史学杂志》第 48 编第 11、12 号，1939 年。

56. 宋耀春：《青海郭里木出土棺板画数据统计与分析》，载四川大学中国藏学研究所主编：《藏学学刊》第 9 辑，中国藏学出版社，2014 年，第 70—81、326 页。

57. 孙杰：《佛教初传"湟中"研究——以"湟中"画像砖墓出土佛教图像为例》，《佛学研究》2019 年第 1 期，第 295—306 页。

58. 索朗旺堆、侯石柱：《西藏朗县列山墓地的调查和试掘》，《文物》1985 年第 9 期，第 32—39 页。

59. 汤惠生：《略说青海都兰出土的吐蕃石狮》，《考古》2003 年第 12 期，第 82—88 页。

60. 藤枝晃：《中国北朝写本的三分期》，《古笔学丛林》1987 年第 1 号，第 9 页。

61. 仝涛：《木棺装饰传统：中世纪早期鲜卑文化的一个要素》，《藏学学刊》2007 年第 4 期，第 165—170 页。

62. 仝涛：《青海郭里木吐蕃棺板画所见丧礼图考释》，《考古》2012 年第 11 期，第 76—88 页。

63. 仝涛：《青海都兰热水一号大墓的形制、年代及墓主人身份探讨》，《考古学报》2012 年第 4 期，第 467—488 页。

64. 仝涛、李林辉：《欧亚视野内的喜马拉雅黄金面具》，《考古》2015 年第 2 期，第 92—95 页。

65. 仝涛：《甘肃肃南大长岭吐蕃墓葬的考古学观察》，《考古》2018 年第 6 期，第 94—104 页。

66. ［日］桐谷征一：《西域沙门の河南路の利用について》，《印度学佛教学研究》1966 年第 14 卷第 2 号，第 140—141 页。

67. 王进玉：《敦煌遗书中的丝织物》，《丝绸史研究》1987 年第 1—2 期合刊，第 19—27 页。

68. 王树芝、邵雪梅、许新国、肖永明：《跨度为 2332 年的考古树轮年表的建立与夏塔图墓葬定年》，《考古》2008 年第 2 期，第 80—86 页。

69. 王树芝：《青海都兰地区公元前 515 年以来的树木年轮表的建立及应用》，《考古与文物》2004 年第 6 期，第 45—50 页。

70. 王育民：《丝路"青海道"考》，《历史地理》1986 年第 1 期，第 145—152 页。

71. 吴焯：《四川早期佛教遗物及其年代与传播途径的考察》，《文物》1992 年第 11 期，第 40—50、67 页。

72. 吴礽骧：《也谈"羌中道"》，《敦煌学辑刊》1984 年第 2 期，第 84—90 页。

73. 武敏：《唐代的夹板印花——夹缬》，《文物》1979 年第 8 期，第 48 页。

74. 武敏：《吐鲁番出土蜀锦研究》，《文物》1984 年第 6 期，第 70—80 页。

75. 西藏自治区文管会文物普查队：《萨迦县夏布曲河流域古墓葬调查试掘简报》，《南方民族考古》1991 年第 4 辑，第 83—103 页。

76. 西藏自治区文管会文物普查队：《西藏雅鲁藏布江中游曲松、加查两县古墓葬的调查与发掘》，《南方民族考古》1993 年第 5 辑，第 359—371 页。

77. 夏鼐：《青海西宁出土的波斯萨珊朝银币》，《考古学报》1958 年第 1 期，第 105—110 页。

78. 夏鼐：《新疆新发现的古代丝织品：绮、锦和刺绣》，《考古学报》1963 年第 1 期，第 45—76、156—170 页。

79. 夏鼐：《综述中国出土的波斯萨珊朝银币》，《考古学报》1974 年第 1 期，第 91—110 页。

80. 肖永明：《树木年轮在青海西部地区吐谷浑与吐蕃墓葬研究中的应用》，《青海民族研究》2008 年第 3 期，第 57—63 页。

81. 宿白：《盛乐、平城一带的拓跋鲜卑——北魏遗迹——鲜卑遗迹辑录之二》，《文物》1977 年第 11 期，第 38—46 页。

82. 徐承炎、夏吾卡先：《青海吐蕃墓的考古发现与研究》，《西藏研究》，2019 年第 1 期，第 54—63 页。

83. 许彩莲：《撼人的文化符号——青海热水吐蕃墓地金银器》，《收藏》2020 年第 1 期，第 56—62 页。

84. 许新国：《海西州都兰县热水吐蕃墓葬发掘述要》，《青海地方史志研究》，1984 年第 1 期，第 6 页。

85. 许新国、赵丰：《都兰出土丝织品初探》，《中国国家博物馆馆刊》1991 年第 15—16 期合刊，第 63—81 页。

86. 许新国：《都兰吐蕃墓中镀金银器属粟特系统的推定》，《中国藏学》1994 年第 4 期，第 31—45 页。

87. 许新国：《都兰热水血渭吐蕃大墓殉马坑出土舍利容器推定及相关问题》，《中国历史博物馆馆刊》1995 年第 1 期，第 95—109 页。

88. 许新国：《都兰吐蕃墓出土含绶鸟织锦研究》，《中国藏学》1996 年第 1 期，第 3—26 页。

89. 许新国：《寻找遗失的"王国"——都兰古墓的发现与发掘》，《柴达木开发研究》，2001 年第 2 期，第 66—70 页。

90. 许新国：《中国青海省都兰吐蕃墓群的发现、发掘与研究》，载北京大学考古文博院、大阪经济法科大学：《7—8 世纪东亚地区历史与考古国际学术讨论会论文集》，科学出版社，2001 年。

91. 许新国：《郭里木吐蕃墓葬棺板画研究》，《中国藏学》2005 年第 1 期，第 56—69 页。

92. 许新国：《吐蕃墓出土蜀锦与青海丝绸之路》，《藏学学刊》2007 年第 3 期，第 116 页。

93. 许新国：《连珠纹与哈日赛沟吐谷浑古墓发掘》，《青海民族大学学报（社会科学版）》2011 年第 4 期，第 89—91 页。

94. 许新国、格桑本：《都兰热水唐代吐蕃墓》，载中国考古学会编：《中国考古学年鉴•1984》，文物出版社，1984 年，171—172 页。

95. 阎文儒：《河西考古杂记（下）》，《社会科学战线》1987 年第 1 期，第 130—148 页。

96. 杨瑾：《甘肃武威慕容智墓披袍俑的多元文化渊源探析》，《中原文物》2022 年第 4 期，第 56—66 页。

97. 杨展望、赵英：《湟中出土魏晋画像砖墓》，《青海日报》2000 年 8 月 9 日第 002 版。

98. 姚崇新：《成都地区出土南朝造像中的外来风格渊源再探》，《华林》2001 年第 1 卷，第 245—258 页。

99. 于志勇：《汉长安城未央宫遗址出土骨签之名物考》，《考古与文物》2007 年第 2 期，第 48—62 页。

100. 俞长海：《青海湟中徐家寨画像砖墓中的佛教题材》，《青海师范大学学报（哲学社会科学版）》2015 年第 2 期，第 132—136 页。

101. 袁宣萍：《唐绫略说》，《浙江丝绸工学院学报》1986 年第 3 期，第 44—50 页。

102. 张得祖：《古玉石之路与丝绸之路青海道》，《青海师范大学学报（哲学社会科学版）》，2008 年 5 期，第 56—59 页。

103. 张娟妮：《从模印佛像窥探南北朝时期文化的传承和交流》，《文物鉴定与鉴赏》2021 年第 13 期，第 70—73 页。

104. 赵丰：《〈蚕织图〉的版本及所见南宋蚕织技术》，《农业考古》1986 年第 1 期，第 345—359 页。

105. 赵丰：《毲名织锦小考》，《丝绸史研究》1987 年第 1—2 期合刊。

106. 赵丰：《唐系翼马纬锦与何稠仿制波斯锦》，《文物》2010 年第 3 期，第 71—83 页。

107. 周毛先、宗喀·漾正冈布：《都兰吐蕃古墓考古研究综述》，《西藏研究》2016 年第 4 期，第 107—113 页。

108. 周伟洲：《古青海路考》，《西北大学学报》1982 年第 1 期，第 66—73 页。

109. Wang Tao, "Tibetan or Tuyuhun: the Dulan site Re-visited". in From Nisa to Niya: New Discoveries and Studies in Central and Inner Asian Art and Archaeology. Edited by Madhuvanti Ghose and Rusell-Smith, London: Saffron, 2003.

110. Caffarelli M. V. P., Architectural style in tombs from the period of the kings, in: Singer J.C., Denwood P. (eds.), Tibetan art: Towards a definition of style, London: Laurence King/Alan Marcuson, 1997, pp.230-261.

111. Erik Haarh, The Yar-Lun Dynasty: A Study with Particular Regard to the Contribution by Myths and Legends to the History of Ancient Tibet and the Origin and Nature of its Kings. Koebenhavn: G.E.C. Gad's forlag, 1969, p. 355.

112. Amy Heller. "Some Preliminary Remarks on the Excavations at Dulan," Orientations 29(9), 1998: 84-92.

113. F. Grenet, N. Sims-Williams and É. de la Vaissière, "The Sogdian Ancient Letter V", Bulletin of the Asia Institute, XII, 1998, pp. 91-104.

114. N. Sims-Williams, "Ancient Letter II. A translation", in Monks and Merchants Silk Road Treasures from Northwest China. Gansu and Ningxia, 4th-7th Century, Edited by Annette L. Juliano and Judith A. Lerner, New York: Harry N. Abrams, Inc., with The Asia Society, 2001, pp. 47-49.

115. A. И Ъeuhuuknŭu, И Ъ. ðechmobr:《中亚丝织史》(俄文),《苏联考古学》1962 年第 2 期。

116. Zhao Feng, "Silk Roundels from the Sui to the Tang," Hali, vol. 92, 1997, pp. 80-85.

致　谢

从 2014 年丝绸之路申遗成功起，中国丝绸博物馆（简称"国丝"）就接受国家文物局领导的指示，每年策划和组织丝绸之路主题展览。2019 年，国际丝路之绸研究联盟联合中国博物馆协会丝绸之路沿线博物馆专业委员会共同发出了《传播和弘扬丝绸之路精神杭州倡议》。为响应这一倡议，国丝从 2020 年开始是每年都策划和筹备由国家文物局和浙江省人民政府主办的"丝绸之路周"大型活动。该活动以弘扬丝绸之路精神、响应"一带一路"建设为使命，于每年 6 月下旬举行。"2022 丝绸之路周"邀请了青海省作为主宾省联合主办，同时在国丝推出以丝绸之路青海道为主题的"西海长云：6—8 世纪的丝绸之路青海道"大展。

丝绸之路是人类历史上的一个重要通道，为东西方文明的交融、人类文明的进步做出了巨大贡献。它并不是一条固定不变的、单一的道路，而是一张鲜活的、错综复杂的路网；它也并非一直畅通无虞，受战争、政权更迭、气候变迁等因素影响，在不同的历史时期，其发展的重点与走向也不相同。青海道的开拓历史悠久，在南北朝时期发展鼎盛，甚至一度超过了河西走廊，发挥了丝绸之路主道的作用。而青海道的鼎盛又与吐谷浑民族崛起的历史息息相关。此外，20 世纪 80 年代开始青海道上的众多重大考古发现，尤其是都兰宝地的文明遗迹，更是惊艳世界。而如今的青海道，不仅有饱经风霜后沉淀下来的深厚历史人文底蕴，更在来自各地援建队伍、文化考古专家们的支持、帮助下，焕发着勃勃生机，在西部大发展中扮演着重要角色。

虽然青海地处西部内陆，浙江处在东部沿海，但两地之间的关系却是由来已久。产自浙江的丝绸，早在历史上就沿着丝绸之路来到青海，并通过青海再走向边疆及域外。今天，浙江也是援助青海建设的重要力量，特别是在海西州设立的浙江援青指挥部，在工业、农业、教育、医疗、文化等各个领域贡献了浙江人民的智慧和汗水。

在这个大背景下，2021 年秋，国丝发起筹备"西海长云"展的设想，得到了浙江援青指挥部、浙江省文物局、青海省文物局的大力支持。来自青海、甘肃、山西、四川等 4 个省 9 家文物收藏单位的 191 件（组）丝绸及其相关文物精品得以汇聚一堂，从 6—8 世纪大力经营青海道的吐谷浑古国切入，最终展现青海道在丝路上沟通东西方文化交流，以及在中华民族多元融合的历史过程。

为了圆满完成这一展览，总策展人赵丰多次主持召开会议，进行展览大纲和设计方案的论证。西北大学周伟洲教授、中国社会科学院考古研究所仝涛研究员、中国社会科学院考古研究所韩建华研究员等专家学者提出了许多宝贵意见。青海省博物馆王进先馆长，青海省文物考古研究所武国龙所长，海西州民族博物馆朱有振馆长，都兰县博物馆张杲光馆长，青海藏医药文化博物馆艾措千馆长，甘肃省文物考古研究所陈国科所长，大同市博物馆王利民馆长、曹臣明副馆长，西北大学文化遗产学院马健院长、蜀锦织绣博物馆钟秉章馆长等对文物借展给予了大力支持。中国丝绸博物馆馆内各部门同仁通力合作，大力协助，使得展览得以如期举行。

在此次展览成功开幕和图录出版之际，我们要诚挚地感谢浙江援青指挥部、浙江省文物局、青海省文物局等对展览工作的关心和协助；感谢参展各单位的大力支持，正是由于他们的支持和帮助，这些文物珍品才得以顺利来到杭州与各位观众见面；感谢荣新江、韩建华、仝涛、陈国科、霍巍先生拨冗为展览撰写专业论文；感谢各位文字和图片作者；感谢展览设计师徐晓赟女士及其团队的辛勤工作；感谢华协国际珍品货运服务有限公司克服疫情影响，将文物安全、妥善、及时地送达。感谢浙江大学出版社褚超孚社长、包灵灵责任编辑对本书出版工作的尽心尽力。

图书在版编目（CIP）数据

西海长云：6—8世纪的丝绸之路青海道 / 赵丰主编；
陆芳芳副主编. -- 杭州：浙江大学出版社，2023.6
ISBN 978-7-308-23838-0

Ⅰ. ①西… Ⅱ. ①赵… ②陆… Ⅲ. ①丝绸之路—历
史—青海 Ⅳ. ①K928.6

中国国家版本馆CIP数据核字（2023）第093288号

西海长云：6—8世纪的丝绸之路青海道

赵　丰　主编　陆芳芳　副主编

责任编辑	包灵灵
责任校对	曾　庆
封面设计	林智广告　包灵灵
出版发行	浙江大学出版社
	（杭州市天目山路148号　邮政编码　310007）
	（网址：http://www.zjupress.com）
排　　版	杭州林智广告有限公司
印　　刷	浙江海虹彩色印务有限公司
开　　本	889mm×1194mm　1/16
印　　张	18.5
插　　页	1
字　　数	480千
版 印 次	2023年6月第1版　2023年6月第1次印刷
书　　号	ISBN 978-7-308-23838-0
定　　价	288.00元